西南财经大学法学院
光华法学文丛

高晋康 主编

我国地方政府间竞争失范法律治理机制研究

刘弘阳 著

本书为西南财经大学「2019建设世界一流大学（学科）和特色发展引导专项」，
四川省高等学校人文社科基地、西南财经大学重点基地「中国经济法治研究中心」成果。

法律出版社
LAW PRESS·CHINA

内容摘要

我国40年来的经济高速增长被誉为“中国奇迹”,如何解读和破解“中国奇迹”也成为学术研究的热点话题。国内外学者研究我国经济体制转型问题以及经济高速增长现象,将地方政府间竞争作为重要的研究视角和分析范式,认为我国市场经济体制成功转型以及经济高速增长的关键因素是地方政府间围绕区域经济发展而展开的激烈竞争,其背后更深层次的因素系由地方政府间竞争触发的制度变迁和制度创新。我国学者通过实证研究显明了地方政府间竞争与制度变迁之间的因果关系,认为制度变迁以及市场化改革动力源自地方政府间竞争。因此,央地分权和市场化改革扩张了地方政府自主权,这是地方政府间竞争产生的导源;而地方政府自主权的扩张又为制度变迁提供了加速因素，进一步强化了地方政府间竞争的制度动因。简言之，几乎没有任何力量可以和竞争迸发的力量相提并论，也没有任何竞争像地方政府“为增长而竞争”那样对中国经济的发展产生如此重要的影响。从地方政府间竞争与区域经济社会发展的维度分析，这种竞争一方面确实具有“帕累托改进”的效用。例如，区域基础设施的完善、地方公共物品供给的优化、经济总量的持续增长，等等。其外溢效应亦有助于地方政府吸引资源要素流入，从而实现资源配置的“帕累托最优”，正向刺激区域经济社会发展。另一方面，随着地方政府间竞争的加剧，地方政府在个体理性基础上展开的竞争可能导致集体非理性，即地方政府间基于区域利益的竞争将减损国家整体利益。例如，地方政府间竞争缺乏规范的竞争秩序，进而引致地方保护、差异性政府补贴、基础设施重复建设以及招商引资大战、司法地方保护等竞争失范现象。这种缺乏制度约束的地方政府间竞争建立在损人利己的基础上，在短时间内有助于区域经济发展，但从长远角度讲却减损了其他地区利益乃至国家整体利益，造成了零和博弈的窘境，使市场运行机制和市场调节机制被扭曲，制约了国内统一市场的构建和宏观经济的健康运行。简言之，地方政府间竞争是客观存在的事实，对于区域经济社会的发展，既有正面促进效用，亦有负面阻碍影响。

在市场经济条件下，经营者之间竞争是常态，基于我国经济转型时期的现实境况，以政府主导为主的经济发展方式是当前我国经济发展路径的实然选择，地方政府之间竞争亦是常态。同时，正是因为地方政府间竞争在造就“中国奇迹”中扮演着至关重要的角色，因此，我们必然要追问，地方政府间竞争的法理基础和权力渊源导源于何处？触发地方政府间竞争的制度动因和条件是什么？地方政府间竞争失范的类型和成因各是什么？如何通过法治路径构建规范的地方政府间竞争秩序？这些都是本书研究的主旨之所在。要观照与回应上述问题必须系统研究地方政府自主权生成、扩张以及收敛的法理基础，探究事实效果的地方政府自主权的演进路径和形成机理，从而在法律和制度层面上分析与解构地方政府间竞争孕育、生成、发展的外在基础和内生动力。同时，更加需要客观分析地方政府作为博弈主体之一，运用宪法、立法法、行政法、经济法赋予的社会事务管理权力和行政规制权力，实施不同竞争策略的内在逻辑；客观审视和解读地方政府经济权力运行的实然状态与地方政府竞争策略选择两者之间的动态联系；有效识别与准确解析地方政府间竞争与区域经济增长之间的密切联系以及因果链条。不仅如此，还须在上述研究的基础上重点探究地方政府在竞争过程中违反经济法律法规以及中央政府经济政策，滥用行政规制权力而干预市场机制有效运行、对区域内外微观市场主体予以区别对待、妨碍国内统一大市场的建构和整合、扭曲市场的公平竞争秩序等竞争失范行为，解析地方政府基于保护地方局部利益以及地方政府及其官员自身利益而实施的排除、限制竞争行为的权力链条和运行机理。虽然经济学界对地方竞争的相关研究文献已经汗牛充栋，但是，从法学视角展开却并不多见。而这种研究视角的缺失将直接导致对地方政府间竞争多维度观照的匮乏和不足，同时也对制度层面的要素缺乏深入和全面的剖析。因此，本书的研究意义在于从法律的视角和逻辑揭示我国在计划经济向市场经济转型过程中，地方政府实施各类竞争行为的逻辑起点、地方政府间竞争与区域经济社会发展的相关关系，分析地方政府间竞争的正外部性与负外部性效用，诠释地方政府间竞争失范之成因以及对市场公平竞争秩序造成的不良影响；进而构建规范的地方政府间竞争秩序，引导地方政府走出竞争失范的制度窠臼，促使地方政府间竞争踏上法治化、规范化的应然路径，实现地方政府间良性、有序竞争与区域性、全局性经济社会发展的良性耦合。本书除引言外共分为六章，具体包含以下内容：

第一章从法治视角对地方政府间竞争的逻辑起点（地方政府自主权）进行系统研究，准确界定作为竞争主体的地方政府范畴。在此基础上对联邦制和单一制国家政权组织结构进行规范分析，辨析地方自治与地方分权异同，梳理地方政府分权的发展逻辑。借鉴国内学者有关对称型制度模式和非对称型制度模式财政权限划分的比较研究，以改革开放后财税体制改革为切入，梳理我国地方政府自主权从生成到扩张的演进轨迹。

第二章在对地方政府间竞争的有关概念予以界定的基础上，对地方政府间竞争的动因和制度基础进行理论分析和实证研究。从宪法、行政法、经济法等不同部门法学角度切入，梳理地方政府间竞争起源、发展的演进轨迹和历史脉络，从国家法律法规和中央财政税收、干部管理、政绩考核等政策层面分析中央与地方行政分权、国内统一市场建构以及地方政府官员政绩考核等制度基础对地方政府间竞争的作用机理，并对地方政府间竞争策略进行类型化分析，归纳和总结出地方政府间运用宪法、行政法、经济法赋予的社会事务管理权力和行政规制权力而选择不同竞争策略的具体表现形式，研究不同种类的竞争行为产生的外部性影响，进而客观评价地方政府实施不同竞争策略对区域经济社会发展衍生出的正负两种外部性。

第三章阐述何为地方政府间竞争失范，归纳总结竞争失范的表现形式，结合具体案例分析地方政府滥用行政权力实施地方行政保护、差异性政府补贴、基础设施重复建设以及招商引资大战、司法中的地方保护等典型竞争失范行为对区域乃至全国经济社会发展和市场公平竞争秩序造成的负面影响，从而探究和解析反垄断法、土地管理法、预算法以及中央政府财政、税收单行法律、行政法规及其经济政策对地方政府上述竞争失范行为规制效果不力的制度罅隙。另外，基于地方政府作为中央政府代理人、地方利益代言人、有限理性经济人三种不同角色，分析地方政府在不同角色下频频突破国家法律法规和中央政府财政、税收政策而实施的过度竞争、不当竞争、恶性竞争等反市场行为的内生动力，解析地方政府在三重角色作用下引致的目标函数差异及其对地方政府竞争行为的影响。

第四章运用博弈论理论动态演绎不同地方政府在横向、纵向、时间等三个维度上展开的互动博弈，模拟地方政府及其官员博弈策略，在此基础上透视地方政府权力运行的轨迹和表征。另外，借鉴标尺竞争理论分析框架，研究多重任务下代理人努力配置扭曲、地方政府公共财政支出结构异化以及地方政府官员机会主义行为之间的实然联系。分析“为增长而竞争”缘何成为各个地方政府最优行动策略，诠释标尺竞争对地方政府及其官员施政行为的影响，检视标尺竞争引致地方政府间竞争失范的内生规律，分析地方政府及其官员竞争策略选择路径依赖的原因。

第五章借鉴美国规制地方保护和欧盟规制国家援助的经验，分析二者在促进市场统一法律制度方面存在的相似性和差异性，探究美国以司法审查为主的“隐性商业条款”与欧盟以行政审查为主的国家援助制度在规制地方保护和妨碍市场公平竞争秩序方面的模式与重点。侧重分析美国联邦最高法院运用“平衡原则”“歧视原则”识别州政府、市政当局地方保护行为的司法审查模式，以及美国联邦最高法院按照“市场参与者例外规则”豁免州政府、市政当局市场参与行为干预市场竞争机制法律责任的裁判依据；重点解析欧盟委员会按照《欧盟运行条约》采取原则禁止与例外允许相结合规制成员国国家援助措施的行政审查模式,尤其是欧盟委员会运用“可归因性测试”“市场投资人测试”来审查识别成员国政府及其授权机构、私人部门援助措施从而扭曲欧盟内部统一市场竞争秩序的规制方式,以及两类成员国国家援助措施适用除外豁免原则的立法价值。分析比较美国司法审查与欧盟行政审查两种限制次级主体滥用行政权力扭曲统一市场内部公平竞争秩序的规制模式各自的优劣,进而梳理出可资我国借鉴的规制地方政府间竞争失范的法治经验。

第六章提出规范地方政府间竞争秩序的对策,以宪法为基石规范央地关系基本框架,以宪法性单行法律为依托构建稳定规范的央地关系,逐步推动央地权力分配、财政收支、争议解决法治化,从而实现中央与地方关系法治化。地方政府市场规制由正面清单向负面清单演进,通过完善以竞争主管机构为审查主体的地方政府公共政策竞争评估机制、强化地方权力机关民主监督机制,促使地方政府经济权力由具体经营权向经济秩序维护权转变,缩小地方政府运用财政资源实施过度竞争、恶性竞争等反市场行为的权力运行场域。构建规制地方政府排除、限制竞争的行政执法和司法审查机制,实时矫正地方政府滥用行政权力不当干预市场机制良性运行的行为,促使政府“归位”和市场“正位”,充分发挥市场配置资源决定性作用,尊重、维护和保障市场机制的良性运行,塑造法治和规范的地方政府间竞争新秩序。

综上所述,本书立基于法学的视角和机理,并从经济学、管理学等多个学科视角客观分析我国地方政府间竞争失范之成因,并提出较为系统的法治化解决路径。因此,规制地方政府间竞争失范,构建规范的地方政府间竞争秩序,自然应当回归于竞争产生的制度约束，通过构建稳定规范的央地关系来实现政府纵向权力配置法治化与合理化，进而健全地方政府间竞争法律约束机制，设定竞争的场域、方式、限度，使之在法治化的轨道上运行，进而规范地方政府行政规制权力，排除地方政府对区域经济社会发展的不当干预，矫正"政府失灵"，保障地方政府行政规制权力的行使适应国内统一市场建设和市场公平竞争秩序维护的需要，确保市场机制在资源分配中发挥决定性作用，有效实现资源配置"帕累托改进"和公共利益最大化。

目　录

引　言

改革开放40年来，我国经济社会发展取得了长足进步，社会主义市场经济体制逐步建立并日臻完善，基础设施建设水平和质量位居世界前列，公共物品供给得到极大改善，城乡居民可支配收入持续攀升，经济总量已跃居世界第二大经济体。在此过程中，地方政府间竞争成为推动区域经济社会发展、完善市场机制建设的主导力量，在一定程度上讲，地方政府间围绕区域经济发展而展开的激烈竞争已经成为分析我国经济超常规持续发展的关键因素。① 需要指出的是，虽然地方政府间竞争短时间内极大地推动了区域经济社会发展，但也

---

① 参见[英]罗纳德·哈利·科斯、王宁著：《变革中国——市场经济的中国之路》，徐绕、李哲民译，中信出版社2013年版，第229页。

普遍存在地方保护、市场分割、重复建设等竞争失范问题，这引发了中央政府与地方政府之间、地方政府之间以及政府与市场之间冲突甚至对抗的内在张力。如何解决地方政府间竞争失范问题，构建规范的地方政府间竞争秩序，已然成为关系我国经济转型能否达致预期目标的重大课题，对于推动全面深化改革具有极为关键的影响，对其进行深入研究，无论是在理论上还是在现实中都具有十分重要的意义。

一、研究背景

20 世纪 80 年代伊始，随着中央政府放权让利改革的逐步深化，行政分权与市场化改革导引出一条具有中国特色的渐进式发展之路。地方政府作为相对独立的利益主体，地位日趋凸显，地方政府目标函数由计划经济时代中央政府代理人的单维度逐步向中央政府代理人、地方利益代言人、有限理性经济人的多维度转变。作为中央政府的代理人，地方政府的目标函数自然是中央政府的满意程度，地方政府通过完成中央政府制定的目标任务获取政治认同和正面评价；作为地方利益代言人，地方政府的目标函数必然是实现地方利益最大化以获取地方利益团体（居民、企业）的经济支持和政治拥护；作为有限理性经济人，其目标函数表现为地方政府及其官员利益最大化，通过 GDP 和财政收入持续增长，彰显地方政府施政行为的“显性政绩”，从而使地方政府官员获得政治擢升。但是，国家整体利益、地方局部利益以及地方政府自身利益之间存在难以消解的内在张力。中央政府基于国家整体利益对经济活动进行宏观调控，不可避免地会影响乃至损害地方利益，地方政府必然采取博弈策略以期消弭中央政府宏观调控策略对地方利益的影响。虽然地方利益和地方政府自身利益在总体上是一致的，都表现为区域经济发展以及 GDP 持续增长、财政收入提高能够使地方利益团体以较低的税负获取更充裕的公共物品。但两者之间亦存在一定的目标差异，地方政府追求区域经济发展的目标与地方利益团体追求自身利益最大化的目标并非总是如出一辙，地方政府基于自身利益最大化的现实考量，竭泽而渔般地掠夺生产剩余，也会损害地方局部利益。加之地方政府官员的任期限制，他们在竞争中追求尽可能快速凸显的政绩，假以维护地方利益之名，直接参与或者频繁代表区域内微观市场主体介入资源争夺，往往成为地方政府竞争过程中的最优理性选择。

行政分权和市场化改革后，地方政府目标函数发生变化，地方政府施政目标从既往的以政治忠诚为表征，转向以政治忠诚和经济发展二元并重为表征，凸显了地方政府对区域经济高速发展持之以恒的追求。基于资源要素的稀缺性与可流动性，地方政府为了区域经济发展而争夺资源要素的竞争日趋激烈。这种竞争具有内生性，源于在标尺竞争激励下地方政府对资源要素的攫取本能，同样也是地方政府官员对政治晋升锦标赛制度压力的现实回应。源于此，地方政府出于增强区域经济实力的目标驱动，必然在制度创新、公共物品供给、基础设施建设、投资环境等诸多方面展开竞争，吸引资本、技术、人才等资源要素流入本区域，进而提高本地公共物品供给的数量与质量，以期在与其他地区的竞争中维持比较优势。随着地方政府间竞争日趋激烈，地方政府竞相利用行政权力维护地方利益，妨碍国内统一市场构建与完善，过度干预区域市场，人为地阻碍资源要素横向流动，造成不同区域市场之间交易成本过高，资源要素内向性聚集，导致“行政区经济”和“市场碎片化”。地方政府凭藉行政权力介入市场经济活动时，其往往集“裁判员”和“运动员”职能于一身，行政权力突破边界侵入市场自身调节的空间，市场主体生存空间受到极大的压缩，市场交易成本被不断推高，这种交易成本最终会转嫁到市场主体上，进而减损市场经济条件下各类主体公平竞争的经济效率。申言之，行政分权体制下地方政府间竞争实质上是权力因素嵌入市场机制，即通过行政权力干预市场机制运行，弱化甚至扭曲市场配置资源功能，人为地改变微观市场主体对成本收益的预期。这是一种政府公权力介入资源争夺的竞争，表现出地方政府在资源要素分配领域中的权力冲突与对抗。

在区域经济利益最大化的目标指引下，每个区域都会竭力阻止本区域经济发展对其他区域产生正的溢出效应，地方政府之间的竞争形成“零和博弈”的现实窘境。诸如：有的地方政府利用行政权力封锁区域市场保障本地生产企业利益等排除、限制竞争行为；有的地方政府运用财政补贴提高本地产品价格竞争力等过度竞争行为；有的地方政府违规给予企业税收优惠汲取区域外资本流入等恶性竞争行为。凡此种种，不胜枚举。在此过程中，地方政府企业化取向进一步放大，单纯追求经济绩效给地方政府治理以及区域公共物品供给带来了诸多负效应，诱发了地方政府权力配置扭曲、公共财政支出结构异化、政府官员机会主义行为等诸多不利于区域经济社会持续健康发展的消极后果。通过上述分析，我们大概可以得出这样一个结论：地方政府间竞争产生了两种截然相反的极化效应，一方面推动了产权制度改革，初步建构起市场机制基本框架，对于发挥市场配置资源功能、促进区域经济社会发展具有积极作用，这反映出地方政府在制度变迁中的能动作用；另一方面又扭曲了市场运行机制，影响了国内统一市场进一步发展，限制了资源要素自由流动，破坏了市场公平竞争秩序，妨碍了区域福利最大化目标的实现。申言之，在行政区域刚性限制和资源要素总量有限的约束条件下，随着竞争场域不断扩张和竞争烈度不断增强，采取行政控制和区域分割的方式干预区域内资源要素配置已然成为竞争博弈过程中地方政府最优的行动策略。加之地方政府间竞争缺乏制度约束，基于个体理性选择的竞争策略往往陷入集体非理性的"囚徒状态"，而集体非理性更是直接催生出种种竞争失范行为。因此，剖析地方政府间竞争的运行机理，探究地方政府间竞争失范的成因，提供规范地方政府间竞争秩序的制度供给，具有十分重要的理论意义和实践价值，既是践行全面深化改革的重要内容，又是推动政府职能转变、完善社会主义市场经济体制的重要途径。

二、文献研究综述

西方国家对政府竞争内容的研究有一个长期的阶段。在对比了不同国家政府之间的经济模式后，亚当·斯密持有这样一个观点：一个良好的保护产权体制能够使资本留在本国。由于历史或其他客观原因，不同国家和地区之间必然存在许多方面的区别，它们会在许多关乎国家利益的方面展开激烈的竞争。学术界认为政府竞争理论的首创者是 Tiebout，他在 1956 年的一篇文献当中，首次构建了这种竞争模式的理论模型。在此之后，西方学术界关于政府间竞争的多学科研究和讨论有着愈演愈烈的趋势，并涉及政治学和经济学当中。在我国改革开放以后，随着行政分权和市场化改革不断深化，地方政府间竞争被认为是我国经济高速增长的动力之源，国内外学者关于我国地方政府间竞争的理论研究和实证分析也开始蓬勃发展。因此，本书关于地方政府间竞争的文献研究综述将从以下两个方面进行梳理：

(一)国外关于政府竞争的研究进展和成果

1. 基于新制度经济学的区域竞争理论

该理论的主要观点是政府系一个具有垄断性质的组织，但是，在其他国家或潜在替代者的竞争压力之下，会有较为充足的动力去完善产权的保障机制，一个清晰明确的产权制度毋庸置疑会促进经济的提升。这种理论所说的竞争是在一些较为特定的范围内展开的，如政府效率、产业制度、投资友好度以及自身的法律法规完善程度等方面。这种竞争存在的范围也是多样的，既可以是国际之间，又可以是国家内部不同政区之间。随着新制度经济学的逐步发展，政区竞争理论的分析视野和理论架构不再局限于产权制度的范围，而是逐渐向非正式制度方面演变扩展，很大程度上丰富了区域竞争的理论体系。

新制度经济学领军人物 North(1994)认为，竞争压力和交易费用构成了统治者制度安排时的约束条件。国家可能面临着诸多方面的竞争压力，包括来源于自身和外界的竞争压力。在这种外部影响下，它会以虽然被动但有效率的方式建立起完善的产权保障体制并促使社会产出最大化。① 国家与潜在统治者("有势力的选民"的利益集团)之间的竞争引发内部竞争压力，如果这些利益集团对统治者的财富或者收入有很大影响，那么统治者也同样会受到威胁，往往会同意一个有利于这些利益集团的产权结构长期存在，而无视这种产权结构对经济效率的影响。反之，倘若这些利益集团对统治者财富或收入的影响微乎其微，由于不存在内部竞争压力，有利于统治者的产权结构将会长期存在。交易费用对统治

① 参见[美]道格拉斯·C. 诺斯著:《制度、制度变迁与经济绩效》，杭行译，上海三联书店2014年版，第3页。

者制度安排的约束表现为正的、过高的制定产权制度的交易费用可能减损统治者短期收入，统治者在有限生命和有限理性的现实局限下将会放弃经济增长的长期利益，从而选择有利于短期收入的产权制度，即使这种产权制度对于长期利益而言是无效率的。

Breton(1996)提出了一个具有竞争性的政府(Competitive Governments)的概念，建议将政府看做是一种包含多种因素的“混合制政府结构”。政府竞争的场域大到国家，小至乡镇，既包括同一维度上的横向竞争，亦包括上下级政府之间的纵向竞争，还包括不同的政府职能部门之间的多维度竞争。[①] 他也提出了两种内容不同的竞争：一是为了要素的竞争，如争夺投资、人才等；二是对分配资源归属权中的竞争，这主要是中央分配、地方争取的模式。在社会公众和资源要素自由流动的条件下，若是离开了公共物品或服务的良好供给，政府将难以吸纳来自外界的资金资源流入。他认为任何一个政府机构都与上级政府在纵向维度上展开竞争，同级的政府机构也会在横向维度上相互竞争。

2. 转型经济下的地方政府间竞争

该理论认为，转型经济下的地方政府间竞争主要关注对公共物品供给效率的影响。这类理论认为市场经济是一个权力经过分配后的经济，这种分权使它们之间的竞争削弱了政府的行政干预力度，在一定程度上给予了私人更大的发展空间。Yingyi Qian 和 Wingast(1997)将企业理论应用于对政府的考察，他们据此认为，存在于地方政府之间的竞争也具备产生良好经济效益的可能，就像企业实践带给人们的经验一样，因为流动性资源将增加地方政府

① See Breton. Albert, *Competitive governments: an economic theory of politics and public finance*, Cambridge, Cambridge University Press, 1996.

经济行为所面临的机会成本,形成一个类似于公司治理结构机制的政府管理体制安排。Yingyi Qian 和 Wingast 等人提出了保护市场的联邦制(Market-Preserving Federalism),Wingast 进而分析出这种财政联邦主义所具有的三个特点:一是政府对于当地经济有进行管制的权力;二是地区之间贸易通畅且不存在阻碍;三是当地政府既没有权力制造货币,又不具有无限的信用水平。Wingast 进一步认为典型的例子就是 18 世纪的英国和之后一个世纪的美国,这一种保护市场的体制促成英国和美国建立了繁荣的市场经济体系。当然,财政联邦主义这个理论也被用来分析我国以及其他国家经济转型中的问题。①

Hermann(1999)将我国和俄罗斯实施经济转型的巨大效果差别以及实施当中存在的问题归结为竞争秩序的不同。Hermann 认为,我国的权力比较集中,有效竞争的主体在省级范围,竞争的主体数量不多,而且竞争的目的主要是对资源要素的争夺,较少涉及既定利益的争夺。而俄罗斯方面,它采取的国家制度使权力分化、自主度增加,使竞争的对象数目大,竞争的级别拓展到市县这一范围内,各个政府争夺的对象就是存在的既得利益,对资源要素则没有过多的竞争。与此同时,缺乏一个有力的中央力量为地方竞争提供良好的、规范的秩序指导,使经济制度在变革过程中各方面力量不能凝为一体。② 所以,从上述案例可以看到,经济转型期间,不应也不需对具体方案予以详细考虑、制定,应把重心放在政府竞争方向的合理和范围的确定上。在这些规则下,地方政府完全能够

---

① See Jin H et al., "Regional decentralization and fiscal incentives: Federalism, Chinese style", *Journal of Public Economics*, 2005, pp. 1719 – 1742.

② 转引自冯兴元著:《地方政府竞争:理论范式、分析框架与实证研究》,译林出版社 2010 年版。

发挥出自身良好的筹划工作能力，其中的关键是建立一个独立、强大的司法制度。

3. 公共经济学的税收竞争模型

Tiebout(1956)提出了有关政府竞争“用脚投票”(Voting by Feet)的经济学模型。他认为，税收的程度与公共物品消费的水平紧密联系、直接挂钩，居民出于对自己利益的考虑，会选择那些具有良好服务和低税率的社区居住，当其具备更进一步的流动条件时，就会寻求层次更高、对自身利益更有利的社区并予以迁移。① 鉴于此，Tiebout 分析指出，地方政府存在竞争的先决条件是居民不仅要具备足够的能力或者权利自由进出该地区，还要具备选择相应服务和投票的自由，这些自由权利使地方政府的权力不能自由膨胀而是处于一个竞争的态势。

Oates(1969)对地方政府间资本要素流动进行了实证研究，证明了 Tiebout 假说的成立。Oates 研究发现，政府出于自身职权的需要，为了获得尽可能多的流通资本，从而不得不展开竞争。这些竞争的主要举措有改善税制、提升基建水平等。若是举措得力，能够稳步吸收大量具有流动性的资本，进而促进当地的经济状况改善、居民收入增长，政府也就有了更多的税收来源。之后，又能促进当地的财政增长，提升当地政府的竞争力，实现一个良性循环。②

根据 Oates 的假设，关于资本税竞争，1986 年 Zodrow，Mieszkowski，Wilson 三人构建了一个初步关于资本税影响的竞争模型。他们首先提出在资本流动的前提下，财政因素能够推动资

① Tiebout C M.,“The Urban Economic Base Reconsidered”,Land Economics, 1956,pp. 95 –99.

② Bradford D F et al.,“The Rising Cost of Local Public Services: Some Evidence and Reflections”,National Tax Journal,1969,pp. 185 –202.

源要素的流动，政府可以采取灵活的办法，即在流动当中对资本收取税款，为某些公共服务或物品筹备足够的资金，而不是固定的、一次性收取。当然，这种税款的征收会影响本区域的资本走向，通常是使其流入别的区域当中。① 因此，真实的税率和公共物品供给将会低于本区域所真正需要的有效水平，进而认为地方政府间竞争是缺乏效率的。

Keen 和 Marchand(1997)两人对地方政府采取吸引外部流动资本方法中提升基础设施建设的举措予以了研究。他们将基础设施的种类分为生活型和生产型两种，后者能够实现资本生产率的提高，前者由于仅仅是一种消费型设施故而不能。所以，在平衡的情况下，这将会使生产型基础设施供给过量而生活型基础设施供给不足。② 2002 年，Boadway 对上述举措当中的补贴政策因素予以了研究，再度证明了地方政府间竞争缺乏效率的结论。③

4. 公共选择理论中的怪兽模型

支持公共选择理论的学者认为政府并不具备积极动力为居民谋福祉，它只是在经济规律层面上追逐着更多的利益，是一种特殊形式的"怪兽"。根据投票自由的前提，地方政府的行为受到资本要素流动层面上的限制，它们的竞争是向上的(The Race To Top)，而不是向下的(The Race To Bottom)。

Brennan 和 Buchanan 首次探讨了"怪兽"假定下地方政府之间

① Mieszkowski P M, Zodrow G R., "The New View of the Property Tax: A Reformulation", Regional Science & Urban Economics, 1986, pp. 309 – 327.

② Keen M, Marchand M., "Fiscal Competition and the Pattern of Public Spending", Core Discussion Papers Rp, 1997, pp. 33 – 53.

③ Boadway R., "On the Method of Taxation and the Provision of Local Public Goods: Comment", American Economic Review, 2002, pp. 852 – 853.

的竞争，认为地方政府行为的目标并不总是居民福利最大化，它总是抱有不理性地、不间断地增加财政收入的趋势，这是从体现权威或获取某些收益的经济属性决定的。以此来看，其就像一个不断追逐规模的"怪兽"。资本要素的畅行无阻实质上相当于一种约束制度，避免了公共部门过度膨胀，从而导出了地方政府间竞争有效性的结论。①

Edwards 和 Keen（1996）发现，在"怪兽"假定下，只要怪兽不太贪婪，税收协调政策也可以给居民提供福利。② Wilson（2001）在研究模型中假设地方政府同时具有增进居民福利的特征和规模扩张的"怪兽"特征，发现若是公共物品能参与到生产环节当中，能够提升劳动生产力的水平，这将吸引更多的资本，并使税款收益有着显著的提升。③

（二）国内关注政府竞争的研究进展和成果

国内最早对政府竞争予以研究涉猎的时间是 1990 年，樊纲和张曙光两位学者将其界定为"兄弟竞争"，即地方政府之间为争夺中央分配的资源要素和优惠政策进行的横向竞争以及地方和中央之间的纵向竞争。在第一类竞争中，主要围绕货币和投资领域进行。在第二类竞争中，地方政府的行为主要表现为三种：一是围绕生产原材料进行争夺；二是通过行政手段限制本地一些特色产品尤其是基础原材料流到外地；三是地方政府竞相建设具有良好收

① Gordon R H, Li D D.,"Taxes and Government Incentives: Eastern Europe vs. China", Social Science Electronic Publishing, 1997.

② Edwards J, Keen M.,"Tax competition and Leviathan", European Economic Review, 1996, pp. 113 – 134.

③ Gordon R H, Wilson J D.,"Expenditure Competition", Journal of Public Economic Theory, 2010, pp. 399 – 417.

益或者回报周期短的项目，导致各地低水平产业结构趋同及重复建设。①

杨瑞龙（1998）系统地提出了“中间扩散型”制度变迁方式，该理论指出由于权力的转让和财政体制的分权使地方政府能够更为独立地配置资源、获取利益，使地方政府成为沟通权力中心和市场主体的承接环节，比如经济资源的分配方式和对于某些特定市场的创新需求等，从而跨过中央设置的创新阻碍。不但使中央能够在垄断的情况下获取最大数量的资金，而且使产权被有效保障并同时高效地促进经济活动，实现制度的稳步改革。因此，地方政府是制度变迁过程中的“第一行动集团”。在此基础上，杨瑞龙提出了中国渐进式改革从供给主导型到中间扩散型再向需求诱致型制度变迁转变的三阶段理论。②

冯兴元（2001）沿用了 Breton 关于竞争性政府的分析架构，强调政府间竞争主要是制度竞争。他认为政府间争夺的对象涵盖了有形、无形资源在内的各种资源，竞争方式包括直接或间接，纵向或横向等。对于我国而言，这种竞争主要有两种：一种是关于税收和补贴等重要资源的竞争；另一种则是规则层面上的竞争。如果前者不规范会引发一些不良后果，如产生地方贸易壁垒、市场分割等；如果后者不规范则会导致公共物品供给效率下降。③

① 参见张曙光、樊纲：《两种不同机制下的经济调整——兼论治理整顿和深化改革的关系》，载《经济学家》1990 年第 5 期。

② 参见杨瑞龙：《我国制度变迁方式转换的三阶段论》，载《经济研究》1998 年第 1 期。

③ 参见冯兴元：《中国辖区政府间竞争理论分析框架》，载《天则内部文稿系列》2001 年第 2 期。

中国社会科学院《中国地方政府竞争》课题组（2002）研究表明，我国关于分权的制度变革使地方政府间竞争更为激烈，他们重点将地方政府竞争定义为在市场经济当中，当地的政府、企业、居民等在资源上争夺、在市场上竞争，从而最终获取最大化收益的行为。该研究小组认为，这种竞争离不开一定的制度环境因素，而竞争产生的结果又会对制度和一些其他外部环境造成反馈。①

刘汉屏和刘锡田（2003）将地方政府竞争界定为：同一个主权国家范畴内，具有独立经济地位的区域政府之间为吸引生产要素（如科学技术、重要资本）而在一些重要方面（如制度完善、环境优化、行政办事能力提高等方面）展开竞争。② 汪伟全（2004）认为，地方政府主要围绕五个方面展开竞争：一是地方公共物品供给；二是争夺生产要素；三是针对重要企业、重要产业予以政策优惠或政策倾斜，提高本区域企业竞争力；四是市场封锁和保护；五是获取优惠政策以及争夺试点权。③

周业安、赵晓男（2002、2003）根据地方政府在竞争中政府行为模式的差异，对地方政府进行了类型化分析，将其划分为进取型、掠夺型、保护型等不同类型，并认为不同的竞争结果实质上是由地方政府类型导致的。第一种类型政府会对民营企业以及私有经济予以大力扶持从而提升其经济活动的自由度，后两种类型政府则由于产业结构的相似，会对流动的要素予以管控并限制企业的活

① 参见中国社会科学院《中国地方政府竞争》课题组：《中国地方政府竞争与公共物品融资》，载《财贸经济》2002 年第 10 期。

② 参见刘汉屏、刘锡田：《地方政府竞争：分权、公共物品与制度创新》，载《改革》2003 年第 6 期。

③ 参见汪伟全：《中国地方政府竞争：从产品、要素转向制度环境》，载《南京社会科学》2004 年第 7 期。

动自由度，造成非良性竞争、经济发展停滞等不良后果。所以，若是地方政府都采取进取型策略，则地方政府间竞争有助于经济增长。①

吴元元（2006、2015）对格拉诺维特/青木昌彦的嵌入/关联博弈模型进行了细化，构建了以上级主管部门和辖区内公众为博弈主体与认政府官员为博弈相对方的双重博弈框架，得出了各博弈方的参与者完全重合的条件下，短期博弈嵌入到长期博弈并成为其重要部分，后者能为前者提供阻却投机行为的屏障。如果各博弈方的参与者只有一方重合，短期博弈只有部分嵌入到长期博弈中，如果博弈规则具有促进竞争作用，那么后者会强化前者投机行为；如果博弈规则互为条件，那么后者能够阻却前者投机行为。②

周黎安（2007）通过统计分析得出结论，对于省级官员而言，当该省 GDP 处于良好的增长态势时，那么其会有更大的可能得到升职，经济增长与官员政治攫升之间正相关态势较为明显。③ 中央对地方官员的考核会理性地借用相对绩效的评估作用，实现减小结果误差以及促进鼓励作用。据此提出了晋升锦标赛理论，即上级对下级相关部门的官员设计一种优胜劣汰的竞赛机制，具体的相关指标既可以是 GDP 的增长率，也可以是一些其他可以量化的指

① 参见周业安、赵晓男：《地方政府竞争模式研究——构建地方政府间良性竞争秩序的理论和政策分析》，载《管理世界》2002 年第 12 期；周业安：《地方政府竞争与经济增长》，载《中国人民大学学报》2003 年第 1 期。

② 参见吴元元：《双重结构下的激励效应、信息异化与制度安排——环境影响评价公众参与制度的经济学考察》，载《制度经济学研究》2006 年第 1 期；吴元元：《双重博弈结构中的激励效应与运动式执法——以法律经济学为解释视角》，载《法商研究》2015 年第 1 期。

③ 参见周黎安：《中国地方官员的晋升锦标赛模式研究》，载《经济研究》2007 年第 7 期；周黎安著：《转型中的地方政府官员激励与治理》，上海人民出版社 2008 年版。

标。这种竞赛制度达到了逐级筛选的效果,最为明显的一个特点就是只有胜利者才能进入下一轮筛选,只要被淘汰就永远丧失了进一步竞争的资格,进而在地方政府官员之间营造出一种非常残酷的竞争态势。这种制度最大优势在于有效地引入了地方政府之间的竞争制度并且这种竞争会根据生产要素的流动作出相应的正相关变化,加剧竞争的激烈程度。

郑鹏程(2012)认为,不论在西方发达市场经济国家,亦或是经济体制改革转型过渡国家,地方保护主义都不同程度地存在,而有效地规制地方保护主义的关键之处在于妥善衡平地方局部利益与全国整体利益。基于我国尚处于经济社会转型期的客观状况,地方政府在推动区域经济社会发展中发挥着巨大作用,如何保障地方政府自主性、规范地方政府自主权行使、有效规制地方保护主义从而实现国家经济政策与地方利益之间的平衡是法学界面临的重要课题。[①] 因此,在宪政框架下,制定国内贸易自由保护规则以及完善反垄断法律、法规无疑是最立竿见影的手段,同时,也需要综合运用多种法律手段。

郑尚植(2012)运用标尺竞争理论分析了作为中央政府代理人的地方政府在承担多维度任务时,由于地方政府职能的复杂以及其与中央政府在工作上的定位不同加之两者信息获取方面的巨大差异,形成了代理人努力配置扭曲。[②] 他认为,由于地方官员对经济发展方面有着最大追求,其必然会努力争取短期内的最优政绩,这往往是通过更多地对经济方面的财政倾斜实现的,与此同时选

① 参见郑鹏程著:《对政府规制的规制——市场统一法律制度研究》,法律出版社2012年版。

② 参见郑尚植:《标尺竞争、地方官员自利行为与财政支出结构偏向》,载《产经评论》2012年第5期。

择性地忽视了所管辖地区的居民公共利益。即便相应官员发现了财政支出效率较低或方向偏差等不良情况，也会出于强大的工作惯性很难在财政支出结构上作出调整。所以，地方官员过于考虑自身利益是所辖地区财政失衡或支出方向偏差的根本所在，官员的个人理性放大和公共理性丧失进一步固化了财政支出失衡的现象。

葛方林(2013)认为，在转型期的中国，政府之间非良性竞争大多是由于过多重复建设所导致的，而这些重复建设一般都是由于政府推动或主导的结果，所以，应当限制行政权力对于市场的过分干预，为市场主体构建出一个合理缓冲的保障体系。保障市场主体退出权的行使，能够推动各市场参与力量之间的良性竞争，从根源上避免竞争过度的乱象，最终实现一个平衡、和谐、健康的市场格局。①

聂辉华(2016)提出的政企合谋理论认为，在央地权力集(政治权力)分(经济权力)制度约束下，中央、地方、企业三者之间存在一个显性合同，即中央对地方政府授权发展区域经济，对当地企业生产活动进行监督，同时，中央政府从企业缴纳的税收中给予地方政府收入分成作为对价。如果同时满足企业作为生产主体能够选择采取好的技术(成本高，不容易发生事故)或者坏的技术(成本低，容易发生事故)、信息不对称(中央政府不了解企业采用哪种技术，而地方政府了解并可以影响企业采用哪种技术)、地方政府追求短期利益等三个假设条件，政企合谋便会随之产生。此时，地方政府与企业之间存在一个隐性合同，即企业因为采取坏的技术，有效降

① 参见葛方林:《论市场主体退出权》，载《重庆大学学报》(社会科学版)2013年第2期。

低了成本,扩张了盈利空间,地方政府得到了政绩和利益输送,而且区域经济也得以在短期内以较低成本实现增长。①

学术界对地方政府间竞争的研究一直处于较高的热度,研究的内容也非常广泛,包括如何确定地方政府间竞争的概念、竞争产生的制度基础、表现形式和主要内容、外部性评价以及如何对恶性竞争、过度竞争进行有效治理等方面。大部分学者均认同地方政府间竞争的主体范畴,即没有直接从属关系的政府,包括同一行政区域内的各个地方政府以及非同一区域的各个地方政府。也有学者认为,中央政府与地方政府之间,上下级政府之间亦存在竞争关系。其实,在我国单一制体制下,行政分权与经济分权并不必然意味着政治分权,从我国改革开放的实践分析,政治集权与经济分权是市场化改革进程当中最基本的一个表现维度。所以,大部分学者认为,央地之间更多地表现为博弈关系而非竞争关系,即地方政府在资源分配、财政权力配置以及更大的自主权力等方面与中央进行"讨价还价"。关于地方政府间竞争的内容含义,学界基本达成共识,主要包括对资源、经济增速、优惠政策和制度等方面的竞争。对于何种因素触发地方政府间竞争方面,一种较为广泛的观点是,中央政府向地方政府让渡部分行政权力。同时,压力型体制下地方政府官员晋升竞赛也对地方政府间竞争起到了重要推动作用。学界也广泛赞同这种竞争存在正效应和负效应,其中正效应主要表现为公共物品供给改善、基础设施优化、区域经济发展,负效应重点表现为财政支出结构扭曲、社会总体福利下降、地方保护主义。对于如何规制地方政府竞争行为、构建规范的地方政府竞

① 参见聂辉华:《政企合谋:破解"中国之谜"的新视角》,载《阅江学刊》2016年第6期。

争秩序，有学者认为，应当实现中央与地方关系法治化；有学者认为，需要打破刚性行政区划限制，实行区域经济一体化；有学者认为，必须改革当前政府绩效和官员考核机制，破除政治晋升锦标赛引致的“零和博弈”窘境，等等。

总体而言，关于地方政府间竞争的研究更多地表现为从经济学、政治学、社会学等学科切入，有的强调类型化分析地方政府施政行为从而导出各类竞争策略与不同类型政府之间的互动关系；有的重点测度地方政府目标函数及其阈值对其竞争策略的影响。这些学科对地方政府间竞争的研究重点虽然各有侧重，但观其大略，财政激励和晋升激励系交叉串联地方政府间竞争研究场域的两根主轴。前者着重考量在中央与地方财政分权的境况下，分税制改革后财政收支的激励效应，关注重心系中央政府财税政策对地方政府间竞争策略的宏观影响；后者重点测度中央政绩考核制度的标尺效应对地方政府及其官员的激励作用，其侧重点倾向于测度地方政府官员在内部闭合的劳动力市场中施政行为对地方政府竞争策略的直接影响。

面对经济学、政治学、社会学等多个学科研究地方政府间竞争的丰硕成果，法学通过宪法、行政法、财政法以及竞争法等不同部门法学对地方政府间竞争这一现实问题进行了一定程度的观照与回应。其中，宪法着重从民主宪政、央地分权等维度进入，提出规范央地权力分配，构建制度化、法治化分权路径从而规范地方政府间竞争秩序；行政法重点从地方政府行政行为合法性角度切入，提出建立行政复议、司法审查等路径，强化上级政府对下级政府行政行为纠错机制，增强司法机关对地方政府行政行为合法性审查等措施，矫正地方政府间竞争秩序；财政法着重强调央地财政分权制度化保障、转移支付弥补地方政府纵向财政缺口、消解中央与地方政府以及地方各级政府之间纵向和横向财力不均衡等问题，弱化地方政府间竞争的诱因；竞争法致力于构建统一的全国大市场，通过竞争倡导、竞争评估和竞争执法，衡平中央竞争政策的一统性与地方局部利益的多样性之间的紧张关系，限缩地方政府实施竞争策略的选择空间，从而达致遏制地方保护和行政垄断的目的。

通过对上述文献进行梳理，笔者认为，现有法学学科对地方政府间竞争的研究尚存在一定的不足：首先是缺乏从法学视角对地方政府间竞争进行的系统化研究。大多数以地方政府间竞争为研究主题的专著以及学术论文很大程度上仍然依赖于以经济学、政治学和社会学作为重要解析工具，法学界对地方政府间竞争的研究散落于各个法学部门，研究成果呈现分散化、碎片化状态，尚需针对地方政府间竞争进行专门化、系统化的法学研究。其次是缺乏运用交叉学科对地方政府间竞争进行的综合性研究。传统法学侧重于从制度规范和制度移植的维度对地方政府间竞争进行研究，注重分析政府间竞争秩序阙如引致竞争负外部性的定性分析，经济学、社会学等学科侧重于对地方政府间竞争引致的负外部性进行量化分析，前者精于从表象解析本质，后者长于从本质演绎表象，两种研究范式各有侧重、互为表里。可以说，对地方政府间竞争的研究不仅仅是一个法律问题，同时也涵盖经济问题和社会问题。因此，要建构规范的地方政府间竞争秩序，必然需要运用经济学、政治学、社会学、法学等多种学科交叉研究，才能在精密剖析地方政府间竞争起源、孕育、发展的基础上，探究地方政府间竞争失范生成、激化的深层诱因和制度罅隙，进而提出规范地方政府间竞争秩序的制度建构。最后是我国仍处于经济转型时期的现实境况。市场经济体制发展尚不完善，公民社会发育仍不充分，在相当长的一段时期内，政府主导型的经济发展模式仍然是我国经济发展的实然路径，地区经济发展由地方政府主导推动的传统惯性在短时间内很难停止，各个地方政府之间依旧会围绕资源、资本、人才、技术等资源要素展开竞争。源于此，规制地方政府之间的竞争行为，走出一条摆脱地方政府间竞争失范的崭新路径，建立一个良好的、规范的、法治化的竞争秩序，仍是需要在广度和深度上进行不断拓展的研究领域。因此，也给本书留下了一定的创作空间。

三、研究思路与方法

本书在已有规范性研究的基础上，尝试从不同的学科视角对地方政府间竞争这一命题进行交叉研究。首先是从法学角度对经济法规范进行分析，结合宪法、行政法、财税法等部门法学综合剖解地方政府间竞争失范的生成机理，进而研究规范地方政府间竞争秩序的法治途径。其次是综合运用经济学、政治学、社会学等多个学科分析框架，运用博弈论和标尺竞争理论，分析“为增长而竞争”与地方政府竞争策略之间的因果关系，诠释晋升锦标赛机制对地方政府及其官员施政行为的影响，检视委托—代理模式下的标尺竞争诱发地方政府间竞争失范的实然联系，探究地方政府及其官员在压力型体制和行政科层制境况下，造成策略选择路径依赖的原因，从而引导出规制地方政府间竞争失范的制度供给，并提出规范地方政府间竞争秩序的法治途径。

1. 文献研究法

文献研究法是本书采用的主要方法，在本书的准备过程中，将对地方政府间竞争研究文献进行检索和收集，包括学术界对地方政府间竞争相关问题理论研究的论文、著作和调研报告等，以便能够较准确地把握目前相关研究的前沿理论。同时，通过对《宪法》《地方各级人民代表大会和地方各级人民政府组织法》等法律制度进行文本解读，阐明地方自主权生成的法理基础，探究地方政府在现行政制架构中的实然地位，从而揭示地方政府间竞争产生的制度因素。

2. 历史分析方法

主要对我国改革开放以来行政分权和市场化改革的历史脉络加以梳理，厘清我国财税体制变迁的历史沿革，显明我国地方政府间竞争孕育、生成、发展的时间脉络和演化进程。在此基础上系统地分析地方政府缘何在不同时间维度上实施种类各异的竞争策略组合子集，进而剖析地方行政保护、差异性政府补贴、基础设施重复建设、招商引资大战、司法中的地方保护等典型竞争失范行为产生的必然性，阐释地方政府间竞争失范凸显出的负外部性。

3. 系统分析方法

通过将地方政府带入三类主体（中央政府、其他地方政府、区域市场主体）聚合生成的有机系统中进行研究，考察地方政府与中央政府之间、地方政府之间以及地方政府与区域市场主体之间变动不居的互动关系，破除央地关系单纯二元划分的窠臼，分析地方政府作为中央政府代理人、地方利益代言人、有限理性经济人三重角色交织下，扩张经济权力边界，实施逐顶竞争与逐底竞争并重的竞争策略，从而达致经济发展收益内部化的因果关系。

4. 博弈论分析方法

模拟地方政府竞争博弈策略，分析引致地方政府间竞争失范的内在机理，解析地方政府作为博弈参与者在追求利益最大化过程中进行策略互动和相互作用的行为机理，观察各个博弈参与方在既定约束条件和博弈规则制约下，理性选择竞争策略对博弈结果造成的影响，探究地方政府及其官员在压力型体制和行政科层制境况下，造成策略选择路径依赖的原因。

5. 比较分析方法

通过联邦制与单一制分权模式、对称型财政分权模式与非对称型财政分权模式以及美国、欧盟等市场经济相对完善的国家和区域经济一体化组织规制地方政府以及成员国政府竞争行为的比较分析，重点考察不同法域中有关地方政府竞争规制法律制度的差异及趋同现象，从而梳理出可资我国借鉴的法律规制路径。

除此之外，本书还尝试综合双重博弈理论、标尺竞争理论等研究范式，将规范地方政府间竞争秩序内嵌到国家治理的宏大制度谱系中予以考察和分析，揭示地方政府间竞争与全局性、区域性经济社会发展之间的因果链条。

第一章　地方政府间竞争的逻辑起点

——地方政府自主权

在现代市场经济体制下，作为国家政权重要组成部分的地方政府在经济社会管理活动中发挥着无可替代的重要作用，构建起连接权威中心与市场主体之间双向互动的中介桥梁。地方政府良性治理与辖区经济社会健康发展息息相关，在很大程度上决定了经济法律法规的贯彻执行、宏观经济调控政策的有效运行，乃至国家政权合法性地位的巩固与稳定。考察我国改革开放以来，地方政府在市场化转型中的角色和功能，其中一个重要的分析路径，就是观察中央政府与地方政府之间的权力分配关系及其演进过程，并循迹分析地方政府自主权生成、演变、扩张、收敛的内在逻辑，从而为系统化研究连接地方政府自主权与地方政府间竞争生成的因果链条提供理论注解。

第一节　地方政府范畴的界定

地方政府是一个在政治、经济、法律、社会、文化等多个场域中广泛运用的概念，不同场域和不同语境中地方政府的含义不是十分明晰，难以准确地界定地方政府的内涵和外延。地方政府到底是特指中央政府之下的省级地方政府还是涵盖地方四级政府即省、市、县、乡政府的集合概念？究竟是指狭义地方行政机关还是将地方党委、地方行政机关以及地方立法机关与地方司法机关均囊括在内？由于地方政府系本书研究的关键词和核心概念，因此，准确界定地方政府范畴是应当首先解决的问题。

一、纵向科层制语境中的地方政府

（一）联邦制与单一制关于地方政府的定义

“地方政府系统治权力及管辖范围被限定在一个主权国家部分地区的政治机构。”①联邦制国家与单一制国家对地方政府的认识存在较大分歧。在联邦制国家，联邦政府与联邦成员单位政府，（亦称次中央政府，如美国、德国的州政府、加拿大的省政府）分享主权，联邦成员单位政府自主权限较大，可以通过立法增加或者减少地方政府的职权，甚至可以创设或者解散地方政府，故地方政府从属于联邦成员单位政府。例如，美国实行州内单一制，即州政府

① ［英］韦农·波格丹诺著：《布莱克维尔政治制度百科全书》，邓正来译，中国政法大学出版社2011年版，第360页。

可以要求市政府服从其政策目标，作为比较，联邦政府不能要求州政府服从其政策目标，州政府享有较大的自主权限。从宪法的角度看，地方政府在州政府的法律地位与州政府在联邦政府中的法律地位不同，地方政府从属于州政府。① 加拿大并没有在宪法中规定省政府与地方政府的关系，但认同省政府创制了地方政府。② 因此，在联邦制国家，联邦成员单位政府(州政府或者省政府下属的地区政府)才被视为地方政府。在单一制国家，央地政府之间不存在主权二元切割的问题，地方政府在其行政区划内贯彻执行中央政府制定之法律法规与政策，中央政府政策目标系地方政府施政行为之行动指引，乃为中央政府旨意在特定区域之自然延伸，其被视为中央政府在特定区域的代理人。中央政府的纵向授权是地方政府治理权限的主要来源，中央政府通过立法能够创设或者解散地方政府。因此，在单一制国家，地方政府系作为中央政府派生物而存在，各个行政区域内的地区政府均可视为地方政府。

(二)西方发达国家政府层级设置

从西方发达国家政府层级结构分析，不论是联邦制国家亦或是单一制国家，主要采取三级政府设置，例如，美国、加拿大、德国等联邦制国家政府组织架构均由第一层级政府(联邦政府、中央政府)、第二层级政府(州政府、省政府)、第三层级政府(地方政府)三级构成；又如单一制国家日本同样为中央政府、都道府县政府(一都一道两府四十三县)、市町村政府三级构成。鉴于本书主要采用比较研究方式，如果将联邦制国家中的联邦成员单位

① See Saffell, David C. and Harry Basehart, *State and Local Government*, McGraw-Hill, 2001, p. 61.

② See Krelove, Russell et al., *Fiscal Federalism in Theory and Practice*, Canada, IMF, 1997, p. 202.

政府以及单一制国家日本的都道府县政府排除在外，仅以上述国家语境中的地方政府作为比较对象，则难以达致预期的研究目的。诚如前文所述，上述国家语境中的自主权限主要集中于第二层级政府，并由其衍生出第三层级政府（地方政府），其往往被视为州政府、省政府之派生物。因此，只有将美国、加拿大、德国等联邦制国家第二层级政府（州政府、省政府）和单一制国家日本第二层级政府（都道府县政府）同样纳入地方政府范畴才能达到比较研究之目的。

（三）我国地方政府范畴界定

我国政府层级结构相对复杂，采取五级政府设置，即中央政府、省级政府、市级政府、县区政府、乡（镇）政府。其中，省级政府（省、市、自治区政府）对应西方联邦制国家州政府、省政府以及单一制国家日本都道府县政府等次中央政府。省级政府拥有较大的自主权，例如，地方性法规的立法权、执行中央政府宏观调控的权限、替代中央政府进行制度创新的权限，等等；且系唯一与中央政府发生联系的地方政府，在权力运行过程中处于中间层级，中央政府通过省级政府将政策法令传递至更低层级的市级政府以及县区级政府。与此同时，基于我国现实政治制度，行政分权表现出从上到下逐级分权的特点，即从中央到省再到市县最后延伸到乡镇逐级逐次分权，地方四级政府权力分配往往被看做是中央政府与省级政府行政分权的再生复制和逐级延伸。① 因此，在本书中若无特别说明，纵向科层制语境中的地方政府一般指代涵盖省、市、县、乡四级地方政府的集合概念。

---

① 参见谢炜、蒋云根：《中国公共政策执行过程中地方政府间的利益博弈》，载《浙江社会科学》2007 年第 5 期，第 54 页。

二、横向权力配置语境中的地方政府

（一）地方党委

中国共产党各地委员会在地方政权组织架构中处于绝对核心的领导地位。虽然地方党委并不以自己的名义管理区域经济社会事务，但地方行政机关在地方党委领导下管理各类经济社会事务，地方行政机关施政行为须得秉持地方党委意旨。按照“党管干部”原则，同级政府组成部门主要负责人以及下级党委、政府主要负责人的提名、任免以及提拔、交流等事项必须事先经过地方党委常委会研究决定，地方党委通过人事控制直接将组织意图贯穿于政府组成部门以及下级党委、政府经济社会事务管理过程中。另外，为了加强对地方行政机关工作的领导，地方党委将同级政府组成部门按照工作性质划分为相应的联系“对口”，实行“归口管理”，由地方党委副书记或者常委负责联系，例如，文教、卫生、城建、财政等领域由常委（可能兼任同级政府副职）具体分管。而且在地方党委内部还设置政法委、宣传部、统战部等党内部门以及财经工作领导小组、农村工作领导小组等非常设机构以保障地方党委决策在地方政府施政过程中得到全面贯彻。自新中国成立伊始我国国家治理体系最根本的特征即为中国共产党的主导以及与之相应的组织化调控。① 虽然改革开放引入了公民参与、社会化治理等新的治理方式，但党委主导与组织化调控仍然是最主要的国家治理路径。因此，地方党委是区域内最为关键和重要的公权力主体，不能机械地套用西方国家政府组织分析框架，将地方党委排除在研究范围

---

① 参见唐皇凤：《新中国60年国家治理体系的变迁及理性审视》，载《经济社会体制比较》2009年第5期，第25～27页。

之外。

（二）地方行政机关

西方政治学认为，“政府的正式功能不仅涵盖了制定、解释法律，也包括执行和贯彻法律以及适用法律”。① 这些功能在广义上相当于立法、行政和司法等功能。在我国当下的政治实践中，一旦提及地方政府，人们首先想到的便是地方行政机关。因为在国家公权力实际运行过程中，行政权力与公民现实生活密切相关，作为国家公权力之一的行政权力对公民私权利之行使联系最为密切、广泛。《宪法》第107条对县级以上地方政府的工作职能进行了概括列举，涵盖医教文卫体等诸多领域，涉及民政、司法、城建、财政等诸多事项。由此可见，行政权力的触角几乎渗透到经济社会生活各个场域，其作用的广度与深度、力度与烈度远远超越立法权、司法权等其他国家公权力。由此可知，行政权力扩张是无可回避、必然发生的，这种扩张内嵌于现代社会生活，在某种意义上讲正是由于现代社会公共事务繁杂与琐碎，造就了行政权力不可逆转的扩张之路。改革开放以来，放权让利式的行政体制改革使得诸多行政权力通过“条条”下放到了地方的“块块”之中，通过自上而下纵向行政授权的方式极大地扩大了地方政府自主权限，极大地增强了地方政府统合本行政区域内资源的能力，使其服膺于区域经济发展。因此，本书将地方行政机关作为最重要之研究对象，乃为题中应有之义。

（三）地方立法机关

在广义的地方政府权力配置中，体现了以地方人大为轴心的

---

① ［英］韦农·波格丹诺著：《布莱克维尔政治制度百科全书》，邓正来译，中国政法大学出版社2011年版，第272页。

权力配置机制，即地方民众选举地方人大代表，地方人大代表依托地方人民代表大会进行民主治理。我国《宪法》第 99 条、第 100 条、第 104 条赋予了地方人大及其常务委员会决定区域内重大经济社会事务的管理权力和省级人大及其常委会制定地方性法规的权力；第 105 条、第 110 条规定地方政府接受双重领导，同时向本级人大和上一级行政机关负责并报告工作。通过上述分析可知，地方人大和地方政府系区域民众意志集中与执行的组织机构，地方人大将地方公众以及各类群体意愿加以整合，再通过地方行政机关各种治理行为将此种经过整合的公众意愿加以贯彻、表达，正如《联邦党人文集》中对立法机关公权力之表述，“立法机关执掌财权并制定民众权利义务之准则”。[①] 因此，将地方立法机关纳入本书研究对象，对于从整体上把握地方政府自主权限具有重要意义。

(四) 地方司法机关

对于地方司法机关，本书也将其纳入研究对象，理由在于我国宪政体制明确了“一府两院”权力配置机制，例如我国《宪法》规定，地方“一府两院”由地方人民代表大会选举产生，由此可见，地方司法机关乃系广义上之地方政府重要组成部分，司法权亦为体现地方秩序化统治以及地方民主治理的重要表征。在我国政治生活实践中，尤其在地方层面存在较为严重的司法行政化倾向，在地方行政机关统摄下，地方司法机关囿于人、财、物等方面受地方行政机关掣肘，地方司法机关独立行使检察权、审判权受到行政权力钳制，地方司法机关价值追求与目标函数被扭曲，乃至出现地方司法机关为经济建设、招商引资保驾护航，运用司法权力介入具体经济

① [美]汉密尔顿、杰伊、麦迪逊著：《联邦党人文集》，程逢如、在汉、舒逊译，商务印书馆 1995 年版，第 391 页。

纠纷破除地方经济发展之障碍等现象。当前,我国亦在推进司法体制改革,着眼建立跨行政区的司法机关,减少地方行政机关的行政权力对地方司法机关独立行使检察权、审判权之侵蚀。但司法体制改革亦处于起步阶段,在一定程度上讲,地方司法机关难以短期内摆脱当地行政权力的桎梏,司法权屈从于行政权的现实境况短时间内难以得到根本扭转。因此,在本书中若无特别说明,横向权力配置语境中的地方政府一般指代广义上的地方政府。

第二节　地方政府自主权范畴界定

地方政府自主权是研究地方政府间竞争起源的一个重要维度。从一定意义上讲,地方政府间竞争肇始于地方政府自主权的生成与演进,导源于地方政府自身政治经济利益的觉醒。进言之,地方政府自主权在纵向与横向两个维度上的扩张,加剧了地方政府间竞争的激烈程度。因此,为了显明地方政府自主权扩张与收敛对地方政府间竞争的实然影响和逻辑链条,有必要对地方政府自主权具有一个客观清晰的认识,并在比较分析的基础上厘清有关地方政府自主权的内涵及其外延。

一、地方分权与地方自治

地方分权与地方自治是两个既相互关联又相互区别的对应概念,中央与地方纵向分权是地方自治存在的初始条件,地方自治是地方分权实际运作的重要表征。在联邦制国家,统治权力在联邦政府和州政府之间进行了二元分配,两者均具有独立的宪法地位,并非单纯的命令与服从关系。地方分权即意味着联邦成员单位政府在宪法授权下的区域自治,在此语境中地方分权等同于地方自治。因此,地方自治较之地方分权,更强调地方独立之蕴意,即在地方自治权限内独立处理地方事务之权力。在单一制国家,中央政府将部分权力让渡于地方政府,两者不存在主权二元切割,后者不具有宪法上的独立地位,两者之间或多或少体现出命令与服从的表征。中央政府作为本源性权力而存在,地方政府承继中央政府权力让渡,地方分权即显明地方政府承担中央政府下移管理权限,地方分权并不必然意味着地方自治,可以理解为在坚持中央集权前提下,有条件的权力让渡。因此,地方分权强调中央政府将部分权力让渡给地方政府,地方政府代表中央政府在相应行政区划内行使权力,地方政府系中央政府在地方的代理人,其存在之要义在于保障中央政府之意志在所辖区域得到贯彻执行。由此可知,地方自治强调中央政府与地方政府的权限由宪法及法律明确界定,地方政府在自治权限范围内享有高度自主权,地方政府被看做是中央政府的合作者,地方政府存在的目的在于排除中央政府的不当干涉,保障所辖区域之利益。

正如联邦制并非一定代表分权,单一制并非一定意味集权,在现代经济社会发展历程中,不约而同地出现了地方分权与地方自治同构的趋势。众所周知,日本是典型的单一制国家,第二次世界大战后1947年制定的《日本国宪法》虽然确定了地方自治的宪法原则,但中央政府主导的格局却没有得到根本改变。随着《地方自治法》《地方分权推进法》《地方分权一揽子法》等单行法律实施,明确了各级政府纵向上的权限划分,都道府县政府以及市町村政府获得了事实上的自治权限,明确了都道府县政府以及市町村政府系独立于中央政府之外的地方自治体,亦是独立于中央政府的法人,享有条例制定、财产管理、地方事务处理等自治权力,使上述地方政府(特别是都道府县政府)由中央政府代理人逐步转变为具有合作者性质的地方自治团体。由此可知,地方分权与地方自治是西方发达国家设置中央、地方关系的基本原则之一。按照日本学者吉村源太郎、杉原泰雄的观点,地方分权系"充实立宪政治之根本,巩固国家之基础①"且"地方自治与地方分权系现代民主国家不可或缺之内容,不论何种宪法体制均应明确之"。②

二、地方政府自主性与地方政府自主权

国内有学者将地方政府自主性定义为,"地方政府根据自身效用偏好,并在一定程度上摆脱各种政治、行政力量制约,以促成其特定行政目标实现的可能性"。③ 地方政府自主权通常被认为是一种既成事实的权限,季卫东先生认为这种权限系"事实上形成的功能性地方自主权"。④ 诚然,我国除了民族区域自治、特别行政区高度自治以及基层群众自治之外,并没有普遍实行地方自治制度,在法律文本规范体系内也没有明确的地方自主权这一表述。正如前文所述,通过对我国《宪法》第97条、第99条、第101条、第107条有关地方各级人大、各级政府组成及其相应法律地位和社会治理权限的文本分析,其中蕴含了央地分权治理的立法旨意。笔者认为,何显明教授关于地方政府自主性的阐述,为我们诠释了地方政府自主权扩张的行为逻辑,即地方政府依照自身的效用偏好去实

---

① [日]吉村源太郎著:《地方自治》,朱德权译,中国政法大学出版社2004年版,第24页。

② [日]杉原泰雄著:《宪法的历史》,吕渠涛译,社会科学文献出版社2000年版,第187页。

③ 何显明:《市场化进程中的地方政府角色及其行为逻辑——基于地方政府自主性的视角》,载《浙江大学学报》(人文社会科学版)2007年第6期,第27页。

④ 季卫东著:《宪政新论——全球化时代的法与社会变迁》,北京大学出版社2002年版,第164页。

现其特定的行政目标的可能性。由此可知,地方政府实现这种可能性的内在行为逻辑就是超越各种政治、行政力量的制约,从而获得规范内生的地方政府自主权以及事实效果的地方政府自主权,前者代表了地方政府自主权的应然状态,后者代表了地方政府自主权的实然状态。以我国地方政府财政权力配置为例,规范内生的地方政府自主权包括税收收入自主权、非税收入自主权、非经营性国有资产收益自主组织收入权、地方国有资本收益自主组织收入权、财政资源支出自主权和一般转移支付支出权。[①] 事实上,地方政府能够在行使上述规范内生的自主权基础上通过其他合法途径获得规范内生的自主权之外的特定领域内的自主权(事实效果的地方政府自主权)。众所周知,在西方发达国家,非税收入由政府规费和公债两大部分组成,其中,公债是最重要的非税收入。[②] 我国在2015年新《预算法》出台之前,1995年颁行的《预算法》就明确规定,地方政府原则上没有举借公债的权力,不得发行地方政府债券(另有规定的除外)。[③] 在实践中,普遍存在地方政府将地方财政作为隐性担保或者间接担保,通过设立融资平台公司进行融资举债。从法理上分析,地方政府融资平台公司按照《公司法》的规定设立,具有独立法人资格,其贷款与举债属于私债,不属于地方政府举借之公债范畴,但地方政府融资平台公司举借资金大部分用于地方政府支出,地方政府融资平台公司举借债务属于政府

---

① 参见徐健:《分权改革背景下的地方财政自主权》,载《法学研究》2012年第3期,第46~48页。

② 参见[美]B.盖伊·彼得斯著:《税收政治学——一种比较的视角》,郭为桂、黄宁莺译,江苏人民出版社2008年版,第43页。

③ 参见2015年实行的新《预算法》第35条有条件地赋予了省、市、自治区发行政府债券筹集资金的权力,但须得满足限于国务院确定的限额内、本级人大常委会批准且只能用于公益性支出等附加条件。

负有担保责任的或有地方债务。[①] 截至2014年末，地方政府负有偿还责任以及或有债务规模分别达到15.4万亿元和8.6万亿元，两者合计地方政府性债务规模达到24万亿元。[②] 由此可见，虽然地方政府无法通过发行地方债券的形式筹措资金，但地方政府设立的融资平台公司通过形式意义上合法的私债用途公共化，替代地方政府完成了举借公债筹集资金的功能，从而使地方政府获得了事实效果的自主债券发行权。因此，笔者认为，地方政府自主权应当将其界定为广义上的地方政府自主权，即规范内生的地方政府自主权与事实效果的地方政府自主权，只有这样我们才能从应然和实然两个层面准确理解和把握地方政府自主权。

第三节　地方政府自主权之演进路径——以财税改革为切入

"支付守夜人报酬是理所当然的，没有税收就意味着没有收入，而贫困的政府没有能力保护权利。"[③]财政权力配置不但是宪政国家政治权力分配的核心内容，更是支撑宪政国家政治秩序实际运行的基石，财政资源系政治共同体须臾不可或缺之血液。在现代市场经济国家，中央政府与地方政府之间财政权限

① "地方政府性债务"是指地方政府负有偿还责任债务以及或有债务总称，既包括地方政府必须偿还、有偿还义务的地方政府债务，还包括地方政府违规担保形成的或者有一定救助责任的或有债务。

② 参见《地方政府性债务新政出炉 政府不偿还存量担保债务》，载海外网，http://finance.haiwainet.cn/n/2016/1115/c3540923-30499827.html，2018年1月21日访问。

③ [美]史蒂芬·霍尔姆斯、凯斯·R.桑斯坦著：《权力的成本：为什么自由依赖于税》，毕竟悦译，北京大学出版社2004年版。

划分是处理政府间纵向关系的核心要素，也是厘定中央与地方权力边界的关键问题。央地财政分权使地方政府拥有对财政资源的剩余索取权，这种剩余索取权在行政法、财税法等部门法学中通常以地方政府的财政自主权予以界定。因此，笔者着重从财政体制改革方面切入，比较分析不同类型国家中央政府与地方政府财政分权模式，以期勾勒出我国自计划经济至改革开放以来中国特色的财政分权演进路径，探寻我国地方政府财政自主权之嬗变过程。

一、对称型制度模式与非对称型制度模式

以往国内学者研究境内外不同类型国家之中央政府与地方政府财政权限划分模式，主要从国家政权组织形态切入，重点比较分析联邦制国家与单一制国家在政府纵向间财政分权制度上的差异。但是，仅从国家政权组织类型维度切入，难以解开这样一个悖论，“即使作为联邦制国家，在特定历史时期，也会呈现出集权的现象，例如美国罗斯福新政时期；作为单一制国家，在特定历史时期亦会体现分权的倾向，例如日本‘二战’后开始重视向地方分权。联邦制并不必然等同于分权，也可能集权，单一制也并不必然意味着集权，也可能分权”。申言之，联邦制与单一制、分权与集权并非系绝对意义上的二元对立，存在相互融合、相互转化的内在联系。在不同的时空条件下，随着中央与地方力量此消彼长，联邦制和单一制都可能以集权分权交替发生的形式存在。我国学者魏建国在比较分析美国、加拿大、德国、日本等四国政府间纵向财政分权制度后，将上述四国财政分权类型归纳为：对称型制度模式与非对称型制度模式。其中，美国、加拿大采取财政支出责任与财政收益权匹配程度较高的对称型制度模式；德国、日本采取财政支出责任与

财政收益权匹配程度较低的非对称型制度模式。①

通过比较分析，上述两种分权模式在政府纵向间财政权力分配方面主要存在三点区别：其一，共同事权划分存在区别。采取对称型制度模式的国家（美国、加拿大）着重强调政府纵向维度上事权的划分，联邦政府与州政府、省政府等联邦成员单位政府一般不存在共同事权；采取非对称型制度模式的国家（德国、日本）重点强调政府间纵向在事权上的协调配合，德国联邦政府与州政府存在"共同任务"，日本中央政府与都道府县政府之间存在行政事务管理上的配合协作。其二，支出责任与财政收益权存在差别。采取对称型制度模式的国家（美国、加拿大）联邦政府与州政府、省政府等联邦成员单位政府支出责任都有相应的财政收益权作为保障，支出责任与财政收益权保持较高程度的一致；采取非对称型制度模式的国家（德国、日本）州政府、都道府县政府承担较大的支出责任，而财政收益权向联邦政府与中央政府倾斜。其三，财政收益权与财政立法权匹配程度不同。采取对称型制度模式的国家（美国、加拿大）财政收益权与财政立法权匹配程度较高，州政府、省政府等联邦成员单位政府享受财政收益权的同时自然享有一定的税收立法权；采取非对称型制度模式的国家（德国、日本）州政府、都道府县政府财政立法权受到联邦政府与中央政府高度控制，主要的财政立法权由联邦政府与中央政府享有，从而保证税法与税制在全国范围内的相对统一。在比较分析对称型制度模式与非对称型制度模式重大区别的同时，也应当注意到两者在政府间纵向财政分权制度建构上存在相似性。其一，不论是对称型制度模式的国

① 参见魏建国：《财政分权制度模式比较与中国的选择》，载《法制与社会发展》2007年第6期，第128～129页。

家(美国、加拿大)亦或是采取非对称型制度模式的国家(德国、日本)都强调政府间纵向财政分权乃为宪政和法治基础上的分权,美国、加拿大、德国通过宪法、宪法性法律的形式调整政府间纵向财政分权,日本采取单行法的形式调整政府间纵向财政分权。其二,不论是对称型制度模式的国家(美国、加拿大)亦或是采取非对称型制度模式的国家(德国、日本)在政府层级设置上均采取三级政府设置即中央政府(联邦政府)、次中央政府(州政府、省政府、都道府县政府)、地方政府,避免纵向财政层级过多。

二、我国地方政府财政自主权之演进历程

第一,总体性社会制约地方政府财政自主权生成。新中国成立以来,新中国成立与改革一直是我国政治生活领域的两大主题。前者以阶级斗争为纲领,后者以经济建设为中心,前者以政治忠诚为表征,后者以经济发展为追求。整体而言,改革主要限于经济领域内,以我国财政体制改革为分析对象,中央政府与地方政府在财政权限划分方面一直处于变动不居的动态调整之中。计划经济时期,我国处于"总体性社会"(Totalitarian—society)[①]结构,国家权力空前膨胀,高度集权的政治体制与高度集中的计划经济体制相互契合,绝对一元化的意识形态,烘托出政党改造国家、国家改造社会集权色彩,构建起一个国家权力统摄一切的"万能主义"(Totalism)。[②] 在万能主义治理模式下,国家垄断全部社会资源与生产要素,按照自己的意志进入社会生活各个场域,运用公权力直

① See Friedrich et al., *Totalitarian in Perspectives: Three Views*, New York, Praeger, 1969.

② 邹谠著:《二十世纪中国政治:从宏观历史与微观行动的角度看》,牛津大学出版社(香港)1994年版,第20页。

接对资源进行强制性分配,所有个体的生存与发展完全依附于国家。万能主义治理模式一登上历史舞台就展现出惊人的治理能力,凭借高效的政治动员机制和“举国体制”对近代以来中国社会总体性危机作出了迅速反应,例如,以极短的时间完成了工商业的社会主义改造。万能主义治理模式是一种非常态的治理模式,国家通过计划安排资源分配,通过行政隶属关系强力掌控各类社会组织,严格控制社会成员,社会单元自组织秩序被完全摧毁。这种治理模式造成了压制经济发展的制度压力,改革开放前夕这种压力达到峰值,各级政府以及社会成员均体察到经济资源短缺引致的经济社会生活全面凋敝。

第二,“财政包干制”触发地方政府财政自主权扩张。改革开放后,囿于经济资源短缺的窘境,中央政府果断实施行政分权改革。改革重心就是推动中央向地方分权,国家向社会放权,以此增强地方政府发展区域经济的动力,带动社会组织以及社会成员创造财富的活力,其中最为有效的调动地方政府发展经济的举措即为“财政包干制”。在“财政包干体制”下,中央政府与地方政府根据事前确定的比例分享财政收入,中央拿小头,地方拿大头,财政收入越高,地方的留存就越多。地方政府预算外收入无需上缴中央财政,地方政府全部留存,正是经济利益方面的正向激励使得地方政府有极大的热情推动地方经济增长。因此,“财政包干制”被认为是中国特色的“财政联邦主义”,在制度层面有效地推动了中国经济增长和经济转型。① 与此同时,“财政包干制”存在的弊端也

① Jin H et al., “Regional decentralization and fiscal incentives: Federalism, Chinese style”, *Journal of Public Economics*, 2005, pp. 1719 – 1742.; Montinola G et al., “Federalism, Chinese Style: The Political Basis for Economic Success in China”, World Politics, 1995, pp. 50 – 81.

随着改革的深入日趋凸显。首先，随着地方政府自主权不断扩张，其掌握的经济资源越发丰沛，地方政府投资以及财政收入处置等自主权限越发强大，地方政府成为履行公共财政资源汲取职能的重要参与者。虽然其并不具备独立的税收征缴权限，但其直接支配地方政府管辖企业的利税，导致中央财政收入严重依赖地方政府征税。其次，“财政包干制”虽然使中央财政收入逐步稳定，但中央财政支出也日益增加，中央政府支出在财政总支出中所占比重远远超过中央政府收入占财政总收入的比重。这一情况在分税制改革实施前的十余年间越发明显，两个比重（国内生产总值中财政收入占比和全国财政收入中中央财政收入占比）逐年下滑，严重地削弱了中国的国家能力，超越了分权的底线。著名学者王绍光、胡鞍钢通过比较分析发现，央地预算收入基本为“四六开”，中央政府财政汲取能力低下，央地财政分权程度远高于美国，中央政府财政集权程度远低于日本。[①] 最后，地方政府间围绕税源的竞争导致地方保护主义与市场分割，地方政府采取行政、经济等干预手段阻止和限制经济资源与生产要素跨区域流动，妨碍具有替代功能的同类或类似产品进入本地市场，违规为本区域内企业提供税收优惠、财政补贴，市场公平竞争秩序受到严重影响。

第三，分税制改革促使央地财政分权走上制度化轨道。据统计，1978 年至 1993 年期间，国家财政收入占国内生产总值的比重从 31.1% 下降至 12.3%。[②] 分税制改革的直接原因来源于财政收入占 GDP 比重和中央收入占全国财政收入比重持续低位运行，财

---

① 参见王绍光、胡鞍钢著：《中国国家能力报告》，辽宁人民出版社 1993 年版，第 6～13 页。

② 中华人民共和国财政部主管：《中国财政年鉴》（2010），中国财政杂志社 2010 年版，第 440、451 页。

政包干体制下中央与地方一对一谈判所形成的“三年不变”“五年不变”的体制周期，强化了地方政府短期化行为，削弱了中央政府财政汲取能力。1994 年，作为我国财政分权体制改革第二阶段的“分税制”横空出世，分税制改革被视为对财政汲取能力下降的制度性回应。分税制改革的主旨在于打破财政包干体制下中央政府与地方政府采取一对一谈判、协商等非正式制度设置的纵向财政分权机制，构建划分中央与地方财政分权的正式制度，明确二者财政收入与支出责任，健全中央与地方两套征税系统，提高中央财政分成收入所占权重。1994 年分税制改革主要涉及三个方面的内容：一是税种决定收入，明确中央与地方财政收入范围。税种分为中央税、地方税、中央与地方共享税三大类，省级政府无权调整中央税种的涉税要素，市县级政府无权调整地方税种的涉税要素，从而做到中央税全国统一，地方税省内统一。在税种确定收入的基础上，设置两套征税系统，国税部门负责征缴中央固定收入以及中央与地方共享收入，地税部门负责征缴征收地方固定收入。二是事权决定支出责任，明确中央与地方在事权上的纵向划分，在固定事权的基础上明确两者财政支出责任。国防、外交、中央国家机关和国务院部门运转费用、产业结构调整以及协调区域间经济发展不平衡、国民经济宏观调控和中央管理事务由中央政府承担支出责任；地方行政机关运转以及地方经济、社会发展等地方事务由地方政府承担支出责任。三是针对贫困地区与富裕地区地方政府之间财政能力差别，建立转移支付和税收返还制度，实现全国范围内最低限度的公共物品供给的相对统一。分税制实施后，75% 的增值税和 50% 的所得税分成收入以及中央固定收入纳入中央财政，“弱中央、强地方”的境况得到根本扭转。以分税制实施伊始的 1994 年为例，全国财政收入中中央政府占比由 22.0% 上升至

55.7%，地方政府占比由78.0%下降至44.3%。[①] 从分税制改革效果上看，基本实现了改革初衷即提高两个比重，使中央政府宏观经济调控能力显著增强，宏观经济运行趋于稳定。分税制改革也以制度规范的形式确认了地方政府推动区域经济发展的权限，在财政权力方面表现为税收收入自主权、非税收入自主权、非经营性国有资产收益自主组织收入权、地方国有资本收益自主组织收入权、财政资源支出自主权和一般转移支付支出权，等等。分税制改革得以在共和国财政体制改革中留下浓墨重彩的一笔，与其说是有助于加速我国市场经济体制建设进程，引导我国经济走上工业化、商业化、资本化的高速公路，毋宁说是构建了一条以制度规范方式处理中央政府与地方政府权限划分的进路，勾勒出一条由非正式规范向正式规范演进，以法治方式规范中央与地方关系的道路。

改革开放以来，中央政府持续进行放权让利式的改革，逐步建立起中央与地方分权治理的权力机制。随着财政分权制度的建立，地方政府不再是计划经济时代统收统支模式下纵向依赖中央政府的经济附庸，地方政府相对独立的财政自主权得到了确认与尊重，地方政府逐步成为具有自我政治经济利益追求的地区经济、社会事务管理主体，财政体制改革赋予了地方政府依照自身意志实现行政目标的能力。

---

① 中华人民共和国财政部主管：《中国财政年鉴》(2006)，中国财政杂志社2006年版，第397～398、440页。

第二章 地方政府间竞争的缘起、表现形式及外部性评价

竞争(Competition)是个体或组织间力图胜过或压倒对方的心理需要和行为活动。竞争具有不可回避的对抗性,表现为每个参与者努力获取并维持己方在对抗性活动中的优势,藉以追求富有吸引力的目标。这一解释从生物学的角度阐释了竞争活动的起源,即战胜或压制对手的心理满足。经济学则侧重于从不同利益主体争夺稀缺性资源的角度对竞争予以诠释,即"竞争系个体(包含集团和国家)之间的角逐,凡两方以上主体力图取得并非各方均能获得的某些东西时,竞争随之发生"。[1] 在

① [英]约翰·伊特韦尔著:《新帕尔格雷夫经济学大辞典》,陈岱孙译,经济科学出版社 1996 年版,第 477 页。

此意义上,"并非各方均能获得的某些东西"意指各竞争参与方争夺之竞争对象即稀缺性资源。申言之,竞争的前提系存在两个或两个以上具有相对独立利益的主体(竞争主体),竞争的基础系竞争主体期望获取的稀缺性资源(竞争对象)存在,竞争的结果系竞争主体对竞争对象的利益再分配。竞争广泛存在于经济社会发展的各个场域,最直观表现为微观市场主体在经济场域中通过民法、商法赋予的民商事权利和经济权利,运用价格、信息、技术等竞争手段争夺经济利益,从而实现个体利益最大化。无独有偶,作为理性经济人的地方政府亦在经济场域和政治场域中通过经济法、行政法授予的经济规制权力以及行政管理权力,运用财税政策、市场规制、公共物品供给等竞争策略获取经济利益和政治利益,从而实现地方政府及其官员收益的最大化。著名学者冯兴元认为地方政府竞争乃为狭义上的地方政府之间展开的竞争,即市场经济条件下各地方经济体中的政府和其他行为主体设计竞争策略(包括制度环境、政策、区位、营销等),围绕吸引具有流动性的要素,促进提高本地产品的竞争力和外销市场份额而展开竞争,以增强各地方经济体自身的总体竞争力以及当地的福利和人均收入。① 因此,笔者语境中的地方政府间竞争系不同行政区域的地方政府在经济利益和政治利益的驱动下,为吸引金融资本、生产技术、劳动力资源等经济要素而在公共物品供给、投资环境、基础设施建设、制度创新等方面展开的跨区域竞争。

① 参见冯兴元著:《地方政府竞争:理论范式、分析框架与实证研究》,译林出版社2010年版,第4~5页。

第一节　市场经济转轨——地方政府间竞争的催化剂

第一，计划经济体制下地方政府间竞争表现为围绕中央政府资源分配而展开的“兄弟竞争”。新中国成立伊始直至1978年以前，我国基本上沿袭苏联模式选择了计划经济体制，中央政府通过行政命令与计划安排分配经济资源，对地方政府经济发展进行严格控制。在计划经济体制下，中央政府与地方政府财政分配关系总体上体现为“统收统支”，中央政府借助行政力量组织经济资源由中央各部门（条条）向地方政府（块块）纵向分配，经济资源无法在地方政府（块块）之间横向流动，地方政府之间资源流动以及互通有无只能依赖中央政府或上级政府的统筹调配。虽然历经1958年、1970年两次中央政府向地方政府下放权力，但是，囿于中央财力受损、中央调控疲软①以及地方资源浪费、重复建设等问题，中央再度重新集权。② 中央政府与地方政府干部管理关系表现为“下管两级”，央地之间以及地方政府之间干部管理分工不合理，层次越低的地方政府往往越缺乏必要的干部管理权限。③ 换言之，在计划经济体制下，获取中央政府（权力中心）政治信任是地方政府及其官员最优目标函数，在意识形态钳制下的正当利益局限于国家利

① 1976年中央财力占比达到新中国成立以来最低点，中央财政收入仅占全国财政收入的12.7%。参见《中国统计年鉴》，中国统计出版社1990年版，第242页。

② 1965年，中央各部委所属事业单位数量增加到10533个，中央财力占60%。参见赵德馨著：《中华人民共和国经济史1949—1966》，河南人民出版社1989年版，第680～694页。

③ 参见《关于改革干部管理体制若干问题的规定》（中组发〔1983〕第15号）。

益以及公共利益，基于局部利益和私人利益的组织要求被视为对公共利益的潜在威胁。在此意义上讲，“地方政府不是一级相对独立的行政管理主体，对地方事务管理缺乏行政管理自主权”。[①] 当然，地方政府缺乏行政管理自主权并不意味着瓦解了地方政府间竞争生成的制度基础。实际上，即使在国家实行高度经济统治的计划经济时期，地方政府间也存在竞争，有学者称之为“兄弟竞争”。[②] 这种竞争的基础在于中央政府控制了绝大多数经济资源，地方政府围绕中央政府切割“资源蛋糕”份额进行的纵向竞争（经济资源总量没有任何变化，一定份额的经济资源从中央分配到地方，上级政府分配到下级政府），而非地方政府努力增大区域“资源蛋糕”总量进行的横向竞争（经济资源总量得以显著增加，可资分配的经济资源总量扩大，央地各自获得的经济资源份额亦随之增大）。

第二，面向市场经济的体制转轨触发中央与地方、政府与市场二次分权。正如学者吴承明所述，“我国实际上直接越过‘卡夫丁峡谷’，由半封建社会直接进入社会主义的，[③]即使社会制度可以通过超越‘卡夫丁峡谷’的方式由相对低级直接进入相对高级，但对于一个追求实现现代化的国家而言，市场经济是无法逾越的，期望跨越市场经济而实现现代化的企图，终将导致还得回来补课”。[④] 改革开放以后，我国经济社会发展的主体脉络便是围绕着市场经

① 金太军著：《中央与地方政府关系建构与调谐》，广东人民出版社 2005 年版，第 178 页。

② 周业安、赵晓男：《地方政府竞争模式研究——构建地方政府间良性竞争秩序的理论和政策分析》，载《管理世界》2002 年第 12 期，第 53 页。

③ 吴承明：《现代化与中国 16、17 世纪的现代化因素》，载《中国经济史研究》1998 年第 4 期。

④ 吴承明：《经济学理论与经济史研究》，载《经济研究》1995 年第 4 期。

济转轨这一维度得以展开。首先表现在农村实行家庭联产承包责任制，随后将改革范围推向城市；其次表现为下放国有企业经营自主权，逐步承认非公有制经济的合法地位并鼓励非公有制经济发展；最后表现为放开要素市场和产品市场价格管制，逐步实现经济资源横向流动。正如学者罗伯特·贝尼特实证研究发现，“所有国家的改革方向十分相似，目标都是围绕分散政府权力，特别是中央政府权力展开的。[①] 首先表现为不同层级政府的纵向分权，特别是中央政府向地方政府下放权力和管理责任；其次表现为政府与市场、社会之间的横向分权，通过市场化、民营化、放松管制等治理策略，引导权力由政府向市场、社会转移”。[②] 市场经济转轨是指资源配置的方式由计划经济体制下政府行政配置向市场配置的转变，市场成为资源配置的主导力量。市场经济转轨是一个渐进式改革，政府与市场之间发挥资源配置作用的场域呈现出二次分权的特点。一是中央政府将区域经济发展和行政管理的权力下放给地方政府。例如，1981 年 3 月国务院改革基本建设审批权限，国务院审批总投资一亿元以上的项目，国家计委审批大中型项目，在国家计委核定的投资额内各省、市、自治区审批小型项目；[③]又如《中外合作经营企业法》第 5 条赋予了地方政府审查批准申请设立合作企业协议、合同、章程等文件的权力；再如改革开放以后，我国财税体制历经了“划分收支、分级包干”、“划分税种、核定收支、分

---

① 虽然在 20 世纪 80 年代并无对市场经济体制的官方定位，但整体经济体制改革的倾向是市场化改革。“市场经济”一说始于 1992 年邓小平同志南方谈话。

② 孙柏英著：《当代地方治理——面向 21 世纪的挑战》，中国人民大学出版社 2004 年版，第 67 页。

③ 参见谢庆奎著：《中国地方政府体制概论》，中国广播电视出版社 1998 年版，第 69 页。

级包干”、“财政大包干”以及“分税制”四个发展阶段，财税体制改革逐步赋予并固化了地方政府从区域经济发展中获得收益的权力，强化了地方政府发展区域经济的激励因素，改变了地方政府在计划经济体制下极度依赖中央政府或上级政府资源调配的窘境，激发了地方政府培育、配置、优化区域经济资源促进区域经济发展的积极性。二是地方政府将微观市场主体自主经营的权利下放给各类企业。例如，1983 年 4 月《国务院关于城镇集体所有制经济若干政策问题的暂行规定》，要求各级政府要加强对城镇集体所有制经济的领导，同时也赋予了城镇集体所有制企业灵活安排生产和经营活动，自行支配和使用企业的生产资料和自有资金等经营管理自主权；1986 年 12 月《国务院关于深化企业改革　增强企业活力的若干规定》，敦促各级政府将经营管理自主权下发给企业，继续缩减对企业下达的指令性计划，给予经营者充分的自主权；1988 年 6 月《私营企业暂行条例》，明确将私营企业分为独资企业、合伙企业、有限责任公司三种形式，确认了私营企业的经营管理自主权以及私营企业投资者的财产所有权，同时也授权工商行政管理机关以及行业主管部门加强对私营企业的行政管理和业务指导。至此，国有企业、私营企业经营自主权得到了有效保障，剩余索取权受到了正式制度保护，二者参与区域经济发展的动力被激活了。

第三，市场经济体制下地方政府间奔向顶层的竞争与奔向底层的竞争并存。根据新制度经济学的观点，政府也面临竞争的压力，这种竞争压力主要来源于两个方面：一是其他国家政府，二是国内潜在统治者。因此，国家为消解上述竞争压力引致的统治风险，会应激性地建构各种保护产权的制度，而明确的产权制度会增强利益相关主体的获益预期，从而促进经济增长。布雷顿开创性地提出了“竞争性政府”(Competitive Government)理论①,认为在联邦制国家中,一个政区的居民会依据其他政区政府的政策信息来测度所在政区政府的表现,由于居民和私有部门可以自由流动,即“用脚投票”,州政府以及州以下地方政府面临着选票和税收双重压力,他们之间形成竞争关系,政府在公共物品供给和公共服务提供方面展开激烈竞争,从而吸引居民定居、私有部门投资。达芬妮认为地方政府竞争需满足三个条件,即多种权威并存于分散的政治框架、地方政府高度自治、地方政府高度依赖税收且具有较强的税收自主性。② 易言之,明确的产权保护、经济要素自由流动、联邦制政体下地方政府高度自治乃地方政府之间竞争得以展开的充分条件。随着市场经济转轨不断深化,公私企业及私人产权逐步得以尊重和保护,商品市场和要素市场价格管制渐次放开。计划经济体制下阻碍经济资源横向流动的“蜂窝状经济”③痼疾不断消解,映射在央地关系场域则表现为“中央政府影响区域经济发展的能力受到抑制和削弱”,④打破了单纯的“命令服从”式的封闭权力回路,央地两者之间在权力关系上由单向的行政隶属关系向具有契约性质的委托代理关系转变,地方政府统合区域经济发展的能力显著增强。学者辛向阳认为,“以区域利益为主体的地方政府扩

---

① Breton, Albert, *Competitive governments: an economic theory of politics and public finance*, Cambridge University Press, 1996.

② 参见杨虎涛著:《政府竞争对制度变迁的影响机理研究》,中国财政经济出版社2006年版,第24页。

③ 参见[澳]奥德丽·唐尼索恩:《中国的蜂窝状经济:“文化革命”以来的某些经济趋势》;参见[美]帕金斯等著:《走向21世纪:中国经济的现状、问题和前景》,陈志标译,江苏人民出版社1992年版。

④ Hendrischke, Hans J. et al., *The Political Economy of China's Provinces: Comparative and Competitive Advantage*, Psychology Press, 1999.

张冲动带动了国民经济的发展，区域经济对国民经济的贡献份额明显提高，进而建构起以区域经济发展为主体的新的国民经济流程”。① 概言之，市场经济体制转轨，一方面改变了中央政府与地方政府之间的权力关系，弱化了中央政府在纵向维度上的行政控制力度，强化了横向维度上地方政府主导区域经济发展的决策空间，中央政府的调控手段由直接行政干预向间接经济调控转变；另一方面改变了政府与企业之间的统属关系，微观市场主体自主权利得到有效保障，政府摒弃了以计划命令配置经济资源的模式，转而采取通过提供良好公共物品的方式为企业发展提供支持，微观市场主体成为推动区域经济发展的主要动力。市场经济体制转轨决定了地方政府利益格局，地方政府利益视阈随之发生根本变化，不再一味地“盯上”，围绕中央政府掌握的经济资源争取资金、项目、优惠政策展开奔向顶层的竞争；而是逐渐转为“瞄下”，通过统合区域微观市场主体发展，最大限度地汲取区域外经济资源，努力做大区域经济资源“蛋糕”总量，形成了“逐顶”与“逐底”并重的竞争态势。

第二节　地方政府间竞争产生的制度基础

计划经济体制下，地方政府之间在一定程度上也存在竞争，例如在大跃进时期，各地方政府积极响应中央政府短时间内“赶美超英”的强烈政治动员，各省、市纷纷制定工业大跃进和农业大跃进目标，甚至不切实际地大幅提高计划指标，片面地追求工农业生产和建设的高速度。在农业上提出“人有多大胆，地有多大产”，各地

① 辛向阳著：《大国诸侯：中国中央与地方关系之结》，中国社会出版社 1995 年版，第 518 页。

方竞相就粮食产量大放“卫星”,①层层虚报粮食亩产量;在工业上发动“全民大炼钢铁运动”,各级党委第一书记挂帅,大搞土高炉土法炼钢,凡此种种被认为是前文所述计划经济时代地方政府间“兄弟竞争”的突出表现。国家在这一时期仍然沿袭新中国成立之初“以阶级斗争为纲”的政治路线,经济发展让位于阶级斗争,经济需要让位于政治需要,经济、社会等其他资源较之政治资源处于次要地位,政治资源带来的职务晋升成为地方行政官署及其成员利益视阈中的最优目标。因此,在改革开放前特定的历史语境中,地方政府间竞争可以理解为政治竞争,但政治竞争的背后亦隐含着对经济资源的争夺,其实质上是通过政治竞争的手段获取经济资源。因此,我们可以这样理解:由于作为竞争主体的地方政府在其相对独立的经济利益、主导区域经济发展的决策意愿以及自主调配、统合区域资源要素的权限未得到中央政府认可之前,地方政府间围绕争夺资源要素而竞争的制度基础阙如,对于中央政府全面控制区域经济发展所需的经济资源,即使地方政府对某种稀缺资源具有强烈需求,但囿于缺乏利益表达渠道,地方政府只能采取隐蔽的、非正式的渠道来表达,从而诱致中央政府调配稀缺资源。即“地方政府间的经济竞争没有合法的表现渠道,需要通过政治手段来实现,表现为政治领域的竞争”。②

1978 年改革开放战车启动,国家中心任务由“以阶级斗争为纲”转移到“以经济建设为中心”,恢复和发展国民经济成为统治合法性的首要基础。因此,中央政府对地方政府的战略定

① 周黎安:《中国地方官员的晋升锦标赛模式研究》,载《经济研究》2007 年第 7 期,第 39 页。

② 参见刘亚平:《对地方政府间竞争的理念反思》,载《人文杂志》2006 年第 2 期。

位进行了根本性重构，不再将地方政府单纯界定为执行中央政府政策和行政指令的被动角色，力图通过放权让利改革将地方政府塑造为相对独立的区域经济管理和社会管理主体。首先，中央政府以财政体制改革为突破口，逐步向地方政府下放财税权力，明确中央和地方财政收支范围，扩大地方政府财权，确认并固化地方政府相对独立的经济利益，激活地方政府发展区域经济的主动性。其次，随着财权的下放，中央政府一并将统筹区域经济社会发展事务的诸多权力逐步让渡于地方政府，有计划、有针对性地扩大地方政府在固定资产投资、对外贸易和外汇管理方面的自主权限，地方政府经济管理和行政管理职能得以增强。最后，中央政府改革干部管理体制，将干部任用由“下管两级”改为“下管一级”，明确中央管理干部及地方管理干部范围，赋予地方政府选拔任用干部方面的自主权限。随着改革开放逐步深入，地方政府为区域经济增长而展开激烈竞争的合法性得到确认，行政分权、产权改革和统一市场、政绩考核成为地方政府间竞争孕育、衍生、发展的三大制度支柱，在此基础上地方政府之间为获取区域经济发展所需的资源要素而展开激烈竞争的积极性空前增强。

一、行政分权——中央与地方关系的重构

首先，“分散性知识与信息理论”和“辅助性原则”隐含不同层级的政府之间纵向分权的合理性。如果国家面积较小、人口较少，地方政府可能没有存在的必要。在领土面积和人口大国中，由于政府履行职能所需处理信息之复杂程度，单一层级的政府是无法有效履行管理职能的。因此，多层级政府组织结构成为领土面积和人口大国的必要选择。在多层级政府组织结构下，“中央政府需

要地方政府作为中介，一方面在其辖区内传达和执行政令，另一方面通过地方政府了解其辖区内的所有有关信息”。① 如果将政府职能全部统摄于中央政府，必然导致资源配置效率低下，无法实现资源配置的帕累托最优。正如中央政府在信息收集方面的天然劣势（信息不全或信息失真），决定了由其提供地方性公众物品有可能超过地方实际需求从而造成资源浪费，也有可能提供的公众物品过少从而不能满足地方需求。地方政府较之中央政府具有信息优势，更接近辖区微观市场主体以及居民，更了解他们的愿望和诉求。因此，由地方政府管理辖区内的地方性事务，并由其承担相应的支出责任，效率更高。“如果政府系统中低层次政府能够同样程度或者更好地履行本应由更高层次政府所履行的责任，那么一项权利或者职能便不应该指派给更高层次政府”。② 在现代市场经济社会，维护市场机制的有效运作是政府重要的经济职责，这就要求政府权力必须在有限与有效之间形成平衡，即不同层级的政府之间在纵向上合理配置权力。因此，社会主义市场经济的改革方向，在本质上体现出以市场为轴心、以纵向合理配置权力为主线的分权，从而保障微观市场主体利益、区域经济利益、国家整体福利三者利益最大化之间的均衡。

其次，行政分权改变了中央政府与地方政府单向维度的组织结构和利益诉求，地方政府成为区域经济发展的主导者和剩余利益的索取者。改革开放以来，中央政府实施的“渐进式改革”符合最小阻力路线的改革图景，体现了在制度变迁过程中预期收益大

① 楼继伟著：《中国政府间财政关系再思考》，中国财政经济出版社 2013 年版，第 151 页。

② Breton, Albert. , *Competitive governments : an economic theory of politics and public finance*, Cambridge University Press, 1996, pp. 185 – 186.

于预期成本的应然要求。党的十一届三中全会以后，为了摆脱高度集权的计划经济对地方经济社会发展的高度制约，中央政府分步骤将行政管理权力逐步让渡于地方政府，以期改变高度集权的经济统制机制。行政分权虽然涉及干部人事管理、计划管理、价格管理、财政管理、投资管理等多个领域，但行政分权改革的重点是实现央地财政分权"。[①] 1980 年 2 月，国务院下发（国发〔1980〕33 号）[②]文件，启动"划分收支、分级包干"财政制度改革，一是规定除京、津、沪三个直辖市继续沿用同中央财政"同灶吃饭"的总额分成财政体制外，其余省、区一律与中央财政"分灶吃饭"。在财政资源分配方面由过去以中央政府部委为主的"条条"机制向以省、自治区地方政府为主的"块块"机制过渡，提高省级地方政府在财政资源分配方面的权限和比例，使其能够相对稳定地、因地制宜地统筹地方经济发展和社会事业。二是将总额分成变动时限由一年一定修正为五年一定，使中央政府与省级地方政府之间收入分成比例和补助数额相对长期化、稳定化，使地方政府能够凭借相对稳定的财政资源拟定区域经济社会发展的中长期规划。1985 年 1 月，国务院出台（国发〔1985〕42 号）[③]文件，宣布实施新一轮财政体制改革，其核心指导思想是按照利改税后的税种为界分，区分央地之间各自的财政收支范畴。其中，将财政收入细化为央地各自的固定收入和央地共享收入三类，同时将财政支出二分为中央支出与地方支出两类，对于不宜实行包干的专项支出，区分

---

① 何盛明著：《中国财政改革 20 年》，中国古籍出版社 1999 年版，第 85 页。

② 参见《关于实行"划分收支、分级包干"财政管理体制的通知》（国发〔1980〕33 号）。

③ 参见《关于实行"划分税种、核定收支、分级包干"财政管理体制的规定》（国发〔1985〕42 号）。

不同情况分别实行上解、分成、补助。1988 年 7 月,国务院出台(国发〔1988〕50 号)①文件,决定除广州、西安以外的全国 37 个省、自治区、直辖市和计划单列市全面实施地方财政包干制度改革,并列明了六种财政收入分成办法,如表 2 - 1 所示。1993 年 12 月,国务院下发(国发〔1993〕85 号)文件②全面启动分税制改革,基本原则就是实现事权与财权相结合,即按照税收属性合理界分央地各自的财政收入,将涉及国家主权、重大资源分配、实施宏观调控所需税种划为中央固定税种,将适合由地方政府征缴的税种划为地方固定税种,同时将与宏观经济发展密切相关的税种划为央地共享税种,从而构建相对稳定的央地收入分配关系,如表 2 - 2 所示确保"两个比重"得到有效提升。与此同时,分税制改革还建立了央地转移支付和税收返还制度,解决了经济欠发达地区地方政府支出责任与自有财力之间存在的差距,保障经济发达地区地方政府的既得利益。从"分灶吃饭"到"财政包干"再到"分税制",财政分权迸发出的经济激励不仅涉及央地之间财政收支关系的局部制度改良,在一定意义上讲,也可以看做是央地关系的重构。③由于分权改革的对象必然以行政区划为界限,中央权力向地方让渡意味着改变了单一制下中央政府与地方政府单向维度的组织结构和利益诉求。改革的结果自然是承接中央权力下放的地方政府财权不断扩张,财力不断膨胀,控制的经济资源越发丰沛。地方政府已然成为区域经济发展的主导者和剩余利益的索取者。

---

① 参见《关于地方实行财政包干办法的决定》(国发〔1988〕50 号)。

② 参见《关于实行分税制财政管理体制的决定》(国发〔1993〕85 号)。

③ 参见何显明:《市场化进程中的地方政府角色及其行为逻辑——基于地方政府自主性的视角》,载《浙江大学学报(人文社会科学版)》2007 年第 6 期,第 28 页。

表 2-1 1988 年财政包干体制的六种包干方式①

一、收入递增包干：以 1987 年决算收入和地方应得的支出财力为基数，参照各地近几年的收入增长情况，确定地方收入递增率和留成、上解比例。具体为：北京 4% 和 50%，河北 4.5% 和 70%，辽宁 3.5% 和 58.25%，沈阳 4% 和 30.29%，哈尔滨 5% 和 45%，江苏 5% 和 41%，浙江 6.5% 和 61.47%，宁波 5.3% 和 27.93%，河南 5% 和 80%，重庆 4% 和 33.5%。
二、总额分成：根据前两年的财政收支情况，核准收支基数，以地方支出占总收入的比重，确定地方的留成和上解比例。具体为：天津 46.5%，山西 87.55%，安徽 77.5%。
三、总额分成加增长分成：在总额分成的基础上，收入比上年增加的部分，另行确定分成比例（每年以上年实际收入为基数，基数部分实行总额分成，增加部分另行确定分成比例）。具体为：大连 27.74% 和 27.26%，青岛 16% 和 34%，武汉 17% 和 25%。
四、上解额递增包干：以 1987 年上解中央的收入为基数，每年按一定比例递增上解。具体为：广东 14.13 亿元和 9%，湖南 8 亿元和 7%。
五、定额上解：按原来核定的收支基数，收大于支的部分，确定固定上解数额。具体为：上海 105 亿元，山东 289 亿元，黑龙江 2.99 亿元。
六、定额补助：按原来核定的收支基数，支大于收的部分，实行固定数额补助。具体为：吉林 1.07 亿元，江西 0.45 亿元，福建 0.5 亿元，陕西 1.2亿元，甘肃 1.25 亿元，海南 1.38 亿元，内蒙古 18.42 亿元，广西 6.08 亿元，贵州 7.42 亿元，云南 6.73 亿元，西藏 8.98 亿元，青海 6.56 亿元，宁夏 5.33 亿元，新疆 15.29 亿元，湖北由武汉上交 4.78%，四川由重庆上交 10.7%。

① 转引自贾康、赵全厚著：《中国经济改革 30 年：财政税收卷》，重庆大学出版社 2008 年版，第 61～62 页。

表 2-2　1994 年分税制中央与地方收入划分

中央固定收入:关税、海关代征的消费税和增值税,消费税,铁路部门、各银行总行、各保险公司总公司等集中交纳的收入(含营业税、利润和城市维护建设税),未纳入中央和地方共享范围的中央企业所得税,中央企业上交的利润等。
中央和地方共享收入:增值税中央和地方按照 75% 和 25% 比例分享,纳入共享范围的企业所得税和个人所得税中央和地方各自分享 50%(2003 年起,纳入共享范围的企业所得税和个人所得税央地分享比例 60% 和 40%),资源税按不同资源品种划分(海洋石油资源税为中央收入,其他资源税为地方收入),证券交易印花税中央和地方各自分享 50%(证券交易印花税分享比例历经多次调整,分别是 50% 和 50%,80% 和 20%,88% 和 12%,94% 和 6%,97% 和 3%。自 2016 年 1 月 1 日起,证券交易印花税收入由共享收入调整为中央收入)。
地方固定收入:营业税(不含铁道部门、各银行总行、各保险公司总公司集中交纳的营业税),地方企业上交利润,城镇土地使用税,城市维护建设税(不含铁道部门、各银行总行、各保险公司总公司集中交纳部分),房产税,车船使用税,印花税,耕地占用税,契税,遗产税和赠与税,烟叶税,土地增值税,国有土地有偿使用收入等。

最后,行政分权促使中央政府与地方政府之间的关系由单向政治依赖关系向双向委托—代理关系转变。行政分权诱发我国国家政权结构形式产生巨大变革,由传统的单一制中央高度集权模式逐渐向地方分权演进,呈现出集权与分权并重的权力分配新格局。虽然在理论上进我国并不承认典型联邦制国家所奉行的联邦与州分享主权的二元权力分割理论,就政府间权力分配及政府组织形式而言我国仍然是典型的单一制,但我国中央与地方关系却实实在在地融入了一些地方分权的要素。例如,《宪法》第 101 条规定,地方人大有权选举和罢免地方行政长官、法检两长和监委会主任;第 107 条明确县级以上地方政府是拥有相对独立权责的地方行政事务管理主体。《立法法》第 72 条赋予了省、自治区、直辖

市和设区的市人大及其常委会制定地方性法规的权力；第82条赋予了省、自治区、直辖市，设区的市、自治州的人民政府制定地方政府规章的权力。《预算法》第43条明确了地方各级人大审查批准本级预算的权力；第83条明确了县级以上人大及其常委会对本级和下级预算、决算进行监督的权力。可以说我国中央政府与地方政府之间的关系既不同于经典联邦制下联邦政府与州政府之间的契约型伙伴关系，亦有别于传统单一制下中央政府与地方政府的命令与服从关系，而是呈现出一种带有明显地方分权色彩的单一制模式。源于此，钱颖一等学者认为："中国中央政府向地方分权，特别是自1994年启动的分税制改革，开启了由财政集权制度向财政联邦体制过渡的改革路径，形成了一种中国式的财政联邦制"。随后，钱颖一、Weingast等又进一步完善了该理论假说，认为中国地方政府推动地方经济增长，维护市场的强激励源自两个方面：一是行政分权，改革开放后中央政府有意识地将部分经济管理权力让渡于地方政府，赋予地方政府统筹区域经济要素并使之服膺于地方经济发展的决策权；二是中央政府实行以财政包干为核心的财政体制改革，随着财政包干合同的实施，央地分享财政收入，经济总量越大则意味着地方留存越多、地方财政收入越高，"市场维护型联邦主义"（Market-Preserving Federalism）①的制度建构初现雏形。进言之，行政分权促使中央政府与地方政府之间的关系由单向政治依赖关系向双向委托—代理关系转变。从政治统治维度上讲，地方政府是中央政府在特定行政区划中的代理人；从经济社会发展维度上讲，地方政府又是特定行政区划局部经济利益的代

① Jin H et al.，"Regional decentralization and fiscal incentives: Federalism, Chinese style"，*Journal of Public Economics*，2005，pp. 1719－1742.

言人，分权改革确保了地方既得利益得以固化，地方政府推动区域经济社会发展的热情不断升温，从而表现出更强烈的自利倾向。

二、产权改革和统一市场——激活市场主体逐利本能

德国新自由主义学派领军人物瓦尔特·欧肯采取形态学分析进路对经济秩序进行分析，其将经济秩序分为两类理想类型，一是“交换经济”，二是“统制经济”（亦称“集中领导经济”），从而扬弃了以历史发展阶段和政治意识形态将经济秩序分为资本主义和社会主义的简单二分法。欧肯认为，纯粹的“交换经济”和“统制经济”都存在不可回避的痼疾，就“交换经济”而言，实施自由放任经济政策的结果将导致垄断组织滥用权力从而阻碍自由竞争和市场价格的实现，导致失业和经济危机发生。同时，国家为了应对市场失灵、失业问题以及经济危机，必将对经济过程予以越来越多的干预，最终可能导致统制经济产生。于“统制经济”而言，由于存在一个中央计划机构控制了生产、流通、消费等经济过程，但其并不具备协调纷繁复杂的无数经济变量的能力，造成经济在低效率和混乱状态下运行，劳动者也失去了经济的自由决定权，因而不能实现资源的最优配置，唯一可行的办法就是走所谓的第三条道路，对两类理想类型的经济秩序进行整合，建立一种新型的经济秩序，即“竞争秩序”。① 在“竞争秩序”体制下，有效竞争得到了保障，自由与秩序之间获得了均衡，欧肯进而在理论上建构了“竞争秩序”蕴含的具有运作能力的价格体系、维护币值稳定、开放的市场、私有

---

① 参见梁小民著：《弗莱堡学派》，武汉出版社 1996 年版，第 123 页；冯兴元著：《地方政府竞争：理论范式、分析框架与实证研究》，译林出版社 2010 年版，第 105 页。

产权保护等重要原则。我国改革开放之前，实行高度集中的计划经济体制，在政治伦理和意识形态上否认私有产权，在资源配置中排斥市场的作用；而改革开放以来，我国社会主义市场经济体制建设恰恰主要是围绕产权改革和统一市场两条主线展开的。产权改革保护经济主体的预期利益，统一市场通过市场机制实现资源的有效配置。如果没有产权改革，经济主体预期自身收益无法得到有效保障，自然也无法理性地衡量流动成本与流动收益；如果没有统一市场，资源要素无法实现区域内和区域间的自由流动，即无法实现"用脚投票"机制。因此，笔者着重从上述两条主线出发，阐述经济要素跨区域流动从而引致地方政府间竞争的内在动因。

一是产权改革唤醒市场主体追逐自身利益最大化的经济人本能。在计划经济时代，资源要素产权归属于国家即国有产权，由于国家的概念高度抽象，因此，国有产权实际上也是一个相对模糊的概念。改革开放实施的渐进式经济改革将国有企业的控制权和管理权下放到地方，由地方政府经营大部分国有企业，并允许地方政府按照企业行政隶属关系分享区域内国有企业收益。同时，在改革中出现的具有集体产权属性的大量乡镇企业其控制权也大多由地方政府掌握，这被诸多学者称为"产权地方化"，视为介于计划经济与私有经济之间的经济形态。① "产权地方化"刺激了地方政府发展区域经济的热情，但这种产权结构仍然具有模糊性，即产权主体依旧是高度抽象的地方政府，并非具备明确产权主体的制度，因而微观市场主体追求自身效用的激励尚未被激活。源于此，地方政府为了激励市场主体创造生产性利润，就必然需要借助产权改

① 参见容志：《地方治理结构优化：调节中央地方关系的新思路》，载《上海行政学院学报》2010 年第 6 期，第 15 页。

革明确市场主体预期利益,并保障其预期利益得以实现。例如,浙江省温州市早在20世纪80年代初期就颁布《温州市挂户经营管理暂行规定》、《温州市私营企业管理暂行办法》以及《关于农村股份合作企业若干问题的暂行规定》等一系列旨在鼓励发展个体、私营经济的产权改革制度,为私营企业提供有效的产权保护。① 不仅如此,浙江省还对私营经济采取倾斜性金融政策,给予私营企业低息贷款,加大对私营企业固定资产投资的支持。根据浙江省社会科学院经济研究所提供的数据,1978年至1988年,国有企业固定资产投资由52.8%下降到34%,私有企业固定资产投资从10.62%上升至42.74%。② 产权得到相对有效保障的私有经济迸发了强大的生命力,作为对比,国有企业囿于受益主体的相对模糊以及经营自主权的阙如,在与私有企业市场竞争中逐步凸显劣势,地方政府面临巨大的财政压力。国有企业要在激烈的市场竞争中获胜也必须降低企业成本,而在产权相对模糊的境况下,企业成本的降低并不能增加管理人员自身收益。因此,地方政府也开始对国有企业进行产权改革,将部分股权让渡给国有企业管理人员、生产人员,使其获得剩余索取权和剩余控制权,给予其追求自身效用的强激励。由此可知,改善企业效率成为地方政府最优选择。1987年5月,在全国部分城市进行经济承包责任制试点的基础上,中央政府决定在全国范围内全面推行承包经营责任制。1988年2

① 挂户经营指的是从事工商业的家庭和工商户,与具有法人地位的企业挂钩,接受企业的领导和管理,使用企业的介绍信、工作证、银行账户进行生产经营活动。参见朱成燕:《省级政府的自主性与治理改革》,载《中共浙江省委党校学报》2016年第1期,第78页。

② 参见朱成燕:《省级政府的自主性与治理改革》,载《中共浙江省委党校学报》2016年第1期,第77页。

月，国务院制定《全民所有制工业企业承包经营责任制暂行条例》，明确国家与企业的分配关系，实现所有权与经营权分离，实行包基数、保上缴、多留欠补的分配原则，以此调动企业经营者和生产者积极性。在一定程度上，产权改革带来的巨大的社会变动重构了市场主体个体的行为逻辑，“总体性社会”结构下个体完全依附于政府组织的“命令—服从”模式逐渐瓦解，市场主体追逐自身利益最大化的经济人本能被唤醒，政府组织与市场主体之间的关系发生变化，“越来越多的平等契约属性和日益丰富的理性博弈内容被嵌入其中”。①

二是统一市场蕴含的资源要素跨区域流动构成地方政府间竞争约束条件。制度经济学者柯武刚、史漫飞认为，只要国际要素所有者认识到不同国家的制度系统之间所产生的不同影响，即导致不同盈利的可能性，而且可以适当地解释这种差异，他们在考虑跨国境移动时便不得不在各种制度系统之间作出选择。这种不同制度系统之间的选择受到经济开放程度以及保障贸易自由、迁徙自由、货币兑换自由等基本规则的影响。市场主体在作出制度系统选择决策时，会向特定的制度系统发出“退出”信号。此时，对于不同的国家而言，制度选择就会产生出一种类似于竞争的效应。柯武刚、史漫飞认为，与国际要素所有者作出制度选择类似，如果劳动力和生产企业能够在国内不同区域之间自由流动，那么行政官署及其官员同样也会感受到“退出”信号，以至于彼此间被迫互相竞争。② 正如齐格蒙特·鲍曼所言：“信息和通讯带来的技术进步

① 何显明：《政府转型与现代国家治理体系的建构——60 年来政府体制演变的内在逻辑》，载《浙江社会科学》2013 年第 6 期，第 10 页。

② 参见［德］柯武刚、史漫飞著：《制度经济学——社会秩序与公共政策》，韩朝华译，商务印书馆 2002 年版，第 491 页。

使得要素的流动成本不断降低，尤其是不受国内户籍限制的外资，可以在不作任何警告的情况下见机行事。”①我国学者庞明礼认为，要素的流动性指的是在区域内和区域之间，可流动的经济要素发生地域空间的位移。具体而言，要素可流动性体现在增长和流通两个方面，前者是区域经济要素在区域内和区域间的优化配置，后者是具备比较优势的商品、劳务、资本、人才等经济要素跨越本地市场，向范围更加宽泛的区域市场渗透。② 在计划经济体制下，资源要素流动呈现出纵向流动的单向循环，中央政府统摄全国资源要素的调拨、分配，资源要素无法在纵向和横向两个维度上自由流动，资源要素分配完全依赖于中央政府指令性安排，无法依托市场机制实现有效配置。改革开放以后，随着“双轨制”启动，资源计划管制制度开始松动，产品市场定价矫正了政府定价造成的价格扭曲，企业自主经营消弭了计划指令造成的资源不合理配置，要素流动的藩篱被打破，其流动范围愈加宽泛，流动频率越发迅速。基于理性经济人假设，如果区域资源要素总量有限地构成了制约地方政府施政行为的既定约束条件，地方政府发展当地经济一方面希望吸引各类资源要素流入本区域，另一方面则希望本区域内的资源要素不会流向其他区域，从而形成相对于其他区域的总量优势。同理，理性经济人假设亦适用于企业、生产者、经营者以及社会公众等市场主体，他们也在不同区域的制度系统之间进行理性选择，哪个区域的制度系统能够实现其自身效益最大化，且流动收益大于流动成本，他们就倾向于迁入到相应的区域。进言之，统一市场

① [波]齐格蒙特·鲍曼著:《全球化——人类的后果》，郭国良等译，商务印书馆2001年版，第9页。

② 参见庞明礼:《地方政府竞争的约束与激励:一个拓展研究》，载《中南财经政法大学学报》2007年第5期，第39页。

孕育了市场主体“用脚投票”机制得以生成的前提条件，加速了资源要素自由流动的范围和频率，反过来市场主体“用脚投票”追求自身效用最大化的逐利动机又促使了统一市场的进一步开放和扩张，正是在“用脚投票”和统一市场的双向互动过程中实现了资源要素的有效配置。笔者认为，产权改革赋予了市场主体剩余索取权和剩余控制权，使市场主体得以满足实现自身收益最大化的心理预期，统一市场和“用脚投票”机制使市场主体能够对流动成本和流动收益进行成本收益分析，从而作出“退出”和“进入”相应区域的理性策略选择。在此意义上讲，资源要素跨区域流动就是市场主体在产权得到保障的条件下，客观衡量“退出”和“进入”不同区域之间制度系统潜在的获利差异后，作出相应的策略选择，进而造成资源要素在区域之间流动的现象。对特定区域而言，资源要素流出意味着“失血”，资源要素流入意味着“输血”。因此，地方政府意识到在统一市场引致的资源要素跨区域流动的约束条件下，通过竞争努力构建相对于其他区域的比较优势，汲取区域外资源要素，促使资本、技术以及人才流入本区域，才是发展和维持区域经济优势的根本举措。此时，每一个地方政府都类似于一个公司企业，彼此之间展开激烈竞争，以期在既定的竞争约束条件下得以胜出。

三、政绩考核——地方政府间竞争的激励因素

第一，属地化管理明确了地方政府主导区域社会经济发展的权力和责任。我国是个幅员辽阔、人口众多而且经济结构和区域经济社会发展存在巨大差异的单一制国家，中央政府与地方政府之间关系非常复杂，既有别于经典联邦制国家联邦政府与州政府主权分割模式，亦不同于苏联和东欧国家纯粹垂直层级的纵向控

制模式。著名经济学家钱颖一在论述我国中央与地方关系时认为,“改革开放之前,我国央地关系呈现出的 M 型层级制与前苏联和东欧国家的 U 型层级制存在巨大不同,前者根据管辖范围的地域限制采取分区域、多层级(“块块”)的管理模式,逐级层次上的每个地理区域都可以看做是一个相对独立的运作单位,M 型层级制结构能够以较低成本处理信息,制度试验风险也是可控的;后者依据职能划分构建起垂直层级(“条条”)的管理模式,管理控制和信息流动是纵向的、垂直的,U 型层级制能够实现规模经济和专业化,但其信息处理不具备灵活性,难以应对复杂多变的经济环境。因此,中国各级政府的经济是相对独立的,在职能和产品的供给方面是半自主和相对自给的。正是这种具有分权属性的 M 型层级制契合了中国渐进式改革”。① 这种 M 型层级制在我国 20 世纪 60 年代至 70 年代的“三线建设”中表现得格外引人注目。由于“中苏交恶”引致的国际形势风云突变,“战争威胁”迫在眉睫,为了积极应对潜在的战争风险,改变我国偏重于东北、东部沿海地区的不均衡工业布局,中央政府开始对“三线地区”②进行大规模投资和工业建设,并将备战工作上升到首要位置,力图将“三线地区”建设成为一个工业类别齐全的战略后方。与之相适应,中央政府要求各省力争在煤炭、钢铁、机械和农产品、轻工产品方面做到自给自足。仅在 1970 年前后,中央政府将 2600 多家直属企业、事业单位下放

---

① 钱颖一著:《现代经济学与中国经济改革》,中国人民大学出版社 2003 年版,第 219 页。

② 四川、贵州、云南、陕西、甘肃、宁夏、青海等西部省区及山西、河南、湖南、湖北、广东、广西等省区的后方地区,共 13 个省区,分别有青藏高原、云贵高原、太行山、大别山、贺兰山、吕梁山等连绵山脉作天然屏障,套用今天的地理区域概念,三线地区实际就是除新疆、西藏之外的中国西部经济不发达地区。

到地方，由地方政府管理，作为制度匹配，同时将上述企事业单位投资、招工、生产计划以及物资分配等“一揽子”权力一并下放到地方政府，鼓励地方政府根据区域资源禀赋、地理条件等因素发展自成体系的地方工业。① 由此可以看出“属地化管理”乃是实现 M 型层级制之题中应有之意，即民众隶属的行政管理层级能够全面控制和管理百姓生活所涉之各项事务，②属地化管理有助于降低地方政府掌握辖区社会经济发展信息的成本，明确地方政府主导区域社会经济发展的权力和责任。在此基础上，中央政府主导下的央地分权能够有效实现两个目标：一是能够保证政权稳定；二是在保证政权稳定的基础上提高国家的治理效率和区域经济发展水平。上述两个目标高度相关，因为提高治理效率和加快经济增长有助于政权稳定，③这也是政府统治合法性的重要来源。

第二，“行政发包制”缓解了维护政权稳定与提高治理效率之间的内在张力。在政府组织科层制的现实条件下，各级政府为所属行政部门和下级政府提供了充足的财政预算，各级政府及其行政部门严格按照法律规范和行政规则进行治理，有利于中央政府对地方各级政府及其所属官员进行控制，但中央政府进行有效控制所需的监督成本和财政成本，构成了制约中央政府治理能力的

---

① 三线建设期间，首先是西部地区铁路、公路等交通基础设施建设得到了极大改善，铁路占全国的比重由 19.2% 提高到了 34.7%；其次是西部地区钢铁、煤炭等重工业企业飞速发展，以钢铁企业为例，三线建设期间共建成钢铁生产企业 984 个，工业总产值较 1964 年激增了 4.5 倍，固定资产投资增加了 4 倍。参见陈东林：《50 年后的回眸　三线建设的决策与价值》，载《国家人文历史》2014 年第 18 期，第 54 页。

② 参见周黎安著：《转型中的地方政府官员激励与治理》，上海人民出版社 2008 年版，第 58 页。

③ 参见周雪光：《权威体制与有效治理：当代中国国家治理的制度逻辑》，载《开放时代》2011 年第 10 期，第 67～85 页。

两大约束条件。因此,在中央政府提高治理效率与降低监督成本和财政成本之间形成了此消彼长的牵制效应。我国著名学者周黎安认为,由于人口众多和国土辽阔,信息约束和财政约束严重制约了中央政府治理能力,中央政府基于有效提高治理效率以及降低监督成本和财政成本的考量,采取了“属地管理”和“行政逐级发包”两项基本原则。在此基础上,周黎安通过比较科层制与发包制两类国家治理模式,深入研究了我国中央政府与地方政府之间以及地方各级政府之间的行政关系和治理特征,进而建构了介于科层制与发包制之间的国家治理模型,即“行政发包制”。在行政发包制模型中,“发包首先表现为中央政府将行政和经济社会管理等具体事务发包下放到省级政府,再由省级政府逐级往下发包,一直到县乡一级。在此过程中行政事务的逐级‘转包’意味着政府职责和职权向下转移,中央政府以下的每一级政府作为‘承包方’都必须向作为‘发包方’的上一级政府负责,而作为‘发包方’的上一级政府都有义务监督‘承包方’履行职责”。① 中央政府在决定发包事项和发包范围(哪些事务需要中央政府集权,哪些事务需要地方政府承包)时,需要在质量压力、统治风险和治理成本三者之间进行有效均衡。其中,为了防范来自地方政府的统治风险,中央政府需要在地方政府官员的人事管理、监督考核方面集权;在民众质量压力较小的领域,中央政府基于降低治理成本的考量,行政发包的程度较高;在民众质量压力上升的领域,中央政府为应对民众对公共服务多元化的诉求,科层制的程度较高,行政发包制作用弱化。②

① 周黎安著:《转型中的地方政府官员激励与治理》,上海人民出版社2008年版,第59页。

② 参见周黎安:《行政发包制》,载《社会》2014年第6期。

因此,采取"行政发包制"治理模式意味着中央政府和上级政府将发包范围内行政事务的控制权和裁量权一并下放到下级政府,但中央政府和上级政府仍然掌握对下级政府的控制权,这种控制权主要通过对地方政府主要官员任免和政绩考核得以实现。因此,曹正汉认为"行政发包制"与"中央治官、地方治民"模式的假设前提和基本原则是一致的,两者的假设前提都认为中央政府面临两难选择,即维护政权稳定和提高治理效率,其必然在两难之间权衡个中利弊;两者的基本原则都遵循将人事任免、考核监督等"治官"权力集中于中央政府和上级政府,从而实现对地方政府及其官员的政治控制,将公共物品和服务供给这类"治民"权力发包到下级政府,进而降低治理成本。① 简言之,在"行政发包制"模式下,中央政府和上级政府对下级政府主要官员的人事控制和政绩考核保障了其行政意志在不同层级的地方政府之间得以延续和执行。

第三,政绩考核机制实现官员自身利益与区域经济发展两者激励共容。为了防止"行政发包制"引致的地方政府对承包内事务决策权和自由裁量权无节制扩大,中央政府在信息不对称和监督成本约束条件下,不得不制定一系列政绩考核制度来约束地方行政官署及其成员。将其治理行为与政府绩效动态联系起来,并根据考核结果对地方政府官员进行奖惩,构建相应的激励与约束机制,促使地方政府及其官员行为收敛于特定的考核指标,②从而保障中央政府对地方政府的政治控制,使其施政意图得以贯彻。首先,由于地方政府行政职能的弱可测性,根据指标体系衡量各地方

① 参见曹正汉:《统治风险与地方分权:关于中国国家治理的三种理论及其比较》,载《社会》2014 年第 6 期,第 62 页。

② 参见战旭英:《地方政府绩效评估的悖论解释》,载《中国行政管理》2015 年第 11 期,第 45 页。

相对水平进行政绩排序便成为度量地方政府产出的一种相对成本较低的考核方式。因此，中央政府实施的政绩考核便成为指导地方政府施政行为的指挥棒，而不同的政绩考核标准决定了地方政府在不同时期的施政重点。基于改革开放初期，经济发展滞后以及国民收入低下的现实状况，中央政府主要以区域经济发展为标准对地方政府进行政绩评价，进而形成了一套“以经济指标为中心，兼顾政治忠诚度并辅之以其他社会发展指标的考核指标体系”。① 其次，在考核指标体系中，GDP 增长和财政收入增长速度和幅度等经济指标较之社会稳定、环境保护、区域民众福利保障等社会发展指标而言相对可测性较强，加之经济发展指标与中央政府加快国内经济发展、提高国民收入的改革初衷不谋而合，因而在整个政绩考核指标体系中占据了相当大的权重。华人经济学家邓永恒分析了中国 283 个中小城市的市长和市委书记 10 年的政绩和升迁结果，实证研究地方政府官员晋升概率与辖区 GDP 增长的关系，结果表明两者之间呈现正相关关系，如果地方政府主要官员（市委书记和市长）GDP 增长率在其任期内较之前任提高 0.3 个百分点，那么他们的晋升概率就会高于 8%。② 这种以经济增长为核心的政绩考核机制将地方政府官员政治晋升与区域经济发展水平直接挂钩，体现了浓厚的功利主义色彩，地方政府官员理性经济人属性被完全激活，实现了地方政府及其官员自身利益与区域经济发展两者激励共容。最后，“项目制”治理模式成为国家治理体系

① 参见鲁敏：《从行政性放权到制度化分权：中央与地方权力关系改革趋势分析》，载《理论导刊》2015 年第 2 期，第 6 页。

② 参见王卫国、温一冰：《专家：GDP 增速提高 0.3% 官员升职概率高于 8%》，载网易财经频道，http://money.163.com/13/0331/09/8R9K85N700252G50.html#from=relevant#xwwzy_35_bottomnewskwd，2018 年 1 月 21 日访问。

中被广泛采用的治理机制。得益于分税制后两个比重逐年上升，中央政府能够依托财政资源决定对地方政府重点项目的扶持力度，同时辅之以相应的财政转移支付策略，使地方政府在申报重点项目过程中，为获取相应财政资源而服从于中央政府特定政策目标。在此过程中，中央政府对地方政府申报项目的完成效果进行监督考核，如果地方政府未能达到相应考核标准，其难以运用中央政府转移支付弥补地方政府自有财力与履行公共事务支出责任之间的财政缺口，更难以通过扩大投资规模拉动区域经济发展。① 至此，地方政府及其官员在GDP政绩考核指挥棒的引导下，发展地方经济的积极性和主动性被激发，在限制区域内资源要素流出的同时，采取各种竞争方式积极吸引区域外资源要素流入，全力推动区域经济发展，表现出为实现经济增长而竞争的强大行动力，形成了地方政府间为争夺经济要素鏖战正酣、激烈竞争的格局。

第三节　地方政府间竞争的表现形式

改革开放以来，我国地方政府在行政分权、产权改革和统一市场、政绩考核的三重机制刺激下，始终将发展区域经济作为施政第一要务，地方政府以行政权力广泛影响着区域内资源要素配置，将其致力于加快经济增长速度的施政意志贯穿于地方行政事务管理全过程。市场化改革虽然在很大程度上弱化了地方政府直接配置资源的作用，但行政色彩仍然广泛存在于市场中。② 国内学者将这

① 参见渠敬东：《项目制：一种新的国家治理体制》，载《中国社会科学》2012年第5期，第113～130页。

② 参见折晓叶：《县域政府治理模式的新变化》，载《中国社会科学》2014年第1期。

种地方政府主导区域经济发展的模式称为“地方发展型政府”,即地方政府在引领区域经济发展中长期担当主体力量,其施政行为主要以区域经济发展为行动目标,统治行为政治合法性主要来源于区域经济增长的政府模式。① 改革开放伊始,由于市场机制尚未有效建立,市场配置资源的效率优势无法发挥,因此,政府以市场机制建构者和推动者的身份强力推动市场建设,有助于短时间内打破计划经济制度的桎梏,加速市场配置资源机制的形成,因此,具有一定的历史合理性。基于“地方发展型政府”理论的研究进路解释地方政府间竞争,其中不难看出地方政府为彰显其统治合法性,实现区域经济快速增长乃为题中应有之意。随着市场机制的逐步完善,市场配置资源作用不断凸显,资源要素跨区域流动逐步加快,任何一个地方政府发展区域经济的质量都来源于两个能力:其一为“造血能力”,即地方政府综合衡量资源禀赋、地理区位、产业规划等主客观条件,统合区域内各种资源要素,努力形成相对于其他区域的比较优势,从而实现区域经济增长并向其他区域扩张的能力;其二为“输血能力”,即地方政府通过改善公共物品供给、完善基础设施、提供政策支持等方式,努力汲取区域外资源要素流入本区域,进而增强区域经济要素总量的能力。因此,在资源要素跨区域流动的既定约束下,一个区域的经济发展水平,不仅依赖于这个区域的地方政府在辖区内资源要素既定的情况下,通过最大限度整合资源而生成出的经济绩效;而且也取决于这个区域的地方政府汲取区域外资源要素流入本区域的数量。易言之,能够推动特定区域经济发展的资源要素,不仅是总量有限的、弥足稀缺

① 参见郁建兴、高翔:《地方发展型政府的行为逻辑及制度基础》,载《中国社会科学》2012 年第 5 期,第 97 页。

的，更是可以在区域之间跨境流动的，相应的资源要素从特定区域流出意味着在毗邻区域的流入。由此可知，地方政府汲取区域外资源要素进驻本区域的能力是其在政府间竞争中脱颖而出争胜的重要因素。因此，围绕资源要素而展开激烈争夺，成为串联地方政府间各种竞争行为的逻辑中轴。

在中央政府主导的分权改革和“行政发包制”治理模式下，地方政府承接了中央政府下放的经济社会管理权力，地方政府主导区域经济发展的作用得以凸显。在此意义上，地方政府不仅享有区域经济发展的剩余索取权，而且获得了“承包”范围内行政管理事务的决策权和自由裁量权。地方政府在财政收支管理、基础设施投资建设、市场秩序规制、制度创新实验等方面的自主权限不断扩张，具备了以行政权力为基础推动区域经济发展的能力。申言之，地方政府正是在分权改革和“行政发包制”双重机制的作用下，依托行政权力实施竞争行为。地方政府自主权限的范围决定了地方政府能够运用的竞争手段和博弈策略，同时也决定了地方政府间竞争的表现形式。笔者认为，地方政府间竞争主要表现为税收竞争、基础设施投资竞争、制度创新竞争、规制竞争等四个方面。

一、税收竞争

众所周知，资本是在利益的驱动下流动的，地方政府吸引资本流入特定区域的理性策略就是降低资本入驻的成本。在此意义上而言，降低投资者成本便成为地方政府的最优选择。改革开放之初，基于在较短时间内有效吸引资本发展区域经济的考量，地方政府主要采取以税收优惠为主要手段的竞争策略，特别是在 20 世纪 80 年代初期至 90 年代后期，我国地方政府间实施财政竞争的主要方式就是税收竞争。税收竞争指的是地方政府之间为了吸引资本、劳动力、自然资源等资源要素流入相应行政区域以及支持相关新兴产业、调整产业结构等特定目的，采取减免税、税收返还、增加特定方面财政支出等方式，从而影响地方政府收支的竞争。这种竞争方式主要是通过降低征税对象税收负担来吸引资本流入的，其运作机理在于理性的资本所有者会基于标尺效应客观衡量不同区域之间的税负差异，进而形成不同的收益预期。根据信号理论，税收优惠不仅是一种反映政府对资本投资态度和区域经济发展潜力的信号，而且能够对进驻相应区域企业的利润水平产生直接影响。① 在其他相关条件给定的情况下，资本总是朝着税率最低的区域流动，这是由资本逐利的本能所决定的。对于地方政府而言，吸引资本流入特定区域不仅受到本地税率的影响，更重要的是本地提供的税率较之其他地方提供的税率具有相对优势。因此，只有在本地税率低于其他地方税率的情况下，才能有效地降低资本进驻后从事生产经营所产生的实际税负成本，进而增强资本所有者获取收益最大化的理性预期。尽管早在 1950 年《中国税政实施要则》就明确了由政务院行使税收优惠确定权，其后国务院又颁布了一系列旨在限制税收优惠的规范性文件，《税收征管法》及其实施细则更是明确禁止地方擅自作出减税、免税决定。但实践中地方政府在解释以及适用税收征管法律法规、执行税收政策方面却具有较为宽泛的自由裁量权，②这使地方政府能够在区域内给予特定

① 参见钟炜：《税收优惠与 FDI 的时空分析——基于税收优惠信号理论的实证研究》，载《财经研究》2006 年第 8 期，第 124～127 页；柳光强：《税收优惠、财政补贴政策的激励效应分析——基于信息不对称理论视角的实证研究》，载《管理世界》2016 年第 10 期，第 62～67 页。

② 江苏省地税局关于印发《地方税减免操作规程（试行）》的通知，对房产税、城镇土地使用税、城市维护建设税、土地增值税、车船使用税、印花税、资源税等七类地方税实施报批减免税和备案减免税。

征税对象一定程度的税收优惠。

税收竞争主要表现为两种形式：一是以减免税、税收返还为主要内容的显性税收竞争；二是以地方政府税收征缴部门人为降低征税努力，放松税收征缴执法力度，纵容或者帮助企业避税逃税的隐性税收竞争。减免税是在一定时期内给予征税对象的一种税收优惠，目的在于吸引具有较强流动性的税基流入提供税收优惠的特定行政区域。减税，指的是减征部分应纳税款；免税，指的是免征全部应纳税款。减免税竞争在改革开放之初广泛存在，成为地方政府间吸引税基流入最为有效的举措。例如，地方政府不同程度地扩大了中央政府对生产性外商投资企业实行“两免三减半”的税收减免政策，①部分地方政府甚至将“两免三减半”的政策突破至“五免五减半”。为了遏制地方政府擅自运用减免税手段从而造成恶性税收竞争的行为，分税制改革前夕，国务院出台（国发〔1993〕51号）文件，②坚决遏制和取消地方各级政府超越税收征管权限擅自出台的各类地方性税收优惠政策。分税制改革后，国务院又下发（国发〔1998〕4号）文件，③强调依法治税和依法理财，全面禁止地方各级政府在税收征管法律、法规、中央政府税收政策规定的权限之外，擅自更改、调整、变通国家税法和税收政策，从而严格规制地方各级政府越权制定和解释税法、中央税收政策，违规批准减免税、缓征缓缴税收以及豁免欠税等行为。税收返还，指的是政府采取先征后返、即征即返等方式向征税对象返还已经征缴的税收收

---

① 《中华人民共和国外商投资企业和外国企业所得税法》第8条规定，对生产性外商投资企业，经营期在十年以上的，从开始获利的年度起，第一年和第二年免征企业所得税，第三年至第五年减半征收企业所得税。

② 参见《关于加强税收管理和严格控制减免税的通知》（国发〔1993〕51号）。

③ 参见《关于加强依法治税严格税收管理权限的通知》（国发〔1998〕4号）。

入，属于具有政府补贴属性的税收优惠。税收返还的实质系地方政府将征税取得的税款再通过二次分配（运用公共财政资源补贴）的形式返还给征税对象，从而在实质上达到给予征税对象类似减免税优惠的效果。例如，中央颁布《中共中央国务院关于深入实施西部大开发战略的若干意见》（中发〔2010〕11 号）文件后，国家税务总局出台《关于深入实施西部大开发战略有关企业所得税问题的公告》（国家税务总局公告 2012 年第 12 号），对符合产业调整、产业指导等范围内①的企业按照 15% 的税率征收企业所得税。产业调整、产业指导等范围外的企业本不应当享受特定的税收优惠，但地方政府采取先行按照 25% 的税率征缴企业所得税，再通过税收返还的形式运用公共财政资源返还征税对象 10% 的税款。如此一来，税收优惠范围外的征税对象也和税收优惠范围内的征税对象同样享受了相同标准的企业税得税优惠。

随着分税制改革的逐步推进，中央政府集中了几乎所有税种的立法、解释、修订等各项权利，涉税要素的调整、变动、修正全部统揽于中央政府，财权上收成为中央政府规制地方政府实施违规减免税、税收返还等制度外税收优惠的有力政策工具。因此，地方政府间实施显性税收竞争的政策空间受到了有效限制，税收竞争场域由显性竞争向隐性竞争位移。有学者认为我国现行税制在税款征缴环节为地方政府预留了巨大的制度空间，从纳税申请、应缴税款认定到税款征缴、逃税稽查以及税务行政处罚等环节，税收征

---

① 《关于深入实施西部大开发战略有关企业所得税问题的公告》（国家税务总局公告 2012 年第 12 号）第 3 条规定，在《西部地区鼓励类产业目录》公布前，企业符合《产业结构调整指导目录》（2005 年版）、《产业结构调整指导目录》（2011 年版）、《外商投资产业指导目录》（2007 年修订）、《中西部地区优势产业目录》（2008 年修订）规定范围的，经税务机关确认后，其企业所得税可按照 15% 税率缴纳。

缴部门具有较大的自由裁量权。① 在税收征缴法治程度较低的区域，地方政府能够通过降低税收征缴努力程度、放松税款征缴稽查力度等方式压低企业逃税成本，为企业通过逃税降低实际税负成本提供逐利空间。尤其是在地理区位毗邻的区域，地方政府间税收征缴执法强度呈现出高度相关的态势，毗邻区域地方政府税收征缴执法强度降低引致相应区域地方政府税收征缴执法强度亦随之降低。② 有学者以 2002 年企业所得税改革为基础，通过 2002 年至 2007 年工业企业微观数据实证分析企业所得税改革对地方政府征税努力的影响，结果显示由于企业所得税由地方税种调整为央地共享税种，且地方政府共享比例由 50% 下调至 40% 以后，造成地方政府税收征管与税收收益相对剥离，地方政府税收征缴部门征税努力明显降低。通过比较中央政府税收征缴部门征管企业与地方政府税收征缴部门征管企业承担的企业所得税实际税率水平发现，后者征管企业实际税率水平降低约 2.9%，地方政府税收征缴部门征管企业的逃税规模显著增加。③ 这类情况在经济发展质量较低的中西部省区尤为明显，由于上述省区地理区位相似均处于内陆区域且在吸引外资方面缺乏比较优势，往往采取降低企业所得税实际税率的策略吸引资本进驻本区域，结果导致我国超过

---

① 参见高培勇：《中国税收持续高速增长之谜》，载《经济研究》2006 年第 12 期；韩志明：《街头官僚的行动逻辑与责任控制》，载《公共管理学报》2008 年第 1 期；吕冰洋、郭庆旺：《中国税收高速增长的源泉：税收能力和税收努力框架下的解释》，载《中国社会科学》2011 年第 2 期；于文超、殷华、梁平汉：《税收征管、财政压力与企业融资约束》，载《中国工业经济》2018 年第 1 期。

② 参见邓明：《经济集聚如何影响了中国地方政府的税收执法强度?》，载《财政研究》2018 年第 3 期。

③ 参见田彬彬、范子英：《税收分成、税收努力与企业逃税——来自所得税分享改革的证据》，载《管理世界》2016 年第 12 期。

三分之二的地区陷入“竞次竞争”的博弈死局。[①] 由此可知，地方政府间隐性税收竞争较之显性税收竞争更为隐蔽，中央政府很难全方位地对地方政府税收征缴行为予以有效监督。客观上造成了不同区域之间税收征缴执法强度各异的制度环境，性质相同的企业在不同区域之间承担的名义税负虽然基本相同，但实际税负却由于税收征缴力度的不同存在较大差异。因此，隐性税收竞争逐渐成为地方政府间税收竞争的重要博弈工具。

税收竞争必然对资本流动产生“洼地”效应，影响不同区域地方政府财政收入，并波及中央政府与地方政府之间以及地方政府之间的经济利益分配关系。评价税收竞争产生的效应是积极亦或是消极，主要存在两种对立的观点：一是税收竞争降低效率。该观点认为，政府是仁慈的，政策制定的目的系追求社会公众福利的最大化，而社会公众福利的实现在很大程度上依赖于政府提供公共物品的数量和质量，政府提供公共物品的数量和质量又与税收密切相关，因此，税收竞争减少了政府财政收入，不利于实现社会福利最大化。二是税收竞争增进效率。该观点认为，政府是利维坦式的怪兽，政策制定的目标就是追求自身收入的最大化，税收竞争可以有效地约束政府向私人部门伸出“攫取之手”，通过征税将资源转移到公共部门。在一定范围内和适当方式下展开的良性税收竞争对区域经济的发展具有积极的促进作用，[②]有利于贯彻税收中性原则，降低企业税负成本，促进资本流动。所以，衡量税收竞争效应是积极的还是消极的，关键在于税收竞争是否在约束条件和

① 参见刘清杰、任德孝：《中国地区间税收优惠、税收竞争及其空间效应》，载《云南财经大学学报》2018年第2期。

② 参见靳东升、龚辉文著：《经济全球化下的税收竞争与协调》，中国税务出版社2008年版，第36~37页。

既定秩序下进行。

二、基础设施投资竞争

根据经济学理论,市场机制并非无懈可击,其本身也存在固有缺陷,市场机制并不能在所有领域内实现资源配置“帕累托最优”。这种固有缺陷就是市场失灵,体现在公共物品领域就是市场机制无法实现公共物品的有效供给。由于公共物品非竞争性和非排他性的天然属性,通过私人生产和市场交易的方式提供公共物品将导致“搭便车”问题(Free-rider problem),造成公共悲剧。蒂伯特提出的“用脚投票”机制认为,选民是公共物品消费者,政府是公共物品供给者,税收就是选民在消费公共物品时支付给政府的对价。理性的选民出于自身利益最大化的考虑,会理性地比较获得居住区域政府提供公共物品的收益和自身履行纳税义务的成本,进而在全国范围内寻找能够实现公共物品和税收负担最优组合的政府,并聚集在这一政府周围。制度经济学提出,在政府任务分配中,分散政府任务,由彼此间相互竞争的机构承担政府的不同任务。在公共物品供给方面,主张遵循“职能下属化”的原则,实行公共物品分层次供给,尽可能由低层次的政府机构实施公共物品供给。“一般而言,由地方社区分散地提供公共物品和公共服务,既能够奠定社区之间竞争的基础,又可以获得蒂伯特所强调的潜在利益。”①由此可知,区域经济环境尤其是投资环境的良莠程度,能够影响区域经济发展的速度和质量。为了增强区域经济环境对潜在投资主体的吸引力,地方政府除了给予潜在投资主体较之其他

① [美]约瑟夫·斯蒂格利茨著:《政府为什么干预经济:政府在市场经济中的角色》,郑秉文译,中国物资出版社1998年版,第90~91页。

区域更为优惠的税率之外,还需要优化有利于吸引潜在投资主体的经济环境,而这种经济环境的改善很大程度上依赖于地方政府公共物品供给水平。因此,类似企业之间的竞争,地方政府围绕公共物品供给展开竞争,一方面能够提高公共物品供给效率,另一方面能够使其供给的公共物品在数量和质量上契合投资主体的需要。

基础设施(Infrastructure),是指为经济生产和居民生活提供公共服务的物质工程设施,主要涵盖交通、邮电、供水供电、商业服务、环境保护、文化教育、卫生事业等市政公用工程设施和公共生活服务设施等。基础设施作为公共物品的重要组成部分,更多地以有形公共物品的物质属性展现出来,例如,高速公路、空港码头、工业园区配套水电气、仓储设备等基础设施项目。基础设施完善程度作为区域经济发展环境的显性信号,反映出地方政府供给公共物品与区域经济发展需求的契合程度,也影响着潜在投资者对区域经济发展潜力的心理预期。一个基础设施完善的区域意味着潜在投资者进驻该区域后生产经营成本的降低,反之则意味着生产经营成本的提高。因此,地方政府围绕公共物品供给的竞争必然映射到基础设施场域中,反映出来的镜像就是地方政府之间竞相加大基础设施投资建设,改善区域经济发展环境硬性条件,从而吸引潜在投资者。改革开放后,为了尽快扭转基础设施落后的窘境,改善区域经济发展环境,各地方政府都将加大基础设施投资建设作为吸引资本流入的有效竞争手段,特别是在政府预算内资金投入基础设施建设方面表现得最为明显。据中国统计年鉴数据库提供的数据显示,1998 年全社会固定资产投资中国家预算内资金仅为 1852.14 亿元,2008 年全社会固定资产投资中国家预算内资金上升至 7954.75 亿元,增长率达到 329.48%,年均增幅达到

32.94%。这些固定资产投资主要依靠地方政府推动，以交通运输为例，2013年至2016年期间，地方财政一般预算支出由119,740.34亿元增长至160,351.36亿元，地方财政交通运输支出由8625.83亿元增长至9686.59亿元，交通运输支出占一般预算支出比例维持在7%左右，①保持了较高的支出比例。有学者对基础设施水平与制造业产值之间的关系进行了实证研究，研究表明两者之间存在正相关，每提高一个单位的基础设施建设水平能够使制造业产值比重和人均制造业产值分别提高0.143个百分点，增加551.6元。例如，二级以上公路的比重每提高一个单位能够使制造业产值比重提高0.339个百分点，人均制造业产值增加572.0元。②

地方政府间基础设施投资竞争带动了区域经济发展，区域经济增长与基础设施水平密切相关，尤其是交通运输、能源供应以及通讯等基础设施对区域经济增长拉动效应尤为明显。这种对经济增长的拉动效应表现为地方政府大量基础设施投资对区域经济增长具有立竿见影的效果，能够带动诸如钢材、水泥、能源供应等下游产业的发展。尤其是在2008年全球金融危机后，中央政府出台了高达4万亿元的刺激经济方案，庞大的财政投资主要涌向了“铁公基”，即铁路、公路、大型基础设施项目，各地方政府也借此东风加强区域基础设施投资建设。因此，地方政府间激烈的基础设施投资竞争，既有效地改善了区域经济发展环境，优化了基础设施水平，有助于吸引潜在资本进入，提高区域经济增长速度；也不可避

① 数据来源自国家统计局官网，http://data.stats.gov.cn/easyquery.htm?cn=C01，2018年2月19日访问。

② 参见魏后凯：《基础设施与制造业的区际差异分析》，载《经济研究参考》2002年第13期。

免地带来了诸如重复建设、经济性基础设施投资过剩和生活性基础设施投资不足等弊端。例如，据国家能源局《2016 年风电并网运行情况》数据显示，蒙、黑、吉、宁、甘、新等六省区风力开发基础设施投资过剩，风电基础设施建设和风电资源不匹配等原因导致风力发电设施停机、电网企业接纳能力不足现象突出。上述六省区弃风率平均值达到 27.33%，从高到低依次为：甘肃 43%、新疆 38%、吉林 30%、内蒙古 21%、黑龙江 19%、宁夏 13%；弃风电量平均值达到 72.16 亿千瓦时，从高到低依次为：新疆 137 亿千瓦时、内蒙古 124 亿千瓦时、甘肃 104 亿千瓦时、吉林 29 亿千瓦时、黑龙江 20 亿千瓦时、宁夏 19 亿千瓦时。2017 年 2 月，国家能源局针对风电开发基础设施投资过剩的现实状况下发了(国能新能〔2017〕52 号)文件，[①]明确规定蒙、黑、吉、宁、甘、新等六省区为风力开发投资建设红色预警区域，上述省区不得再行核准风电开发投资建设项目，不得再向电网企业提出新增并网申请。

三、制度创新竞争

制度如同基础设施一样，也是政府提供的公共物品，就其属性而言，属于无形的公共物品，是为了决定人们的相互关系而人为设定的系列规范，[②]既表现为集体行动的指南，也表现为集体行动引致的结果。在一定的制度条件下，人们可以藉此对自身的行为形成稳定的预期，当制度决定个体行为产生的预期收益大于成本之时，制度就会对个体形成激励效应；反之，当制度决定个体行为产

① 参见《国家能源局关于发布 2017 年度风电投资监测预警结果的通知》(国能新能〔2017〕52 号)。

② 参见[美]道格拉斯·C. 诺斯著：《制度、制度变迁与经济绩效》，杭行译，上海三联书店 2014 年版，第 3 页。

生的预期收益小于成本之时,制度就会对个体形成约束效应。传统经济学与新制度经济学对经济增长的根本原因存在巨大差异:传统经济学主要通过经济要素(人口、资本、技术进步等)的相对变化来论证生产率的提高以及经济增长,强调物质要素与经济增长之间的实然联系,传统经济学将制度视为外生变量,将其作了抽象化处理,认为制度创新是既定的,制度创新与经济增长不存在密切关系。新制度经济学则持相反的观点,认为技术进步、规模经济、资本积累等物质要素变化只是表象,仅仅反映了经济增长的事实,并非经济增长的原因,进而着重强调有效率的制度供给才是经济增长的关键变量和根本原因。制度创新是一个制度结构取代另一个制度结构的进化过程,潜在收益的存在表明了资源分配尚未达致帕累托最优,现有制度结构仍有改良优化的空间。因此,要充分实现资源配置帕累托改进,必须进行制度再安排,即制度创新。

我国地方政府进行制度创新的动机同样受到获取潜在收益的驱动,这种潜在收益表现为两个方面:一是地方政府通过有效的制度创新供给实现区域内已有的资源要素(人口、资本、技术进步等)整合优化,使其对地方经济发展的推动效应得以持续强化;二是地方政府通过构建相对有效率的制度结构和投资环境,明确微观市场主体的收益预期,吸引更多的区域外经济要素流入本区域以促进地方经济发展。可以说在市场化进程中,地理区位、资源禀赋、资本力量等初始条件的差异在一定程度上影响了地方政府的竞争能力,而相对有效率的制度结构才是地方政府竞争能力的决定因素。德国学者阿波尔特(Apolte)认为,在民主国家除了选民在定期选举中采取"呼吁"机制(选民选票)对政治家造成影响之外,制度竞争作为政治选票竞争的补充,同样能够给政治家造成压力。根据阿波尔特的观点，公共选择理论发现了代议制民主体制下政治选票竞争的固有顽疾，人们希望通过制度竞争更加有效地监督执政者。在这一意义上，制度竞争始终将政治行为主体置于竞争压力之下，必然有助于提高一国或一个地区居民的福祉。① 简言之，不同的制度或制度体系决定了一个区域内部的政治过程和经济过程的运作成本。这种运作成本的差异造成了不同的盈利空间，当微观市场主体在确定投资选址时，必然在不同的制度系统之间作出选择。因此，地方政府间制度竞争不可避免地产生，这种制度竞争往往又以制度创新的形式得以展开。中国渐进式改革取得成功的关键就是地方政府制度创新实现了强制性制度变迁和诱致性制度变迁的良性契合，最大限度地降低了推动渐进式改革所需支付的摩擦成本，既缓解了中央政府主导的强制性制度变迁面临的政治动荡，使政治风险被局限于特定区域之内，又满足了微观市场主体制度创新的需要，使他们能够在具有一定弹性的制度结构内获取潜在利益。如此一来，地方政府充当制度创新"第一行动集团"的必要性得以凸显，地方政府在职权范围内主动进行的制度创新能够有效地降低政治风险和经济风险。这是因为地方政府必须证成新制度安排取得的收益大于旧制度安排，且具有普遍性，中央政府才能认可地方政府制度创新的合法性，并将地方政府制度创新的实践成果在全国范围内推广。深圳经济特区土地管理改革制度创新，可以看做是地方政府制度创新的典型案例。改革开放初期，《宪法》和《土地管理法》均禁止非法转让土地，但究竟是禁止转让土地所有权亦或是土地使用权，《宪法》和《土地管理法》相关条文

① 参见冯兴元著:《地方政府竞争:理论范式、分析框架与实证研究》,译林出版社 2010 年版,第 8 页。

并未作出准确界定。1987 年 7 月,深圳市启动土地管理制度改革,将土地权利细化为所有权和使用权,后者可以通过拍卖、招标和协议等三种形式出让,从而在土地管理领域实施了制度创新。1987 年 12 月 1 日,我国土地使用权拍卖的第一槌在深圳会堂敲响。基于对深圳制度创新成果的认可,1998 年 4 月全国人大通过宪法修正案,明确土地使用权可以依照法律规定转让。1998 年 12 月,全国人大常委会及时修正《土地管理法》相关条款,明确规定土地使用权可以依法转让。自此,深圳市土地管理制度创新成果被最高立法机关以立法形式予以确认和固化。

改革开放进入 21 世纪,地方政府之间制度创新竞争日趋激烈,在均衡发展的历史背景下,国家综合配套改革试验区应运而生。自 2005 年 6 月 21 日,国务院批准上海浦东新区进行社会主义市场经济综合配套改革试点以来,我国已经设立了 12 个国家综合配套改革试验区,进入了“新特区”建设的全新领域。这一阶段中,地方政府间制度创新竞争不再依赖中央具体的优惠政策,而是借助中央政府赋予的“先试先行权”进行高级制度创新。以上海浦东新区、天津滨海新区为例,均由地方先行形成改革总体方案,再由中央政府根据改革方案赋予相应制度创新的空间。国家综合配套改革试验区的核心在于“先试先行权”,这一过程中地方政府制度创新“第一行动集团”的角色得以固化,被鼓励根据区域特点对已有制度结构进行创造性的改革与创新,使得地方政府在实施完善市场经济体制和行政管理体制的制度创新过程中拥有更大的自主权。至此,地方政府间制度创新竞争由初级阶段向高级阶段演进,“新特区”制度创新实践带来的扩散效应和辐射效应,将引致新一轮地方政府制度创新竞争的高潮。“新特区”之外的地方政府为了弥补竞争劣势不得不向“新特区”政府模仿先进的制度结构，进而结合本区域经济社会发展实际情况构建出新的制度结构；“新特区”政府为了维系竞争优势，亦有动力在现存制度结构的基础上，不断进行制度创新，在地方政府间反复拉锯的制度创新竞争过程中，我国已有的经济、社会制度结构亦将得以不断优化。

四、规制竞争

规制源于英文(Regulation)，其本质是政府权力对市场的强力介入行为。日本学者植草益认为，规制是指行政机关依据一定的规则对企业或者其他经济组织进行限制的行为。① 因此，规制亦称政府规制或行政规制，乃为行政机关旨在实现特定的政策目标，通过制定和实施法律、行政法规、政策等规范性文件，运用行政权力对企业、经济组织、公民、法人等微观市场主体经济活动进行干预和控制的行为。我国学者杨建顺将行政规制划分为经济规制和社会规制两类，前者主要指的是针对市场准入、经营范围和内容以及商品服务收费标准等方面的规制，其规制目标在于实现扶持特定产业的政策目标；社会规制主要是对生态环境保护、消费者权力保障、劳工报酬和劳动环境等方面的规制，其规制目标在于有效增进与实现全社会福利。② 由于市场机制蕴含“市场失灵”的痼疾，在纯粹的市场经济条件下将导致经济偏离均衡状态，因此行政规制存在的目的即为纠正“市场失灵”。公共利益理论强调行政规制是对“市场失灵”的回应，主张行政机关作为公共利益的代表，基

---

① 参见[日]植草益著：《微观规制经济学》，朱绍文等译，中国发展出版社1992年版。

② 参见杨建顺著：《行政规制和权利保障》，中国人民大学出版社2007年版，第353~376页。

于维护公共利益的目的，通过行政权力干预市场，对微观市场主体活动进行规制（例如，市场准入控制、决定价格以及商品和服务的质量、规定服务消费者应尽之义务等），从而纠正“市场失灵”，恢复市场配置资源的均衡状态，增进社会福利。纯粹的市场经济和自由交易如同物理学领域中的“真空”一样是不存在的，充其量只能无限地接近。因此，任何市场经济活动都必然在特定的约束条件下进行，其中约束条件之一即为行政规制。我们可以说行政规制的领域、力度和方式对微观市场主体从事生产、经营、交易等活动的范围、规则会产生巨大影响。在其他约束条件既定的情况下，不同的规制环境意味着微观市场主体盈利空间和机会成本的不同。

行政规制对微观市场主体的经济选择具有直接影响，例如，对生产过程的规制能够对相关商品质量标准、商品生产技术标准、企业劳工权利保障和薪酬水平等生产成本造成直接影响；对流通过程的规制能够对商业交易规则、商品流通效率等流通成本形成有效制约；对消费过程的规制更是直接影响了消费者自由选择相应商品、服务的种类和范围。因此，不同的规制环境导致了不同的规制成本，不同的规制成本则影响了微观市场主体“用脚投票”策略选择。在微观市场主体追求自身收益最大化的利益动机驱使下，其必然向规制成本较低的区域流动。因此，倘若地方政府以行政规制作为区域经济发展和各类社会事务重要治理工具，刻意营造区域之间标准各异的规制环境，吸引区域外各类微观市场主体“用脚投票”进驻本区域投资和消费，规制竞争便应运而生。在理论上，通过规制改革即减少行政规制事项、减少行政规制程序等合理手段进行的规制竞争，有利于营造企业低成本运营环境以及培育良好的市场秩序，对于消除针对私有经济的歧视性待遇、发挥市场配置资源作用、提高资源要素横向流动效率具有良好的促进效应。但实践中地方政府间规制竞争却表现为另外两种极端形式，即“规制过度”和“规制弱化”。

“规制过度”表现为地方政府过度利用行政规制权力，采取制定歧视性技术指标、实施有差别的质量检测标准以及费率控制等手段，刻意区分区域内外微观市场主体并施加程度各异的规制压力，从而达到限制相应商品和服务跨区域自由流通的目的。这种方式与“地方保护主义”一脉相承，息息相关。可以认为“规制过度”是实施“地方保护主义”的主要手段。我们从广东省潮安县果脯在北京被“全面封杀”的案例上可以看出“规制过度”与“地方保护”二者之间的微妙联系。2005 年 6 月，广东省潮安县 12 家企业生产的果脯因为二氧化硫残留量超标被判定为不合格产品。同月，北京市食安办责令全市范围内的经营者停止购进和销售广东省潮安县的果脯、蜜饯制品。① 至此，广东省潮安县 800 余家果脯、蜜饯生产企业受到影响，在北京市场受到“全面封杀”。② 诚然，为了保护市民健康理应加强针对食品安全的行政规制，但是这种行政规制不能建立在区域歧视的基础上。仅仅 12 家企业生产的果脯制品被判定为不合格产品，便动辄对整个潮安县其余的 800 余家企业一并下达产品“全面封杀令”，不免让人觉得存在以偏概全之嫌。就像生产企业、交易主体实施巧取豪夺的方式攫取经济收益，较之通过生产技术创新、制造工艺改良等方式辛勤赚取经济利

① 参见北京市政府食品安全办《关于通报我市暂停购进和销售广东省潮安县果脯、蜜饯产品的函》。

② 参见孙茂勇、丁青青、郑子轩、吕天珍：《北京“潮安食品封杀令”波及全国，广式凉果路在何方?》，载南方网，http://www.southcn.com/today/hotpicnews/200506170081.htm，2018 年 2 月 19 日访问。

益更为简单便捷，地方政府以行政规制为竞争策略，实施地方保护和市场分割掠夺的经济利益，同样比实施制度创新获得的经济利益来得容易。因此，笔者认为，北京市食安办针对潮安县果脯制品的"全面封杀"行为，正是"规制过度"的典型表现。尽管基于"仁慈政府"的假设，假定其是出于保障食品安全、保护市民健康的正当目的，但这种"全面封杀"的规制措施导致的"株连"效果却令人瞠目结舌，构成对特定区域产品的地域性歧视，其中原委更是不言自明。

"规制弱化"表现为地方政府消极行使行政规制权力，刻意压低商品质量控制、劳工权利保障、生态环境保护、消费者权利保护等法律法规的实施力度，以低于社会公认的生产和消费规制标准吸引投资，从而达到降低区域内企业生产经营成本的效果。这种方式在当前日趋激烈的地方政府招商引资活动中屡试不爽，已然成为地方政府间"逐底竞争"的有效策略。有学者认为，环境规制政策与其他规制政策相比，前者更容易诱发规制政策的"逐底竞争"效应。这是因为环境污染问题具有跨区域传递性和危害后果叠代显现性等特点。由于环境治理存在"搭便车"现象，毗邻区域降低环境规制标准时，相应区域地方政府往往采取"以眼还眼、以牙还牙"的博弈策略以维护地方局部利益，因此，环境规制"逐底竞争"的现象在毗邻区域间普遍存在。① 例如，2014 年《经济参考报》在山东寿光等地调研发现，部分县（市）地方政府吸引工业企业入驻当地的首要决策依据，系工业项目能够为当地政府提供的财政

① See WOODS N. D.，"Interstate Competition and Environment Regulation：A Test of the Race-to-Bottom Thesis"，Social science Quarterly，2006，pp. 174 – 189.；参见陈虹、杨巧：《基于地方政府竞争视角的环境规制对出口的影响研究》，载《国际商务——对外经济贸易大学学报》2018 年第 1 期，第 15 页。

收入以及当地增加的就业岗位,至于工业项目是否达到环评要求、是否会对当地造成环境污染基本上不予考虑。① 又如,2014 年第四季度,河南驻马店市环保部门前后三次向平舆县政府发出执法意见函,要求该县及时关闭存在违法排污问题的 27 家皮革生产企业,截至 2015 年 2 月,平舆县不仅未依法关闭存在违法排污问题的生产企业,当地皮革生产企业反而增加至 30 余家。2015 年 1 月,被誉为对生态环境污染问题规制程度最为严厉的新《环境保护法》出台,但该法在具体实施中却遭遇了相当大的阻力,地方政府放松执法力度、地方法院对环境污染问题不予立案的现象比比皆是。②随着我国基础设施完善水平的不断提高和市场公平竞争法制环境的日臻完善,区域内外企业物流成本大幅度降低,国内省级贸易壁垒逐渐消解。在此背景下,经济欠发达区域基于财政收入、就业人口等诸多客观因素的制约,降低环境规制标准从而吸引具有巨大规模经济效应的高污染企业进驻当地,遂成为部分地方政府主要竞争策略。东部地区与中部地区环境保护规制程度逐渐接近,而西部地区与东部、中部地区环境保护规制程度的差距越发明显。有学者运用 2003 年至 2014 年 36 个工业行业数据,实证研究环境规制与就业效应之间的相关关系,研究结果显示,虽然环境保护规制政策对污染型行业和清洁型行业均造成了负面影响,但就影响程度而言,却存在显著差异。环境保护规制政策强度每提高 1 个单位,前者单位产出(亿元)的就业人数平均减少 0.5819 万人,后

---

① 参见佚名:《"三高"企业是地方政府宠儿 环保监管陷困局》,载人民网,http://env.people.com.cn/n/2014/0307/c74877-24556113.html,2018 年 2 月 19 日访问。

② 参见常纪文:《新环保法遭遇实施难题》,载人民网,http://politics.people.com.cn/n/2015/0408/c70731-26811543.html,2018 年 2 月 19 日访问。

者单位产出(亿元)的就业人数平均减少0.3963万人,两者相差0.1856万人。① 因此,正是因为地方政府各项规制政策执法力度存在差异,在其余约束条件既定的情况下,规制成本成为制约企业生产经营成本的重要因素。在"为增长而竞争"的发展共识下,通过"规制弱化"的方式降低企业规制成本,从而吸引区域外企业进驻本区域,遂成为地方政府规制竞争的重要博弈策略。

"规制过度"和"规制弱化"是地方政府间规制竞争异化的生动表现,一方面将全国统一市场划分为一个个"孤岛",造成统一市场的范围不断缩小,增加了市场主体交易成本;另一方面则不断拉低了生产和消费合理规制标准的下限,使环境不断恶化、社会公共利益受到侵害、市场机制去劣存优的竞争价值受到削弱。因此,在市场经济体制下,地方政府间规制竞争应当回归于通过减少行政规制事项、减少行政规制程序等规制改革的正路上来,使规制竞争能够起到降低交易费用、扩大统一市场范围、增加统一市场容量的作用,推动不同区域分工和专业化,构建符合地理区位、资源禀赋、产业规划等客观因素的区域比较优势。

第四节 地方政府间竞争的外部性评价

对于地方政府间竞争的效应,西方主流学界存在较大争议,其中,政区竞争理论对地方政府竞争产生的效应总体上持肯定性观点,财政联邦主义理论则对地方政府间竞争产生的效应存在两种截然不同的评价。政区竞争理论主要从宏观和微观两个维度关注

① 参见郭启光、王薇:《环境规制的治污效应与就业效应:"权衡"还是"双赢"——基于规制内生性视角的分析》,载《产经评论》2018年第2期,第124页。

制度在政府竞争中演化的方式以及政府绩效，认为制度变迁是政府间竞争的必然结果。作为制度供给者的政府为了在与其他政府的竞争过程中生存和发展，必然会不断调试和改良原有的制度结构，制度变迁和制度创新在政府间竞争的过程中不断演化，由此得出了制度变迁是经济增长的决定因素。“正如所有的竞争性系统所表现的那样，地方政府之间的竞争不可避免地会产生摩擦并消耗一定资源，但他们之间竞争使公民大权在握，并在公共政策中培育出那些公民真正期望的创新。较之地区间政治对抗的风险和依靠中央集权化来抑制他们之间竞争的欲望而言，建设性的行政——制度竞争更为可取。”①

财政联邦主义理论研究的重点则是分权体制下地方政府间竞争是否能够提供充足的地方性公共物品。该理论针对地方政府间竞争的主要方式即税收竞争进行分析。其中，公共选择学派肯定地方政府间竞争具有积极效应，认为地方政府就像一个规模不断膨胀、效率低下的利维坦，具有经济人属性的地方政府并不总是以选民利益最大化为目标函数；相反，如何实现财政收入最大化成为了地方政府目标函数。同样，基于地方政府官员的经济人属性，如何获得更丰沛的财政预算资源以彰显其统治权威或是从中获取租金，亦成为他们的最优目标函数。倘若地方政府财政汲取行为不能受到有效约束，这样利维坦式的特征会更加明显。政府间的竞争，一方面可以通过公民“用脚投票”机制遏制政府“攫取之手”，限制政府通过税收征缴的形式汲取私人部门财富并向公共部门转移，从而遏制公共部门过于膨胀；另一方面竞争对于地方政府而

① [德]柯武刚、史漫飞著：《制度经济学——社会秩序和公共政策》，韩朝华译，商务印书馆2002年版，第493~494页。

言，也是一个由学习模仿到转化吸收再到制度创新的进化过程，有助于地方政府构建更有效的公共物品供给制度，提供更丰富的区域公共物品。因此，地方政府间竞争是"奔向顶层的竞争"。主张地方政府间竞争具有消极效应是假定政府仁慈的公共理性假设，认为保障区域民众利益和实现社会福利最大化系地方政府最重要的行为目标，税收竞争会导致地方政府竞相降低税负，这将使地方政府无法筹集到足够的资金为区域民众提供最优的公共物品。因此，地方政府间竞争使财政支出水平低于边际收益、等于边际成本的最优规模，影响了公共物品供给效率，降低了区域民众和社会福利水平，这种竞争是"奔向底层的竞争"。

我国地方政府间竞争是在改革开放的宏大历史图景下展开的，这种竞争产生于分权化、市场化改革的制度变迁中，进而又推动了分权化、市场化制度变迁的进程。在分权化、市场化改革的推动下，地方政府作为区域利益的代表参与到地方经济增长的竞争中来，成为推动区域经济发展和国家整体经济增长的积极动力。"地方政府间的竞争是中国经济长期以来持续快速增长的一个关键因素。"①简言之，地方政府间竞争在我国改革开放的时代背景下，表现出以发展区域经济和提高经济绩效为强大驱动力的竞争。这种竞争将地方政府的经济利益与所属政府官员的政治利益融合在一起，体现出为了经济增长而激烈竞争的强大生命力，从而推动了区域经济的加速发展，提高了基础设施水平，实现了渐进式改革的初衷。因此，我国地方政府间竞争总体而言，表现出了积极效应：一是推动了制度创新。地方政府作为制度变迁"第一行动集团"，成为我国产权制度变革、市场化民营化改革以及统一市场构

① 张五常著：《中国的经济制度》，中信出版社2009年版，第158～170页。

建的担当力量，从深圳土地使用权改革到苏南乡镇企业蓬勃发展，再到长三角、珠三角民营经济迅猛增长，都在一定程度上围绕地方政府产权保护制度而展开，正是在产权从模糊到逐渐清晰的演进过程中，推动了地方民营经济的茁壮成长。二是改善了基础设施建设。地方政府间竞争提升了基础设施的建设水平，以 2014 年为例，我国全社会固定资产投资达到 512, 020. 7 亿元，较之 2013 年全社会固定资产投资 446, 294. 1 亿元，同比上涨 12. 84% 。① 这些固定资产投资大部分是由地方政府推动的，主要用于交通运输、能源以及通信等大型基础设施。三是加速了经济增长。我国经济长期保持年均 10% 左右的增长速度，市场经济取代了计划经济，市场在资源配置中的重要地位逐步凸显。我国经济结构由农业化时代顺利过渡到工业化时代，并朝着后工业化时代不断演进。正如一个硬币拥有正反两个剖面，地方政府间竞争带来正面效应的同时，也表现出竞争缺乏制度约束引致的混乱：一是市场分割严重。地方政府基于自身经济利益，通过行政规制限制经济要素自由流动，在商品流通方面给予本地企业和外地企业差别待遇，通过行政手段分割市场。据国外学者研究表明，由于市场分割，1987 年国内跨省商品流通遭遇的贸易壁垒相当于被征收 37% 的关税，而 1997 年这一比例更是上升到 51% ，已然超过了同期欧盟成员国之间商品流通的平均关税水平，与同期美国与加拿大之间的关税水平持平。② 二是财政支出扭曲。各地大型基础设施投资竞赛硝烟泛起，仅在长三角地区，万吨级码头便多达上百个，港口平均距离甚至不到六

---

① 数据来源自《中国财政年鉴 2015》整理而成。

② Sandra Poncet, "Measuring Chinese Domestic and International Integration", China Economic Review 14, 2003, pp. 1 – 21.

十公里。地方政府在经济性基础设施投入方面不遗余力,而在生活性基础设施方面投入严重不足。随着地方政府间竞争日趋激烈,拥有独立经济利益和政治利益的地方政府,基于个体理性的竞争行为造成了“以邻为壑”式的恶性竞争,且在经济激励和晋升激励的双重刺激下,形成了“囚徒困境”死局。地方政府在招商引资、基础设施建设方面的无序竞争乃至恶性竞争,已然严重地侵蚀了社会整体福利和区域长远利益,表现出愈演愈烈的消极效应。①

① 类似于美国俚语中的“胆小鬼”游戏,两个地方政府犹如驾驶着大排量汽车的死对头加速冲向对方,双方都认为自己的胆量和驾驶技术强于对方,希望作为竞争对手的另一方在最后关头改变方向,使自己在竞争中争胜而出。由于每次迫在眉睫的冲撞都在一方的胆怯下得以侥幸的先验经验,使参与各方对游戏的安全性产生出足够强大的信心,而忘了只要有一次失败,将会导致不堪设想的严重后果。

第三章 地方政府间竞争失范表现形式与地方政府目标函数异化

从理论上讲，在市场经济体制的作用下，市场通过价格与竞争这双“看不见的手”来实现资源的有效配置，资源要素在价格与竞争的激励下必然突破地方政府行政区划的樊篱，在两个以上的地理区域之间自由流动，从而在更广泛的空间维度上实现资源优化组合。在资源要素能够充分流动的区域内，资本总是向存在最大获利空间的产业聚集，人力资源同样向能够实现个体效用最大化的区域流动，整个区域经济呈现出一体化发展的良好态势。在此境况下，地方政府在经济发展中的作用类似于富有经验的足球裁判员，[①]通过维护市场竞争秩序，营造良好的市场经济环境，为区域经济的良性健康发展提供基础条件，而不是直接干预市场机制运行，亦非人为地介入微观市场主体的生产经营和市场交易活动。而事实并非如此，我国市场经济体制改革实际上是由政府主导的，可以说我国市场经济导源于政府理性建构而非市场自发形成。因此，我国市场经济表现为建构秩序，而不是自发秩序。地方政府是建立市场体系这一制度变迁过程中的"第一行动集团"，地方政府行为选择对于市场体系的建立和竞争秩序的维护至关重要。

在行政区域刚性限制和资源要素总量有限的双重约束下，地方政府对资源要素的行政控制和区域分割尤为明显。地方政府间竞争是一把"双刃剑"，一方面推动了产权制度改革，初步建构起全国统一市场体系基本框架，对于发挥市场配置资源功能具有积极作用；另一方面又扭曲了市场运行机制，限制了资源要素自由流动，阻碍了全国统一市场的建设步伐和市场配置资源功能的发挥。有学者总结了地方政府间横向博弈的三种途径：一是提高地方生产要素的效率和企业竞争力；二是采取差异化战略取得竞争的比较优势；三是采取规制措施保护地方资源、市场，使地方企业及各生产要素获得优惠。其中，采取第一种、第二种途径提高地方竞争力是彻底的、有效的、能够持续发展的，但也需要较长时间才能见效。[②] 由于地方政府官员的任期限制，他们在竞争中追求尽可能快速凸显的政绩。因

① 参见张小军：《论我国危机干预政策与竞争法绩效的冲突与调适》，载《东南学术》2012年第5期，第154页。

② 参见谢炜著：《中国公共政策执行中的利益关系研究》，学林出版社2009年版，第101页。

此，采取第三种途径，以保护地方利益为原则，直接参与或者频繁代表区域内微观市场主体介入资源争夺之中，往往成为地方政府竞争策略的最优选择。

第一节　地方政府间竞争失范的表现形式

随着地方政府间竞争场域的日益宽阔、竞争强度的日趋激烈，各地竞相利用行政权力维护地方利益，过度干预区域市场，人为地阻碍资源要素横向流动，造成不同区域市场之间交易成本过高，资源要素内向性聚集，资源配置收敛性集中，导致"行政区经济"和"市场碎片化"。在公共资源和行政权力介入市场经济活动时，地方政府往往集"裁判员"和"运动员"职能于一身，挤压和侵犯了微观市场主体生存空间，推高了社会交易成本。这种交易成本最终会转嫁到更多的市场主体上，进而减损更多的经济活动效率。① 根据调查问卷显示：有七成的受访对象认为，发展只见物、不见人，老百姓未得到实惠是地方政府间竞争最为突出的负面效应。② 申言之，分权体制下地方政府间竞争实质上是权力因素嵌入市场机制，即通过行政权力干预市场机制运行，弱化甚至扭曲市场配置资源功能，人为地改变微观市场主体对成本收益的预期。这是一种政府公权力介入资源争夺的竞争，表现出地方政府在资源要素争夺领域中的权力冲突与对抗。

---

① 参见郑敬高、冯森：《"中国模式"下的地方政府行为——地方保护的产生和应对》，载《学术界》2015 年第 6 期，第 30 页。

② 参见胡仙芝：《当代中国地方政府竞争状况问卷调查分析报告》，载《人民论坛》2010 年第 10 期。

在竞争制度约束阙如的现实境况下，局部经济利益最大化已经成为地方政府在与其他地方政府竞争中，实施特定竞争策略的价值指引，各地基于个体理性实施的竞争策略往往会陷入集体非理性的“囚徒状态”，表现为“非理性竞争”，即本文所称的“竞争失范”。有学者将这种非理性竞争（竞争失范）归结为三个层次：一是违背法律、经济规律、行政伦理导致社会福利受到损失；二是由于目标阈值各异，地方政府在互动博弈中过度竞争、逐底竞争进而造成“囚徒困境”与“公用地灾难”；三是地方政府的逐利性导致区域经济发展短期化以及不连贯发展。[①]因此，笔者将“地方政府间竞争失范”界定为地方政府之间为了获取区域竞争优势，违反法律法规和行政伦理，超越行政职权或者偏离政府职能，运用行政权力深度干预区域市场，限制乃至排除各类市场主体公平竞争，破坏市场公平竞争秩序，导致国家整体利益和区域公共利益受损的行为。地方政府间竞争失范现象比比皆是，地方政府之间恶性竞争、过度竞争、无序竞争都属于竞争失范的范畴。有的表现为地方政府封锁区域市场、保障本地生产企业利益等排除、限制竞争行为，有的表现为地方政府运用财政补贴提高本地产品价格竞争力等过度竞争行为，还有的表现为地方政府违规给予企业税收优惠汲取区域外资本流入等恶性竞争行为，凡此种种，不胜枚举。笔者在冯兴元、张千帆、郑鹏程等著名学者前期研究的基础上，归纳出地方政府竞争失范的五种典型表现形式，即地方行政保护、差异性政府补贴、基础设施重复建设、招商引资大战、司法中的地方保护，并结合相关案例，阐明地

① 参见尹呐、祝小宁：《地方政府竞争的异质化——非理性竞争行为分析》，载《电子科技大学学报（社会科学版）》2007年第6期，第44～47页。

方政府竞争失范扭曲市场机制运行、破坏市场公平竞争秩序、刺激地方政府实施扩张性财政政策,从而减损国家整体利益和区域公共利益的负面效应。

一、地方行政保护

地方行政保护主要涉及市场分割或者地区封锁,实质上是一种与市场整合相背离的市场不整合状态或过程。一般指的是地方政府以损害其他区域市场主体利益为代价以维护本区域内市场主体利益(包括地方政府自身利益)的各种不公平保护行为,①其中地方政府利用行政权力排除、限制竞争最为典型。我国地方行政保护表现形式多种多样,总体上可以划分为流入限制与流出限制两大类。根据国务院发展研究中心调查报告,可以细化为对外地产品的数量、价格方面的控制、工商质监等市场监督管理方面的歧视、阻止外地产品流入本区域、区域企业原材料投入、劳动力流动、投资融资等经济要素流动方面的限制以及对技术要素流动的限制等 8 大类 44 种形式。②我国学者李善同根据问卷对象调查结果对地方保护严重程度进行了排序,如表 3 - 1 所示,其中地方政府对劳动力市场方面的干预、阻止外地产品进入的其他非正式限制以及对技术方面的干预分别占据地方保护严重程度的前三位,分值高达 60. 1 分和 57. 3 分和 52. 6 分,如表 3 - 1 所示。

① 参见冯兴元著:《地方政府竞争:理论范式、分析框架与实证研究》,译林出版社 2010 年版,第 122 ~ 123 页。

② 参见张千帆著:《国家主权与地方自治——中央与地方关系的法治化》,中国民主法制出版社 2012 年版,第 316 页。

表3－1　地方保护程度的排序①

地方政府市场分割的方式	严重程度分值(分)	排 序
对劳动力市场方面的干预	60.1	1
阻止外地产品进入的其他非正式限制	57.3	2
对技术方面的干预	52.6	3
工商质检方面的歧视	51.8	4
直接控制外地产品的销售数量	50.2	5
价格限制和地方补贴	50.2	6
对投融资方面的干预	48.8	7
对外来企业原材料投入方面的干预	47.7	8

我国于1993年颁布的《反不正当竞争法》就明确提出禁止地方行政保护的内容,例如,该法第7条规定,②严厉禁止地方各级政府及其部门阻碍商品自由流通以及限定购买特定商品。分税制改革后,各地基于实现财政收入最大化的局部利益考量,为了保证地方财政在当期以及将来拥有稳定的、持续增长的长期岁入来源(包括税收收入和非税收入),频频制定地方规范性文件,滥用行政权力深度干预市场运行,限制特定的资源要素流入或者流出。黄赜琳和王敬云对我国1997年地方保护和贸易壁垒进行了实证分析,研究发现我国国内市场一体化程度较低,不同区域之间的贸易壁

① 参见李善同著:《中国区域协调发展和一体化》,经济科学出版社2008年版,第201~202页。

② 《反不正当竞争法》于2017年11月进行了重大修订,删除了禁止地方政府及其部门滥用行政权力指定他人购买特定经营者商品、限制商品流入流出以及公用企业和其他依法独占经营者指定他人购买特定经营者商品的条款。

垒与欧盟统一市场内部独立主权国家之间的贸易壁垒程度相当。①鉴于地方保护愈演愈烈的现实境况,2001 年 4 月,国务院连续下发《国务院关于禁止在市场经济活动中实施地区封锁的规定》(国务院令第 303 号)以及《国务院关于整顿和规范市场经济秩序的决定》(国发〔2001〕11 号),要求清理废止各地方政府制定的带有地区封锁内容的规章,打破地方保护和地区封锁,规范市场经济秩序。2004 年颁布的《行政许可法》也针对地方保护作出了禁止性规定,该法第 15 条明确要求:依据地方性法规及其政府规章设定的行政许可,不得限制区域外的个人及企业在本区域进行生产经营和提供服务,不得对外地产品进入本地市场予以限制。令人遗憾的是,地方保护并没有销声匿迹,而是以更加隐蔽的形式(如征收价格调节基金加重本地生产企业资源输出负担的实际税负)出现。2005 年,宁夏财政厅、物价局、经委、煤炭工业局四部门联合下发了《宁夏回族自治区太西煤价格调节基金征收使用管理办法》,对太西煤征收价格调节基金,征收标准为每吨 15 元,限制本省煤炭资源流出;随后,贵州省物价局、财政厅、煤炭管理局也制定了《煤炭价格调节基金征集使用管理办法》,调节基金征收对象为贵州省区域内从事煤炭生产经营的各类企业,调节基金按照原煤 30 元/吨、洗精煤 50 元/吨、焦炭 70 元/吨的标准,在收取税费时一并缴纳,从而限制本省煤炭资源出省。无独有偶,2008 年次贷危机爆发后,全球金融危机蔓延,产能过剩与出口不畅的双重压力严重制约了我国经济持续高速增长。为保障宏观经济稳定,避免出现经济“硬着陆”,中央政府作出扩大内需拉动经济增长的决策,提出确保经济

① 参见黄赜琳、王敬云:《地方保护与市场分割:来自中国的经验数据》,载《中国工业经济》2006 年第 2 期,第 62 ~ 69 页。

增长速度保持8%，此后又推出高达4万亿元的产业发展规划，各个省、市、自治区亦竞相出台相应的产业发展规划，两者合计资金规模达到20万亿元之多。① 在此过程中，部分省、市地方政府打着中央政府"扩内需保增长"旗号，假"救市"之名行地方保护之实，或多或少明里暗里地制定形式各异的"本地优先"政策规定，对区域内外产品予以区别对待。有的鼓励"在基础设施建设中使用本地企业生产的设备和建材"；有的规定"政府采购在同等条件下优先购买本地产品"。② 基于上述案例分析，较为明显的行业针对性是我国地方行政保护的重要表征，作为地方政府财政收入主要来源的纳税企业以及具有明显经济拉动效应的支柱产业往往是重要的政策保护对象。支柱产业中涉及的特定企业对区域经济拉动越明显，对地方财政收入贡献份额越大，地方政府对支柱产业中的特定企业实施地方保护的激励程度和政策力度亦随之增加。同时，基于地理区位优势所拥有的自然资源禀赋，地方政府也必然优先供给区域内的生产企业。这就不难解释地方政府缘何竭力限制外地

① 参见顾振华、陈强远：《中央和地方的双重政策保护与产能过剩》，载《财经研究》2017年第11期，第84页。

② 例如，湖北省政府制定《省政府努力促进全省工业经济平稳较快发展的意见》（征求意见稿），直接要求"各级政府采购在不违背国家有关法规的前提下，同等条件下要优先购买本省企业生产的钢材、汽车、建材、烟酒、家电等地产品"，又如，湖南省政府颁布《关于促进工业企业平稳较快发展的若干意见》（湘政发〔2009〕1号），明确提出"要将省产乘用车纳入政府采购范围，政府机关、事业单位应积极采购省产车。鼓励社会团体、企业和居民采购省产乘用车和商用车。政府机关、事业单位和国有控股企业办公及公务活动，应积极采购和使用本省产品。省内重点工程建设项目中的材料、设备和机具，企业生产所需的燃料、原材料、辅料，医院所需药品，应按照有关规定和程序，积极采购符合要求的本省产品。大力推动省产工业品下乡销售活动。"参见 各地出优先采购本地产品措施 地方保护主义抬头，载百度网，http://news. 163. com/09/0217/01/52AMLEOD0001124J. html，2018年3月1日访问。

产品进入本地市场,同时阻碍本地资源流向域外。

根据贸易领域中的“动态比较优势”①理论,一个区域拒绝融入到统一市场,不选择在基于比较优势的基础上与其他区域进行分工,甚至违背比较优势从事生产,虽然在短期内看起来是没有效率的,只要未来该区域获得的额外收益折现值大于短期内不融入统一市场的损失,就有可能在未来扭转目前不利的比较优势;即使不能成功逆转目前不利的比较优势,该区域也能提高未来的议价能力。因此,低技术区域仍然会排斥统一市场,违背比较优势从事生产。由此可知,地方政府采取地方行政保护策略,在很大程度上是一个理性的选择,只要在当期或者未来获得更多的财政收入或者至少能够增强未来的议价能力。在这个意义上,可以推论统一市场给地方政府带来的额外收益折现值低于或者至少不等于地方政府实施地方行政保护所获得的额外收益折现值。在地方政府间竞争秩序没有建立有效约束机制之前,地方保护是地方政府采取的最佳对策。从博弈的角度来分析,在其他区域地方政府实施地方行政保护政策维护区域利益境况下,本地地方政府必然采取类似的策略予以回应与反制,否则,将在博弈中受到损失。从地方政府财政收入的结构分析,地方财政以增值税分享、营业税和归属于地方政府的企业所得税以及地方国有企业按规定上缴的利润为主要收入来源。地方政府为了增加地方财政收入,往往通过实施地方行政保护促进本地市场主体发展,从而培育税源。简言之,地方行政保护是地方政府实现财政收入最大化的重要举措,由于本地企业税费收益和非税费收

① See Redding S. “Dynamic comparative advantage and the welfare effects of trade”, Oxford Economic Papers, 1999, pp. 15 – 39.

益具有长期性和稳定性，即使来源于外地企业产品的财政收益能够与本地企业产品创造的财政收益持平，地方政府仍然会选择实施地方行政保护，维护本地企业利益，从而保障地方政府收入来源的长期稳定。

二、差异性政府补贴

政府补贴，指的是政府或者政府授权的组织出于促进经济发展、保证经济公平的目的，对经济活动中的企业或者个人提供的无偿性的财政资助。① 根据利益输送方式的不同，政府补贴可以分为直接补助型和税收减免型。前者通过安排财政专项资金的形式直接向补贴受体发送补助资金，其所依据的规范性文件立法层级较低，政府自由裁量权较大；后者通过减免税收形式减轻补贴受体承担的实际税负从而达致补贴的目的，其所依据的规范性文件主要来源于中央政府税收征缴法律、法规，地方政府自由裁量权受到的约束较多。政府补贴作为宏观调控和产业规划的重要手段，其目的在于提高经济效率和社会效应，激发市场经济活力，增加社会经济总量。政府补贴的作用机理系发挥公共财政资源的杠杆效应，通过投入较小的公共财政资源撬动总量庞大的、逐利性强的私有资本进入相关产业领域，从而激励特定产业加速发展，推动产业结构转型升级。正是基于政府补贴能够发挥财政资源的杠杆效应和乘数效应，如果政府补贴运用得当且匹配有效的纠错机制，能够刺激特定产业的健康发展从而产生正的外部性；反之，如果政府补贴运用不当又不能及时纠错，则会扰乱价格信号、扭曲市场竞争秩

---

① 参见王彦明、王业辉：《政府补贴的法理与规制进路》，载《河南社会科学》2015 年第 12 期，第 58 页。

序，触发特定产业恶性竞争进而导致负的外部性。① 因此，政府补贴应当以维护市场机制良性运行、保障市场公平竞争秩序为主旨，秉持客观、公正、不偏不倚的中立性价值取向，对符合补贴标准的补贴受体一视同仁，而不能基于特定的利益偏好和经济诉求不公正地对待补贴受体，有区别地实施政府补贴政策。在此意义上讲，如果政府补贴偏离了客观、公正、不偏不倚的中立性价值追求，根据自身效用大小选择有针对性、有差异地实施补贴行为，不仅人为地扭曲甚至逆转了受补贴市场主体与未受补贴市场主体之间的竞争地位，增加了前者的经济效益和竞争能力，而且对市场竞争秩序造成了消极影响，破坏了各类市场主体公平竞争的法治秩序。因此，本文所称差异性政府补贴，指的是地方各级政府基于特定的利益偏好和经济诉求，在政府补贴实施过程中将符合标准的补贴受体排斥在外以及对符合标准的不同补贴受体予以区别对待，破坏各类市场主体公平竞争秩序的行为。

科斯和王宁在《变革中国》一书中系统地阐述了地方政府与企业之间的新型统合关系，认为随着市场经济发展和国有企业改革，

① 顾振华、陈强远以在上海、深圳上市的622家国内制造业企业为分析样本，实证研究了中央政府和地方政府产业政策叠加触发产能过剩的作用机制，研究结果显示中央首先出台产业政策并加大考核体系中地方经济发展的考核权重，地方有激励提高对区域内企业的财政补贴从而使考核效果最大化。如果中央与地方先后出台产业政策，那么该地方政府所辖区域内的企业产能过剩比例会增加1.9到3.2个百分点；如果中央与地方同时出台产业政策，那么该地方政府所辖区域内的企业产能过剩比例会放大到3至5.5个百分点。同时，获得地方政府财政补贴的企业其生产成本有所下降，生产规模扩张，最终诱发产能过剩。实际上地方政府将大量财政补贴投放到规模巨大但产能落后的行业中，这样能够使区域经济短期内保持一定增速也有利于维护社会稳定，但那些具有较高生产效率的企业却没有在地方政府产业扶持政策中得到有效的财政补贴。参见顾振华、陈强远：《中央和地方的双重政策保护与产能过剩》，载《财经研究》2017年第11期，第88~93页。

地方政府逐步从微观经济活动中退出，摆脱了以往计划经济时代地方政府集企业所有者和具体经营者于一身的角色，给予了国有企业相对充裕的经营自主权，而私有经济则获得了完全的经营自主权。地方政府逐渐转变为向区域内的企业提供公共服务和政策指导，包括产业规划指导和政策支持。① 在产业规划和政策支持方面，除了提供税负优惠、企业融资便利外，政府补贴更是藉财政资金的杠杆效应和乘数效应，已然成为地方政府扶持区域内企业发展的“援助之手”。2008 年国际金融危机爆发之后，在中央政府调整产业结构，推动产业升级的政策背景下，以新能源为代表的新兴产业得到了地方政府的大力支持，地方政府纷纷出台相关产业发展规划，扶持新能源产业加速发展，其中政府补贴在刺激新能源产业蓬勃发展的过程中扮演了极为重要的“援助之手”角色。以新能源汽车为例，财政部、科技部、工业和信息化部以及国家发改委等四部委在 2010 年、2013 年先后制定出台了鼓励个人购买新能源汽车的部门规章，②支持新能源汽车产业发展，对符合要求的纯电动汽车、插电式混合动力汽车和燃料电池汽车予以财政补助。同时，各地方政府也相应出台了促进新能源汽车发展的政策，明确了对购买新能源汽车的消费者进行相应的补助。在中央政府和地方政府双重政府补贴的强力刺激下，我国新能源汽车销售出现“井喷”态势。根据中国汽车工业协会公布的数据，2017 年，各类新能源汽车生产和销售数量分别为 79.4 万辆、77.7 万辆，同比增幅达到 53.8% 和 53.3%，各类新能源汽车销售数量占乘用车总销售数量

---

① 参见[英]罗纳德·哈利·科斯、王宁著：《变革中国——市场经济的中国之路》，徐绕、李哲民译，中信出版社 2013 年版，第 191～193 页。

② 参见《关于开展私人购买新能源汽车补贴试点的通知》（财建〔2010〕230 号）、《关于继续开展新能源汽车推广应用的通知》（财建〔2013〕551 号）。

的比例达到2.7%，较之2016年提高了0.9个百分点。① 按照财政部等四部委关于电动车政府补贴的制度规定（财建〔2013〕551号），纯电动乘用车、插电式混合动力（含增程式）乘用车、纯电动商用车、燃料电池汽车均纳入政府补贴范畴，其中纯电动乘用车、插电式混合动力（含增程式）乘用车都以纯电行驶里程为补贴标准。插电式混合动力乘用车（含增程式）纯电行驶里程≥50公里每车补贴3.5万元；纯电动乘用车纯电行驶里程≥80公里的每车补贴3.5万元、纯电行驶里程≥150公里的每车补贴5万元、纯电行驶里程≥250公里的每车补贴6万元。②

事与愿违，在地方政府实施新能源汽车政府补贴过程中，却存在针对不同厂家生产的新能源汽车实施差异性政府补贴的现象。张海斌等学者通过实证研究发现，在地方各级政府不同的补贴标准和补贴力度影响下，没有获得补贴的新能源汽车生产企业，其新能源汽车销售数量占总销量的比例普遍低于15%，研究结果表明没有获得新能源补贴的企业对新能源汽车市场的开拓程度很低。③ 以北京市为例，《北京市示范应用新能源小客车管理办法》（京科发〔2015〕458号）明确规定，该市只对纯电动车进行补贴，在当地政府认定的能享受地方补贴的新能源汽车产品目录中，并不包括插电式混合动力车型，进而将上汽ROEWE、深圳BYD等外地车企生产的插电式混合动力轿车挡在门外。笔者查阅了北京新能源汽车

---

① 数据由中国汽车工业协会统计数据整理而成，载http://www.caam.org.cn/hangye/20180206/0905215348.html，2018年3月1日访问。

② 参见《关于继续开展新能源汽车推广应用工作的通知》（财建〔2013〕551号）。

③ 参见张海斌、盛昭瀚、孟庆峰：《新能源汽车市场开拓的政府补贴机制研究》，载《管理科学》2015年第6期，第127页。

的主要生产企业北汽新能源公司官网，在售的 7 款车型均为纯电动车。2015 年 9 月，北京市经信委发布新能源汽车推广目录，①共有 14 家新能源汽车生产企业的 33 款纯电动汽车上榜，其中公司注册地在北京的 5 家新能源汽车企业荣登推广目录的新能源车型共有 20 款，占比高达 61%。相比北京直接将插电式混合动力车型排斥在地方政府补贴之外的粗暴做法，上海则采取了相对隐晦的做法。根据上海市发改委等七部门制定的新能源汽车地方补贴有关规定，②所有符合国家标准的新能源汽车，都可以获得 3 万元国家补贴和 1 万元上海地方政府补贴，如果同时满足引擎排量小于 1.6 升、油箱容积不大于 40 公升以及百公里综合工况油耗（混合动力模式）不大于 5.9 升等三个附加条件，还可以获得 1.4 万元的上海市额外地方补贴。按照上述规定，能够获得 1.4 万元上海市额外地方补贴的车型，仅有上汽公司生产的插电式混合动力车型“荣威 e550”1 款。受此规定影响，其余插电式混合动力汽车生产企业，包括行业巨头深圳 BYD 公司生产的此类新能源汽车，均因油箱容积过大而无缘享受上海市额外地方补助。据统计，2016 年第一季度上汽公司生产的“荣威 e550”累计销量同比激升 118%，其主要竞争对手比亚迪“秦”插电式混合动力车型的累计销量同比骤降 56%。至此，“荣威 e550”成为上海插电式混合动力汽车销售市场的最终胜利者。③

---

① 参见《北京市示范应用新能源小客车生产企业及产品备案信息》（第 4 批）。

② 参见《上海市鼓励购买和使用新能源汽车暂行办法》（2016 年修订）（沪府办发〔2016〕7 号）。

③ 参见张宁喆、韩佳著：《迟到的上海新能源补贴政策 涉地方保护》，载易车网，http://news.bitauto.com/cjgz/20160511/1006597070.html，2018 年 3 月 1 日访问。

通过上述案例分析可知,北京、上海两地政府针对不同生产企业实施的差异性政府补贴,干扰了中央政府推动新能源汽车产业健康发展的政策目标,政府补贴推动新兴产业发展的正外部性未能有效发挥,其扰乱价格信号、扭曲市场竞争机制①的负外部性却展现得淋漓尽致。诚然,我国《反垄断法》第 33 条明确规定,不得滥用行政权力,妨碍商品在地区之间自由流通。但令人诧异的是该法并未将地方政府滥用政府补贴增强本地商品竞争优势的行为予以明示禁止,这种区别对待区域内外企业产品的违法行为始终游离于《反垄断法》规制之外。其实,地方各级政府不论是实施《反垄断法》第 33 条规制的五类措施,亦或是实施差异性政府补贴,从效果上讲都达到了增强区域内企业竞争优势、抑制区域外企业竞争能力的效果,干扰了同类商品价格信号和竞争机制正常反馈回路,破坏了各类市场主体公平竞争的制度环境,均应受到《反垄断法》重点规制。囿于法律的相对稳定性与经济政策的相对灵活性两者之间的张力,亦或是基于经济发展效率与地方政府利益的现实考量,《反垄断法》在规制地方政府差异性政府补贴方面留下了令人扼腕的立法空白,意味着构建全国统一市场和维护市场公平竞争秩序的改革初衷,在地方政府间为经济增长而竞争的现实面前仍然显得苍白无力,构建国内统一市场前景依旧波诡云谲。

---

① 在财政分权制度条件下,如果地方政府与其他地方围绕经济发展进行博弈,其必然在"市场导向"与"GDP 导向"之间进行策略选择,如果地方政府选择"GDP 导向"的博弈策略,其必然向该地方政府行政区域内的企业提供巨量财政补贴,而获得财政补贴的域内企业也会相应地选择扩大生产规模。参见皮建材、黎静、管艺文:《政策性补贴竞争、体制性产能过剩与福利效应》,载《世界经济文汇》2015 年第 3 期,第 19 ~ 31 页。

三、基础设施重复建设

Rosenstein-Rodan 最早提出"基础设施"这一概念，认为这种设施提供的服务具有间接生产性。它构成了整个国民经济的先行成本，并将基础设施定义为包括电力、交通或者通信之类基础产业的社会管理资本。进而指出基础设施具有不可分性，在资源配置上具有集聚性，投资规模庞大且建设周期和存续周期具有较长酝酿期，基础设施在供给上的不可分性也是规模经济产生的重要来源，能够更快速地为直接性生产投资铺平道路。因此，强调政府干预和主导基础设施投资建设。① Schultz 和 Becker 分析了不同类型的基础设施对直接生产要素的作用，从而将基础设施划分为核心基础设施和人文基础设施。前者主要包括交通、电力，其作用在于增加物质资本和土地的生产力；后者主要包括卫生、教育，其作用是增加劳动力的生产力②。世界银行发布的研究报告认为，基础设施具有两个重要特征，其一是技术比重（如规模经济），其二是经济特征（如使用者向非使用者扩散）。这篇报告重点研究了经济基础设施，将其分为公用事业和公共工程两类，前者包括水电气、电信以及卫生设施和废弃物收集处理以及排污系统等，后者包括公共交通、港口、机场以及大坝、灌渠等，如表 3－2 所示。因此，本节所称基础设施仅限于世界银行定义的经济基础设施。

---

① Rosenstein-Rodan P. N.,"Problems of Industrialisation of Eastern and South-Eastern Europe",Economic Journal,1943,pp.202－211.

② 参见邓淑莲著：《中国基础设施的公共政策》，上海财经大学出版社 2003 年版，第 3 页。

表3-2　世界银行提供的服务项目种类定义的基础设施①

服务项目	基础设施
交　通	公路、桥梁、铁路、港口、机场等
供　水	大坝、蓄水池、供水管道等
水处理	排水系统、污水处理等
灌　溉	大坝、灌渠等
垃圾处理	垃圾收集和处理系统等
供　热	集中加热、供暖管道等
电信服务	自动交换机、电缆和无线电交互系统
能　源	发电厂、输配电系统等

随着改革开放步伐加快，基础设施竞争成为地方政府间横向竞争的重要场域，这不仅仅是因为地方政府意识到良好的基础设施、便捷的交通网络以及高效的物流系统能够有效降低区域外企业进驻本地之后的生产成本，而且可以在一定程度上抵销区域内企业的交通运输成本。不仅如此，提高区域内大型基础设施建设投资规模更是能够在短时间内获得吹糠见米的GDP拉动效应，立竿见影地带动区域经济的高速发展。学者范九利、白暴力基于全国和各地数据构建了一个涵盖基础设施资本、劳动力资本以及其他资本的二级三要素CES生产函数，实证检验基础设施建设与区域经济发展之间的关联关系，研究结果显示基础设施资本产出弹性为0.695，均高于劳动力资本和其他资本产出弹性。就经济增长而言，基础设施资本对后两者产生了明显的替代效应，基础设施资本具有明显的规模报酬递增特性，其对经济增长拉动效应显著。②

① 参见张军、范子英、方红生著：《登顶比赛——理解中国经济发展的机制》，北京大学出版社2016年版，第51页。

② 参见范九利、白暴力：《基础设施资本对经济增长的影响——二级三要素CES生产函数法估计》，载《经济研究》2004年第4期，第13页。

1994 年分税制以后,中央政府和地方政府相对明确了各自的事权与财权,中央政府直接对基础设施投资建设的力度开始趋于弱化。1991 年至 1999 年期间,中央政府直接投资建设的基础设施项目由 50% 下降至 32.5% ,且呈现出中央政府直接投资项目向西部地区倾斜的态势。例如在 1998 年,西部地区中央政府直接投资项目远高于全国平均水平,新疆维吾尔自治区中央政府直接投资建设的基础设施项目比例更是高达 55.9% ,而同一时期海南、广东等东部经济发达地区中央政府直接投资建设的基础设施项目比例仅为 15% 。[①] 受到基础设施拉动区域经济快速增长的目标牵引,地方各级政府增加基础设施投资幅度以期获得经济利益和提高财政收入的激励被激活,我国基础设施投资建设由中央政府为主向地方政府为主全面过渡。进入 21 世纪,地方政府全面加强了基础设施投资建设力度,将其作为拉动地方经济增长的动力引擎。其中,地方政府在交通运输方面的财政支出呈现出急剧扩大的增长态势,相当部分财政资金用以支持公路、城市交通以及农村客运等公共交通基础设施建设项目。仅 2011 年至 2016 年期间,地方政府交通运输支出由 7166.69 亿元激增至 9686.59 亿元;同一时期,中央政府在交通运输方面的财政支出仅仅保持缓慢增长,中央政府本级在交通运输方面的财政支出由 331.11 亿元增长至 812.12 亿元,地方政府交通运输支出长期维持在 92% 以上,中央政府本级交通运输支出比例长期偏低,占比最高的 2012 年也只占支出总额的 10% 左右,占比最低的 2011 年仅占支出总额的 4% ,如图 3 – 1 所示。

---

① 参见张军、范子英、方红生著:《登顶比赛——理解中国经济发展的机制》,北京大学出版社 2016 年版,第 91 页。

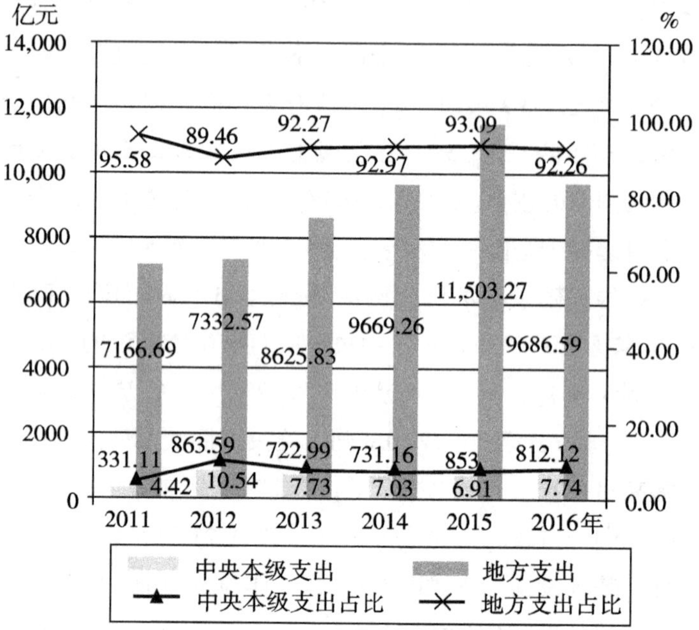

图3－1　2011年至2016年中央与地方交通运输支出比例①

由此可知，在基础设施投资建设场域，地方政府间竞争如火如荼。而在这一竞争过程中，基于基础设施对区域经济发展的拉动效应以及对区域资源要素的潜在吸引，地方政府不遗余力地加大对基础设施的投资建设力度，以期凭借优良的基础设施形成洼地效应，加速资源要素向区域内群聚。由于缺乏规范的竞争机制，大型基础设施重复建设已然成为地方政府间竞争失范的典型表现之一，其中机场大战、港口大战、高速公路大战更是地方政府基础设施重复建设问题的集中反映和现实素描。笔者重点以机场重复建

① 数据来自国家统计局网站整理而成，载 http://data. stats. gov. cn/easyquery. htm?cn = C01，2018年3月1日访问。

设为案例剖析对象，分析基础设施重复建设导致的规模不经济现象。以上海为轴心，包括浙江省、江苏省等三个省市以及杭州、南京、宁波、无锡等16个地级市构成的长三角经济区，在2009年拥有上海浦东机场、上海虹桥机场、杭州萧山机场等17个民用机场，每万平方公里的机场密度为0.9个，高于美国每万平方公里0.6个的机场密度。根据国家民航总局公布的统计数据，2009年长三角17个民用机场中民航业务量进入全国前10强的，只有上海浦东、上海虹桥和杭州萧山等3个民用机场，而浦东机场的旅客吞吐量为31,921,009人，货邮吞吐量为2,543,393.6吨，旅客吞吐量为剩余两者的1.27倍和2.14倍，货邮吞吐量为剩余两者的5.79倍和11.23倍。① 这意味着剩下的14个机场旅客吞吐量和货邮吞吐量较少，极有可能处于亏损状态。长三角地区机场重复建设问题极为严重，每万平方公里的机场密度远远超过区域经济发展实际需要。作为横向比较对象，机场重复建设问题在珠三角地区表现的更为严重，例如在该经济区半径200平方公里的狭小范围内，竟然分布着香港、澳门、广州、深圳、珠海等5个大型国际机场。其中，珠海国际机场耗资达到69亿元，设计客流量达到1200万人次/年，设计货邮吞吐量达到60万吨/年。但该机场运营至今，旅客吞吐量长期保持在70万人左右，仅为设计能力的6%左右；货邮吞吐量亦未能突破1万吨，仅达到设计能力的1.6%左右。每年亏欠达到2000余万元，总负债约40亿元。② 然而珠海机场长期亏损的负面效应并未引起足够重视，不但珠三角区域内机场密集、竞争激烈，而且粤西北以及潮汕等经济相对

---

① 数据来自《2009年度中国民用航空运输发展报告》整理而成。

② 参见文波：《珠海交通建设过度超前 背上债务包袱》，载新浪网，http://news.sina.com.cn/c/2005-09-16/10096961964s.shtml，2018年3月1日访问。

欠发达地区匆匆上马的民用机场项目也暴露出重复建设导致的产能过剩和长期亏损的严峻问题。2012 年,广东省民用机场亏损“三甲”出炉,揭阳潮汕机场以亏损高达 4 亿元高居榜首,湛江机场、梅县机场分别以亏损 4000 万元和 3000 万元紧随其后。①

根据经济学原理,企业由于扩大生产规模而使经济效益得到提高,就是规模经济,表现为生产规模越大生产成本越低;反之,就是规模不经济,表现为生产规模越大生产成本越高。而决定规模经济和规模不经济的关键就是最佳规模,即总成本曲线和平均成本曲线的交点。不仅企业之间竞争会引致盲目扩大生产规模,超越最佳规模均衡点诱发规模不经济,现实中地方政府间竞争同样也会由于基础设施重复建设,超越最佳规模均衡点造成规模不经济。根据相关数据统计,2012 年我国拥有民用机场 180 座,“十二五”期间计划修建 60 座,珠三角、长三角地区机场重复建设酝酿的苦酒并不足以消解其他地方政府投入巨量财政资源、建设民用机场的热情。② 从民用机场重复建设的案例中能够清晰地发现,即使基础设施供给规模已然超过了区域经济发展的客观需要,地方政府在获取竞争比较优势和拉动区域经济发展的双重激励下,仍然会竭尽全力地增加基础设施的投资建设力度,造成基础设施结构趋同、重复建设的不良结果,而规模不经济的苦果也在地方政府盲目扩大基础设施供给规模的博弈过程中孕育、生长。

---

① 参见《广东机场建设仍“高烧不退”:7 个机场 5 个亏》,载凤凰网,http://finance.ifeng.com/a/20130919/10717873_0.shtml,2018 年 3 月 1 日访问。

② 中国民用航空局局长李家祥在第四届建设创新型国家大会上谈到,尽管 2012 年全国 180 座民用机场中有 135 座亏损,亏损额高达 16.8 亿元,但仍有 26 个省、市、自治区的主要领导进京跑航班要航线,原因是航线能给地方经济带来巨大利益。参见《2011 年全国 180 座民用机场超 7 成机场亏损》,载凤凰网,http://finance.ifeng.com/stock/roll/20120110/5424837.shtml,2018 年 4 月 27 日访问。

四、招商引资大战

随着市场化进程不断深化，私有经济加速崛起使得国有经济在地方经济中的比例不断下降。地方国有企业上缴的利税已经不再是地方政府财政收入的主要来源，地方政府财政收入基本结构发生了巨大变化，来自私有企业的增值税、营业税、企业所得税以及国有土地使用权出让取得的收入成为地方政府主要财力来源。可以说由私有企业代表的资本在特定区域内的流动决定着地方政府财力的多寡，而区域内人均资本量的增长又能作用于经济产出的快速提高。因此，招商引资成为地方政府拉动区域经济发展和培育扩大税基的重要举措，投资占 GDP 的比重一直高位运行。2003 年以后投资占 GDP 的比重一直维持在 40% 以上，这一趋势在金融危机后进一步放大，2008 年至 2013 年投资占 GDP 的比重更是高达 47% 。① 基于资本流动和逐利的天然属性，地方政府成功招商引资的前提，即为降低区域外企业入驻本地的流动成本和生产成本，增加区域外企业对未来收益提高的预期。要实现这一前提主要依赖于两种方式，一是加大基础设施建设，提供配套服务，以此改善企业投资环境；二是提供税收优惠，低价出让土地从，而降低企业生产成本。前者得到了国内外学界的肯定性评价，后者的评价却出现了两极分化：一种观点认为税收优惠，低价出让土地等让利政策与市场经济下企业之间的竞争具有相同原理，有利于促进全社会福利水平的增加；另一种观点则认为税收优惠，低价出让土地等让利政策是“奔向底层的竞争”，导致了区域产业结构高度同质化，

① 参见刘謇文、闫笑：《地方政府“土地引资”背景下的 FDI 挤入挤出效应研究》，载《财经研究》2016 年第 1 期，第 17 页。

加剧了区域经济发展不平衡,降低了全社会福利水平。总体而言,学界和实务界更加倾向于第二种观点,例如,欧盟以及经济合作与发展组织(OECD)一致认为,国家和地区之间的税收竞争会产生负的外部性,降低公共物品供给水平,伤害到社会总体利益。

分税制改革以来,中央政府不断强化税收征缴集权程度,不但税收立法权统于中央政府,税收优惠制定权、税种开征停征权、税目税率调整权均集中于中央政府,在法理上地方政府基本上不享有上述税收征缴权能。但事实并非如此,以税目税率调整为例,地方政府仅仅在名义上不具有税目税率调整权,实践中,地方政府能够通过"变通"执行,达到相同的效果。早在分税制改革前夕,中央政府就颁布了(国发〔1993〕51 号)文件,①要求地方政府清理违规制定的税收减免优惠政策,1998 年、2000 年针对地方政府擅自制定税收优惠政策的现象,国务院再次强调地方政府不得擅自更改、变通国家税收法规和政策,严禁越权减免税,②并重申先征后返等减免税政策审批权限属于国务院,各地方政府一律不得越权制定。③ 进入 21 世纪,中央政府加大了对地方政府越权减免税惩处力度,2002 年国务院通报了部分地方越权减免税案例,④国家税务总局也明确了减免税政策程序⑤并加强对地方政府越权减免税政策的清理。⑥ 这一时期,地方政府越权

① 参见国务院《关于加强税收管理和严格控制税收减免的通知》(国发〔1993〕51 号)。

② 参见国务院《关于加强依法治税严格税收管理权限的通知》(国发〔1998〕4 号)。

③ 参见国务院《关于纠正地方自行制定税收先征后返政策的通知》(国发〔2000〕2 号)。

④ 参见国务院办公厅《关于对部分地区违规制定先征后返等减免税政策问题的通报》(国办发〔2002〕5 号)。

⑤ 参见国家税务总局《关于加强减免税管理的通知》(国税发〔2005〕24 号)。

⑥ 参见国家税务总局《关于坚持依法治税严格减免税管理的通知》(国税发〔2008〕73 号)。

减免税的现象有所减退，但税收优惠政策也花样翻新，主要表现为以产业扶持、鼓励创新为幌子给予企业税收优惠。例如，安徽省出台《关于推进合芜蚌自主创新综合配套改革试验区工作的若干政策措施（试行）》（皖发〔2008〕18 号），对新创办科技型企业缴纳企业所得税新增部分的地方留成所得，三年内全额奖励企业。2009 年，审计署对 17 个省级政府财政管理情况进行摸底调查，发现有 7 个省级政府和 59 个省以下地方政府及开发区以政府奖励、财政补贴等名义继续给予企业税收优惠，涉及金额共计高达 125.73 亿元。仅 2010 年至 2011 年期间，全国因各类减税、免税等税收优惠政策造成财政收入的减损达到 3.14 万亿元。① 实践中，地方政府除了越权出台减免税政策之外，更是利用信息不对称等优势，通过违规变更企业性质以及企业注册地点等形式，人为地放松税收征管执法力度。在税收征管方面与中央政府博弈，从而使特定企业违规享受到国家税收征缴法律、法规以及中央政府税收政策规定的优惠税率，这一形式的税收优惠则具有更强的隐蔽性。范子英、田彬彬运用 2003 年至 2007 年的工业企业数据，对 2002 年企业所得税分享改革影响企业避税行为进行了实证研究，结果表明地税部门征管的企业比国税部门征管的企业更多地进行了避税，验证了地方政府为了争取流动性税基，通过降低税收执法力度帮助企业避税的假说。② 在地方政府的利益视阈中，税收收入构成了地方政府岁入重要来源，税基分布均匀与否、税源质量丰沛与否直接决定了地方政府财政收入丰盈程度和 GDP 的增

① 参见万静：《税收优惠乱象财政收入两年减 3 万亿　业内建议提高税收优惠政策的透明度》，载法制网，http://www.legaldaily.com.cn/index_article/content/2014-12/15/content_5887899.htm?node=5955，2018 年 4 月 27 日访问。

② 参见范子英、田彬彬：《税收竞争、税收执法与企业避税》，载《经济研究》2013 年第 9 期，第 109～111 页。

长速度。即使税收优惠政策在一定程度上减损了地方财政收入，但财政收入最终也会随着税源的增加而“水涨船高”。简言之，地方政府税收优惠减损的财政收入折现值小于税源增加带来的财政收入提高的折现值。企业作为以实现自身利益最大化为目标追求的理性经济人，必然期望尽可能多地获得税收优惠，降低其应当承受的法定税负，从而扩大盈利空间。因此，地方政府为获取增量税源以扩大财政收入与企业降低实际税负以扩大盈利的目标融合在一起，实现了组织目标与经济目标两者的激励相容，地方政府与企业获取自身利益最大化的“共谋”机制应运而生。

随着税收立法权全面统揽于中央政府，税权财权上收成为中央政府规制地方政府制度外税收优惠的政策工具。地方政府运用减税、免税、先征后返、即征即返等税收优惠政策的作用空间受到严重压榨，地方政府在区域竞争中运用税负比较优势抢占先机的博弈策略效用降低，此时地方政府间竞争的场域悄然发生位移。对于绝大多数企业而言，土地是生产的必要条件，廉价的土地供应意味着生产成本降低。在地方政府间竞争场域中，企业代表的资本必然流向成本最低的“洼地”。因此，在招商引资过程中低价出让工业用地成为地方政府替代税收优惠策略获取竞争比较优势的“致胜法宝”。笔者发现，土地出让方面地方政府交替使用了商住用地高价出让与工业用地低价甩卖的差异性策略。考虑到我国东部、中部、西部经济发展不均衡的客观现实，商服、住宅和工业用地出让价格之间的差距更为明显。以2017年度为例，东部地区住宅用地、商服用地平均出让价格为同期工业用地平均出让价格的11.74倍和12.9倍，中部地区这一比例为5.6倍和6.92倍，西部地区为7.14倍和10.39倍，如图3-2、图3-3所示。根据2017年全国105个监测城市的数据显示，商服用地平均出让价格为7251元/

平方米，住宅用地平均出让价格为 6522 元/平方米，而同期工业用地平均出让价格远远低于前两者，仅为 806 元/平方米，后者平均出让价格分别为前两者平均出让价格的 11.11% 和 12.35%。①

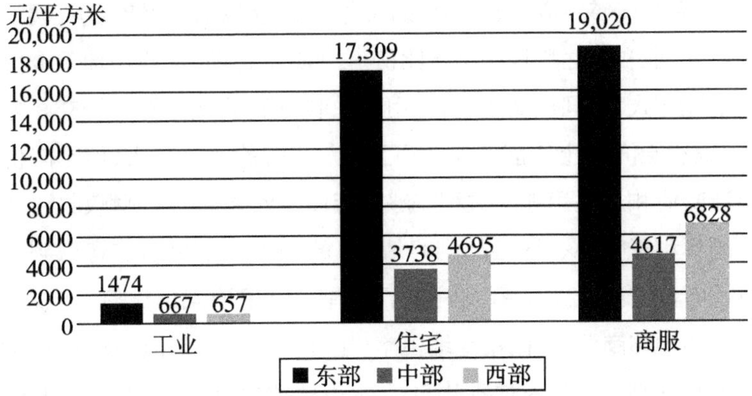

图 3－2　2017 年东部、中部、西部地区城市用地出让价格比较②

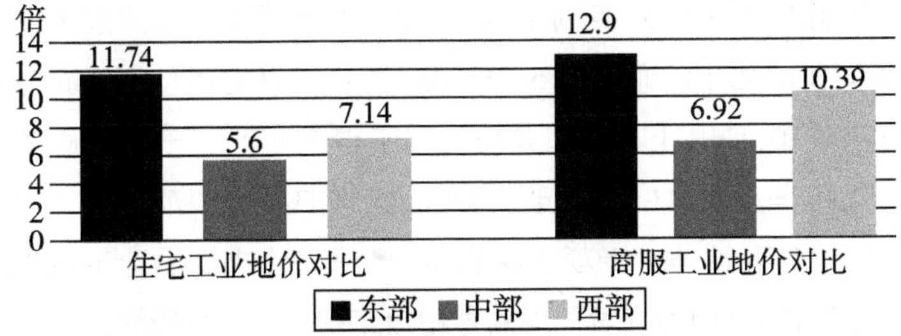

图 3－3　2017 年东部、中部、西部地区住宅、商服用地与工业用地地价倍数对比③

① 数据源自中国城市地价动态监测整理而成，载 http://www.landvalue.com.cn/Default.aspx，2018 年 4 月 27 日访问。

② 数据源自中国城市地价动态监测整理而成，载 http://www.landvalue.com.cn/Default.aspx，2018 年 4 月 27 日访问。

③ 数据源自中国城市地价动态监测整理而成，载 http://www.landvalue.com.cn/Default.aspx，2018 年 4 月 27 日访问。

按照《土地管理法》第43条“城市建设用地只能申请国有土地”的规定，地方政府通过土地供应途径单一的制度垄断，成为土地供应一级市场的唯一主体，其不仅控制了国有建设用地的供给规模，而且能够在确定国有建设用地供给规模总量的情况下，调整工业、商业和居住用地的供给比例。2006年之前，工业用地采取协议出让方式，而同期商业、居住用地采取“招、拍、挂”等市场交易方式，虽然低价出让工业用地减损了地方政府的财政收入，但是高价出让商业和居住用地的盈利能够消解前者对地方政府财政收入造成的不利影响，从而达到“削峰填谷”的效果。中央政府意识到地方政府低价出让工业用地扭曲了国有建设用地供给比例，造成了工业用地与商业、居住用地地租率（出让价格）的严重失衡，中央政府开始规制地方政府协议出让工业用地的机会主义策略。为此，2006年下半年，中央政府下发（国发〔2006〕31号）文件，①要求出让工业用地必须采取“招、拍、挂”形式，作为制度配套的国土资源部将全国工业用地划分为15个等级，要求工业用地必须采取“招、拍、挂”形式，且出让底价和成交价格不得低于所在土地对应等级的最低标准。② 2007年，国土资源部、监察部在全国范围内开展了工业用地“招、拍、挂”专项执法监察，严厉查处违规出让工业用地案件，严肃追究相关领导干部的党纪政纪责任。③ 在严格国有土地督察制度和行政问责的双重压力下，地方政府协议转让工业用

① 参见《关于加强土地调控有关问题的通知》（国发〔2006〕31号）。

② 参见《全国工业用地出让最低价标准》（国土资发〔2006〕307号）。

③ 仅2007年上半年，全国共立案查处土地违法案件24,245件，涉及土地的面积22万亩，从涉及违法的用地面积来看，非法批地的案件，占涉及土地面积的80%，且主要是地方政府为违法主体的案件。参见国新办就国家土地督察制度实施进展情况举行发布会，载中国网，http://www.china.com.cn/zhibo/2007-07/12/content_8785294.htm，2018年4月27日访问。

地的比例有所下降,但仍然占到工业用地出让比例的七成。① 据统计,2010 年纽约、伦敦、新加坡、我国香港特别行政区工矿仓储用地比例分别为 7.48%、2.7%、2.4%和 5.96%,我国大陆地区工矿仓储用地比例平均水平则高达 35.65%,虽然在 2011 年该比例下降到 32.82%,②但北京、上海、广州、天津等一线城市工矿仓储用地比例仍然呈现高位运行的态势,③分别为 24.68%、28.34%、39.71%和 29.42%。随着地方政府招商引资的竞争加剧,地方政府低价出让工业用地的热情更加炙热。此时,地方政府在无法规避工业用地“招、拍、挂”的硬性制度约束下,开始采取退还企业土地出让金、违规给予企业补贴等形式降低企业用地成本。例如,2011 年安徽省淮南市政府为吸引日芯光伏科技有限公司投资,不但向其提供了不少于 1600 亩的项目工业用地,而且给予日芯光伏项目“科技三项”财政补贴资金 4.5 亿元。该项目补贴资金与日芯光伏科技有限公司应付土地出让款 4.5 亿元金额相同,投资项目的用地几乎相当于“零地价”。④ 无独有偶,有的地方政府还采取规避《土地管理法》以及《土地管理法实施细则》关于土地用途管制严禁农村集体土地进入建设用地市场流转的规定,通过集体土地流转制度创新的形式,在不进行国有土地征收程序的情况下,用农村集体建设用地替代国有建设用

① 参见刘骞文、闫笑:《地方政府“土地引资”背景下的 FDI 挤入挤出效应研究》,载《财经研究》2016 年第 1 期,第 19 页。

② 参见天则经济研究所课题组:《中国政府行政部门配置资源的效率和公正研究》,第 190 页。

③ 参见张耀宇、陈利根:《竞争发展、垄断供地者与城市用地增长》,载《上海财经大学学报》第 18 卷第 2 期,第 59 页。

④ 参见零地价样本,载 http://stock.hexun.com/2013-04-01/152715782.html,2018 年 4 月 27 日访问。

地，变相低价供应“工业用地”。例如，西部某副省级城市C市2008年出台地方性文件明确要求，全市范围内的工业项目原则上应使用农村集体建设用地。①

地方政府低价出让工业用地可以从产业特点方面寻找诱因，由于行政区划很难对工业产品消费对象进行限制，正是由于工业产品消费对象的全域性造就了工业企业的区域流动性。作为比较，行政区划却很容易对服务业产品消费对象进行限制，同样基于服务业产品消费对象的地域性决定了服务业企业的区域黏连性。由此可知，工业企业凸显出的区域流动性决定了其成为不同区域之间地方政府招商引资竞争的“香饽饽”和“座上宾”。各地政府之间低价出让工业用地形成的逐底竞争“洼地”效应，从侧面阐释了大量良莠各异的工业企业纷纷向各类“开发区”集聚的个中缘由。以2014年到2016年国家级经济技术开发区产业结构为例，短短三年时间内GDP由2014年的76,545亿元增长至2016年的83,139亿元，工业GDP占开发区GDP的比例一直维持在69.16%以上，如图3-4所示，所占权重将近七成。区域外工业企业入驻本地带来的增值税、企业所得税收益对于地方政府财政收入贡献巨大，虽然上述两个税种均属于共享税，但地方政府能够分享规模以上工业企业增值税、企业所得税占到了地方政府公共财政收入比重的20%到25%。按照张五常先生的测算，地方政府分享到4.25%的工业品增加值大致相当于工业用地成本的12%，地方政府完全可以通过税收增量弥补工业用地供应环节减损的财政收入。② 有学者对土地出让中工业用地所占比重与区域GDP和工业增加值之

① 参见《成都市工业用地管理办法(试行)》(成经〔2008〕283号)。

② 参见张五常著：《中国的经济制度》，中信出版社2009年版。

间的相关程度进行了实证研究，得出了工业用地占比提高能够有力地推动区域制造业、对 GDP 增长拉动效应明显的研究结论，其中工业用地占比每提高 1 个百分点，会刺激 GDP 增长 0.2%，工业增加值增长 1.2%。① 由此不难看出地方政府低价出让工业用地的本意，也能够从侧面解释我国工业用地比例居高不下的个中缘由。

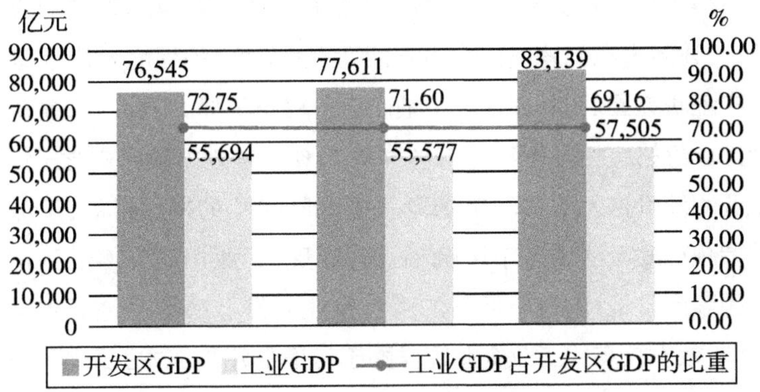

图 3-4　2014 年至 2016 年国家级开发区内工业产值及比例②

综上所述，笔者认为较之服务业企业区域黏连性，工业企业体现出的区域流动性使其对生产成本极度敏感。工业企业自然而然地会向生产成本最低的区域流动，这是由工业产品消费对象全域性特征所决定的。正因如此，地方政府受到追求区域经济总量、GDP 增幅以及提高财政收入等经济利益目标牵引，频频向区域外工业企业抛出招商引资的橄榄枝，吸引工业企业进驻本区域。与此同时，在税权财权统于中央政府的制度逼仄下，地方政府实施制

① 参见王岳龙、邹秀清：《土地出让：以地生财还是招商引资——基于居住、工业用地剪刀差的视角》，载《经济评论》2016 年第 5 期，第 80 页。

② 数据源自国家商务部网站整理而成，载 http://ezone.mofcom.gov.cn/，2018 年 4 月 27 日访问。

度外税收优惠博弈策略的效用严重削减，他们不得不在低价出让工业用地方面展开残酷的“逐底竞争”。工业企业在地方政府间低价出让工业用地的“逐底竞争”中待价而沽、相机而动，不仅强化了其作为买方的议价能力，而且形成了全国性的工业用地出让的买方市场，地方政府在工业用地出让市场中的竞争更趋激烈，彼此之间不得不再次展开新一轮的逐底竞争。以我国西部省市川渝为例，上述省市在土地出让价格方面“逐底竞争”的程度尤为激烈，①有实证研究显示，毗邻地区土地出让价格每下降1%，四川、重庆土地出让价格将相应下降0.22%和0.21%。被地方政府刻意压低的工业用地价格无法实现市场竞争中优胜劣汰的择优机制，工业用地稀缺程度无法通过市场机制正确显现，工业用地价格受到市场外因素严重干扰，效率低下的工业企业凭借低廉的用地成本得以延续，效率较高的工业企业同样囿于低廉的用地成本，弱化了通过技术创新扩大盈利空间的激励，产业结构调整和产业优化升级的目标难以实现。

五、司法中的地方保护

随着地方政府间竞争日趋白热化，竞争的外延延伸至司法领域之中，表现为地方法院为服务区域经济发展而相互竞争。同时也不可避免地衍生出竞争失范的诸多行为，尤其是地方法院在民商事诉讼中针对不同区域的市场主体予以区别对待，以个案裁判方式偏袒本区域企业，作出有利于本区域企业的判决、裁定。因此，学界将地方法院在个案裁判中区别对待双方当事人、偏袒本地

① 参见王丽娟、毛程连：《地方政府间土地优惠竞争关系研究——基于空间自回归模型的实证检验》，载《财经论丛》2012年第6期，第17～18页。

企业的现象,谓之为“司法中的地方保护”。其指的是司法机关(地方法院)和司法人员(审判人员)将地方利益和局部利益置于全国利益、整体利益之上,在个案裁判中偏袒本区域当事人、损害其他区域当事人合法权益的行为。① 简言之,就是地方法院在个案裁判中对地方政府及其关联企业进行偏袒,这是地方保护主义在司法领域的映射和延伸。在司法中的地方保护较为泛滥的地区,民商事诉讼中“原告就被告”这一普遍沿用的诉讼惯例,往往成为地方法院在个案裁判中实施地方保护的突破口。虽然某些特定类型民商事案件可以由合同履行地、票据支付地法院管辖,但绝大多数案件仍然适用“原告就被告”原则。首先,在案件受理阶段,当地法院为了偏袒本区域企业,提高其胜诉概率,往往会与外地法院争夺立案管辖权,想方设法先行立案;在不存在管辖权竞争的案件中,如果本地被诉企业存在败诉可能,当地法院又常常以立案数量大、审判人员人手紧张等事由,千方百计地推迟立案。其次,在案件审理阶段,当地法院在法律适用、证据收集和采信方面,尽可能以对本地被诉企业有利为原则,充分利用法律赋予审判人员的自由裁量权作出有利于本地被诉企业的判决、裁定。最后,在案件执行阶段,当地法院存在以本地被诉企业缺乏履行能力为由中止执行,以及在执行标的上将本地被诉企业价高质劣、积压滞销的商品执行给外地胜诉企业,等等。最高人民法院为了遏制地方各级法院,特别是县市级基层法院运用立案管辖权实施地方保护、偏袒本地涉诉企业,专门出台司法解释,采用提高审级的方式,明确某类民事

① 参见刘风景:《司法地方保护主义之病状与诊治》,载《北京联合大学学报》(人文社会科学版)2014年第3期,第26页。

纠纷案件由特定区域中级人民法院管辖,①以期斩断基层法院滥用立案管辖权为地方局部经济利益服务的链条,但并未取得立竿见影的规制效果。有学者对地方法院在经济案件个案裁判中偏袒本地被诉企业的情况进行了实证分析,研究发现在涉诉企业一方与一审法院所在地一致的情况下,外地原告向本地被告提起诉讼的胜诉率最低,仅为25.9%,本地原告向外地被告提起诉讼的胜诉率最高,达到38.4%。② 尤其是在被告企业与一审法院所在地一致的情况下,如果原告企业与一审法院所在地不一致,原告企业胜诉率会下降约10%左右。③ 由此可知,地方法院通过以个案裁判为主的审判活动实施地方保护,偏袒当地涉诉企业,进而为地方经济发展保驾护航。

产生司法中的地方保护最重要的诱因在于地方司法机关乃为地方政权组成基础之一,其生存和发展与地方经济发展绩效密切相关,地方法院及其审判人员产生、法院内部行政运转经费以及司法活动经费分配等维持地方法院运转的基本要素均取决于地方政府对地方法院在当地经济发展以及社会治理活动中角色的检视。因此,地方法院不得不接受以区域经济发展为主要衡量指标的地方绩效考核体系,并在此基础上对审判活动服务地方经济增长的重要程度进行评估与确认。许多地方基层法院法官的年终绩效工

---

① 例如,最高人民法院《关于涉及驰名商标认定的民事纠纷案件管辖问题的通知》规定,上述案件由省、市、自治区政府所在地或计划单列市相应的中级人民法院管辖。

② 参见张维迎、柯荣住:《诉讼过程中的逆向选择及其解释——以契约纠纷的基层法院判决文书为例的经验研究》,载《中国社会科学》2002年第2期,第31~43页。

③ 参见龙小宁、王俊:《中国司法地方保护主义:基于知识产权案例的研究》,载《中国经济问题》2014年第3期,第9页。

资均来自当地政府的财政支持和奖励，这部分绩效工资是基层法官整体岁入的重要组成部分。最高人民法院一贯旗帜鲜明地强调建构统一公正的司法环境，反对司法中的地方保护，但也并不完全否认地方各级法院审判职能与区域经济社会发展之间存在的高度相关性。例如，为有效应对2008 年国际金融危机，最高法院通过颁布司法保障文件的形式积极介入经济发展和宏观调控，①时任最高人民法院常务副院长沈德咏表示，人民法院应当与党委政府同思考，自觉将保增长、保民生、保稳定作为最高目标和终局目标；②又如，最高人民法院党组书记、院长周强在2014 年9 月最高人民法院党组扩大会议上强调，在县域治理中基层法院应当发挥重要作用。近几年以来，地方法院审判活动服务于地方经济发展的角色定位和价值追求更加凸显，各省高级法院纷纷出台相应的司法服务保障文件，为完成当地政府中心任务保驾护航，故而亦成为各地法院在政治敏锐度、审判灵活度以及服务保障度方面激烈竞争的主要

---

① 仅2009 年，最高人民法院便颁布《关于应对国际金融危机做好当前执行工作的若干意见》（法发〔2009〕34 号）、《关于正确审理企业破产案件 为维护市场经济秩序提供司法保障若干问题的意见》（法发〔2009〕36 号）、《关于为维护国家金融安全和经济全面协调可持续发展提供司法保障和法律服务的若干意见》（法发〔2009〕38 号）、《关于当前形势下进一步做好房地产纠纷案件审判工作的指导意见》（法发〔2009〕42 号）、《关于认真贯彻中央经济工作会议精神为实现明年经济发展目标提供有力司法保障的通知》（法发〔2009〕57 号）等一系列司法保障文件，强调通过能动性司法和充分行使审判职能，突出坚持依法执行与贯彻国家宏观调控政策相结合，对于符合国家产业结构调整政策的企业，即使出现破产原因或者明显丧失清偿能力可能，也要充分发挥破产重整和破产和解作用对其积极有效挽救，以及在坚持合法性审查基础上依法维护和支持行政机关拉动内需实施的积极财政政策和适度宽松的货币政策、压缩行政许可以及审批、防范金融风险等行政行为，切实依法保护国家投资基础设施建设拉动内需政策的落实，从而使人民法院审判职能高度服膺于中央政府促进经济发展、维护金融秩序和稳定房地产市场以及优化经济结构、调整产业结构等政策目标。

② 沈参见德咏著：《应对危机看司法》，法律出版社2009 年版，第94 ~95 页。

方式之一。服务地方经济发展大局成为衡量地方法院审判活动绩效的重要标尺。例如,东部地区的上海市高级人民法院出台了《关于服务保障上海加快建设具有全球影响力科技创新中心的意见》,中部地区的河南省高级人民法院下发了《关于切实发挥破产审判职能服务保障全省国有企业改革若干问题的意见》,西部地区的重庆市高级人民法院制定了《为两江新区创新发展提供司法保障的十条措施》,等等,如表3-3所示。如此一来,地方各级法院在最高人民法院和地方政府的双向目标(最高人民法院强调地方法院审判职能体现司法统一公正,地方政府希望地方法院审判职能服务区域经济发展)驱动下,往往会采取有利于自身利益最大化的审判职能履行模式。因此,地方各级法院在双向目标驱动下,必然采取双向调试策略,动态调整履行审判职能的重点。如此一来,地方各级法院有较大的选择自由度以根据最高人民法院和地方政府目标阈值差异来设定自己的行为标准。例如,在局部利益与整体利益、地方利益与全国利益、地方政策与中央政策发生冲突时,地方法院可以按照实现自身利益最大化的标准,在维护司法环境公正统一亦或是保护地方经济发展之间左右逢源、择机而动。这种摇摆不定、进退有余的做法使地方法院的司法行为,特别是审判活动具有较大的不确定性。

表3-3　近年来我国东部、中部、西部部分地区高级法院服务地方重点任务司法文件

序号	所在地区	法　院	出台时间	司法保障服务文件名称
1	东部	上海市高级人民法院	2015年	关于服务保障上海加快建设具有全球影响力科技创新中心的意见

续表

序号	所在地区	法　院	出台时间	司法保障服务文件名称
2	东部	福建省高级人民法院	2016 年	关于创新完善生态环境司法保护机制为推进国家生态文明试验区建设提供有力司法服务保障的意见
3	东部	广东省高级人民法院	2016 年	关于充分发挥审判职能为我省依法处置“僵尸企业”提供司法服务和保障的意见
4	中部	河南省高级人民法院	2017 年	关于切实发挥破产审判职能服务保障全省国有企业改革若干问题的意见
5	中部	湖北省高级人民法院	2016 年	关于充分发挥审判职能依法服务和保障长江经济带发展的实施意见
6	中部	江西省高级人民法院	2017 年	关于进一步加大知识产权保护力度为促进创新发展提供司法保障的若干意见
7	西部	重庆市高级人民法院	2016 年	为重庆两江新区创新发展提供司法保障的十条措施
8	西部	四川省高级人民法院	2015 年	关于依法审理经济结构调整和转型升级引发突出矛盾纠纷案件的指导意见
9	西部	云南省高级人民法院	2015 年	关于充分发挥审判职能作用服务保障“跨越”大局促进经济平稳健康发展的实施意见

通过上述分析，可以清楚地感知司法中的地方保护，其根源在于在地方层面上，行政机关与司法机关存在关联和牵制关系。在局部利益驱动下，地方政府动辄以地方利益、顾全经济发展大局为由，使司法机关明知不得已而为之，乃至成为地方利益链条的

维护者,①地方法院难以在维护司法环境公正统一和社会公共利益方面有所作为。首先是司法机关、司法官员的生成带有明显的地方性。我国《宪法》第 101 条、《法院组织法》第 34 条,以及《法官法》第 11 条等相关法条规定地方人大选举产生法检两长,地方人大常委会任免其他司法官员。这些法律条文直接导致司法机关生成、司法官员任免及其人员编制、职务晋升均牢牢掌握在地方手中,地方各级法院成为地方政权的组成部分,除了最高法院之外的各级法院成为地方利益的代表。司法机关、司法官员生成的地方化,使他们在司法过程特别是在个案裁判中受制于地方领导和地方利益,不能完全忠实于国家法律作出公正裁判。② 其次是地方财政俘获司法机关。地方政府通过财政手段和经费控制干预司法与通过人事任免干预司法的逻辑如出一辙,其核心是地方领导利用财政资源分配方面的自由裁量权作为逼仄司法机关及其官员屈从长官意志的筹码,从而实现干预司法、影响个案裁判的目的。有学者对基层法院经费保障进行了实证研究,结果显示绝大部分基层法院存在司法经费保障不足的现实困境,有的甚至存在"吃饭财政"的情况,地方政府划拨的经费仅仅能够维持司法人员基本工资。③ 司法机关在内生资源(诉讼费用收入)和外生资源(地方经费划拨)双重供给不足的窘境下,地方政府和地方司法机关之间形成了基于财政资源供给的"卖方市场",地方政府系财政资源供给

---

① 参见孙洪坤:《论建立与行政区划适当分离的司法管辖制度》,载《东方法学》2014 年第 6 期,第 115 页。

② 参见郝银钟:《法院去地方化改革的法理依据与具体路径》,载《法律适用》2013 年第 7 期,第 94 ~97 页。

③ 参见左卫民:《中国基层法院财政制度实证研究》,载《中国法学》2015 年第 1 期,第 261 页。

方,地方司法机关为财政资源需求方,交易对价是运用审判职能保护狭隘的地方局部利益。地方政府得以通过财政资源分配成功俘获地方司法机关,这也是导致司法中地方保护的重要因素。最后是政绩考核中的利益勾连。在地方政绩考核机制实际运行中,地方司法机关和行政部门一样都被纳入考核范畴,在以经济发展为主要评价指标的考核体系中,地方主要领导希望司法机关在司法过程中实施地方保护,偏袒本地纳税大户,从而最大限度地降低对当地经济发展的不利影响;地方司法首长在考核体系中以寻求优异政绩作为晋升资本,在服务地方经济发展考核指挥棒引领下也乐见其成,尽可能地维护本地涉诉企业经济利益,两者在政绩考核中生成利益勾连,成为司法中地方保护产生的重要诱因。坦言之,司法机关在经济发展和社会治理中的角色应当是低调务实的仲裁者和法律秩序的守护者,不应当成为地方发展的吹鼓手、经济增长的助力器。地方各级法院涉足地方竞争的程度越深,越难以承载维护公正统一司法环境的裁判职责,越有可能偏离保障国内统一市场构建和公正裁判定分止争的中立者角色。①

第二节　三重角色下地方政府目标函数异化

基于我国单一制国家政制架构的现实,分税制改革之后,中央政府加强财权集中程度,降低了地方政府在财政收入分享方面的权重,地方政府不得不选择严格履行中央政府代理人职能以换取中央政府转移支付、税收返还等财政支持,从而确保拥有稳定的岁

① 参见高翔:《中国地方法院竞争的实践与逻辑》,载《法制与社会发展》2015年第1期,第87~88页。

入来源。同时,自新中国成立伊始形成的“党管干部”人事任免原则和“全党服从中央”政治权力格局一直延续至今。因此,地方政府在中央经济激励和人事激励的双重制度约束下,其代理人的角色得以进一步固化。肇始于改革开放初期的分权改革,地方政府承接了中央政府下放的区域行政管理和经济管理权限,相对独立的财权和事权激励了地方政府引领区域经济发展的动力。这一时期地方政府作为相对独立的利益主体的角色逐步凸显,这一利益主体角色在改革开放初期到分税制改革之前,表现得尤为明显,例如,中央政府与地方政府财政收入分配方面表现为“四六开”。在此意义上,地方政府不但是中央政策的具体执行者,也是地方发展的实际决策者。地方政府角色发生结构性重塑,从计划经济时代的单维度中央政府代理人角色向既是中央政府代理人,又是地方利益代言人,同时还是有限理性经济人的三重维度角色过渡。正是地方政府三重维度角色集一身的现实境况,引致地方政府目标函数异化,使中央政府满意程度、地方利益(居民、企业)满意程度、区域 GDP 和财政收入最大化成为约束地方政府施政行为的三个核心变量。

地方政府作为中央政府代理人,其目标函数自然是中央政府满意程度,地方政府通过完成中央政府制定的目标任务获取政治认同和正面评价;地方政府作为地方利益代言人,其目标函数必然是地方利益对地方政府行为的满意程度,地方政府代表地方利益与中央政府展开博弈,实现地方利益最大化获取地方利益主体(居民、企业)的经济支持和政治拥护;地方政府作为有限理性经济人,其目标函数表现为地方政府及其官员利益最大化,通过 GDP 和财政收入持续增长,彰显地方政府“显性政绩”。但是,国家整体利益,地方局部利益以及地方政府自身利益之间存在难以消解的内在张力。中央政府基于国家整体利益对经济活动进行宏观调控，不可避免地会影响乃至损害地方利益，地方政府必然采取博弈策略以期消弭中央政府宏观调控策略对地方利益的影响。虽然地方利益和地方政府自身利益在总体上是一致的，都表现为区域经济发展以及 GDP 持续增长、财政收入提高能够使地方利益主体以较低的税负获取更充裕的公共物品，但二者之间亦存在一定的目标差异，地方政府基于自身利益最大化的现实考量，竭泽而渔般地掠夺生产剩余，也会损害地方利益。

一、地方政府作为中央政府代理人

地方政府作为中央政府代理人，这是由单一制国家政权组织架构决定的。地方局部利益系国家整体利益在特定行政区域中映射出的镜像，地方政府施政行为首先当为体现中央政府施政意图而在本行政区域的延伸。具体地讲，就是地方政府代表中央政府治理区域公共事务，通过具体施政行为保障中央的政策目标在特定行政区划中得到有效实现。在此意义上讲，地方政府作为中央政府代理人是地方政府获得经济社会管理权限的合法性来源，这在我国《宪法》《地方人大和地方政府组织法》等法律文本中比比皆是。[①] 改革开放进入 20 世纪 90 年代时，中央政府财政收入持续下降，中央政府对地方政府的权威和控制力亦随之下降，加之地方政府对中央政府法律法规以及政策的选择性执行，“上有政策、下有

① 《宪法》第 99 条规定，地方各级人大在本行政区域，保证法律法规的遵守和执行；《宪法》第 110 条第 2 款规定，地方各级政府对上一级行政机关负责并报告工作，地方各级政府都服从国务院。《地方人大和地方政府组织法》第 59 条第 1 项和第 10 项分别规定，地方各级政府执行本级人大及其常务委员会的决议和上级政府的决定和命令以及办理上级政府交办的其他事项。

对策”等机会主义行为层出不穷，中央政府与地方政府力量对比呈现出“弱中央强地方”的失衡状态，中央政府权威岌岌可危。为了迅速扭转央地力量对比失衡的不利状态，中央政府以分税制改革为突破口，辅之以选择性集权和纵向问责，同步建构起新的国家治理机制，加强对地方政府行为的制约和限制，重塑中央政府权威，强化地方政府作为中央政府代理人的自我执行功能。

首先，分税制改革提高了中央政府财政收入占国家财政收入的比重。仅分税制实施的第一年，中央政府财政收入占国家财政收入的比重就从1993年的22%骤升至55.7%。其后二十年间这个比重大致维持在50%左右，而地方政府财政自给率却逐步下降至60%左右。① 这意味着地方政府财政支出有接近四成不得不依赖于中央政府的转移支付和税收返还。随着财力的增强，中央政府得以充分运用财政工具，通过转移支付和税收返还对地方政府行为进行引导。分税制带来的财权集中使中央政府迅速摆脱了财政包干体制下过度依赖地方政府收入分成的窘境，中央政府对地方政府的影响力随着财力的增加而越发强大，地方政府“跑部钱进”现象从侧面反映了中央政府在财政资源分配方面政治话语权的增强。

其次，为了保证中央政策统一性和权威性，中央政府开始实施“选择性集权”。中央政府在地方设立分支机构和派出机构，由其实施垂直管理。例如，海关、国家税务机关、央行各大区域分行等垂直管理机构，虽然机构设置在地方，但其人事编制、经费保障以及业务管理均由中央政府各部委行署直接控制，完全脱离地方政

---

① 参见付敏杰：《分税制二十年：演进脉络与改革方向》，载《社会学研究》2016年第5期，第216页。

府序列，从而切断地方政府干预和影响中央垂直管理机构职能行使的权力控制链条。不仅如此，在资源配置方面，中央政府也逐步将审批权限向上集中，以此削弱地方政府藉以资源分配与中央政府博弈的能力。以土地利用为例，《全国土地利用总体规划纲要（2006—2020 年）》划定了全国耕地保有量在 2010 年和 2020 年分别保持在 18.18 亿亩和 18.05 亿亩的红线，耕地保护关口收紧意味着地方政府土地征收审批权限的全面收敛。按照现行《土地管理法》第 44 条、第 45 条的规定，征用基本农田的权力全部上收到中央政府，省级政府土地征用的权力被限制在基本农田以外的耕地 35 公顷以及其他土地 70 公顷这个区间以内。不仅如此，土地管理法及其实施细则亦规定，省级政府编制的土地利用总体规划须经国务院批准。

最后，纵向问责机制的建立与完善对地方政府及其官员的行为选择也起到了至关重要的约束作用。这种以人事任免为基础的纵向问责机制，旨在通过影响处于地方事务决策核心的地方党政机关，保障中央政府特定政策目标以及施政意图在各个行政区域内得到有效的贯彻执行。2006 年 7 月，我国启动土地督察制度，由国土资源部部长兼任土地总督察，并在全国范围内设立 9 个土地督察局，对省级政府和计划单列市政府落实国家土地政策情况进行监督检查，保障国家土地调控政策得到严格贯彻实施。2011 年 7 月，国土资源部、监察部公开了首次土地问责有关情况，44 名地方政府负责人、29 名国土资源管理部门负责人因违反国家土地调控政策被给予党纪政纪处分。[①] 2014 年 7 月，土地违法违规问题突出

---

① 参见刘宇鑫：《首次土地问责 73 人被处分》，载凤凰网，http://news.ifeng.com/gundong/detail_2011_07/08/7566784_0.shtml，2018 年 4 月 27 日访问。

的河北省邢台市、吉林省四平市、浙江省湖州市等9个地级市政府被国家土地督察局公开约谈，随后上述9个地级市政府土地违规具体案情被全国通报，要求所在省级政府在规定时间内进行整改。① 2015年7月，中央政府正式建立环保督察制度，②明确提出环境保护“党政同责”“一岗双责”，将督查结果作为领导干部考核重要依据。2016年7月，中央对黑龙江、内蒙古、江西等8个省级政府开展了首批环保督察。根据第一批中央环境保护督察的反馈结果，共计3422人被问责，并被给予党纪政纪处分。③ 如果说单纯的问责人员数据不足以支持纵向问责机制对地方政府及其官员的影响烈度；那么，我们可以从近期中央政府对落实“三去一降一补”任务不力、因违反中央去产能政策被问责人员的行政级别来观察中央政府纵向问责机制对地方政府及其官员的威慑作用。据北京青年报报道，国务院对江苏生产销售“地条钢”、河北未批先建边批边建钢铁项目予以严肃查处，对相关责任人严厉追责问责，分别给予江苏省副省长马秋林行政记过处分、河北省副省长张杰辉行政警告处分。④ 据笔者观察，这是党的十八大以来对违反中央政府宏观调控经济政策予以问责的地方政府官员中行政级别最高的官员。这个案例可以在一定程度上反映出中央政府纵向问责机制烈

① 参见《2014年9市土地违法问题整改 罚款6.71亿元处分1359人》，载人民网，http://politics. people. com. cn/n/2015/0516/c1001 －27010437. html，2018年4月27日访问。

② 参见《环境保护督察方案(试行)》。

③ 参见张尼：《8省环保督察反馈全出炉 “环保欠账”哪家多》，载中国新闻网，http://www. chinanews. com/gn/2016/11 －24/8072843. shtml，2018年4月27日访问。

④ 参见《去产能不力 两名副省长受处分》，载网易网，http://news. 163. com/16/1229/00/C9DNJROJ00014SEH. html，2018年4月27日访问。

度不断提升，期望通过严格问责和严厉党纪政纪处分引导地方政府及其官员遵从中央政府政策目标。从土地督察、环保督察、去产能督察等纵向问责机制实践情况来看，中央政府藉以对地方政府主要党政领导人事任免权的天然垄断，能够更迅速地矫正地方政府基于局部利益实施的机会主义行为，最大限度地保障地方政府施政行为能够服膺于中央政府政策目标，以此固化其作为中央政府代理人的角色。

由此可知，分税制改革、选择性集权、纵向问责机制从财、事、人等三个方面强化了中央政府对地方政府的全面控制，地方政府在初次收入分配、稀缺资源配置等方面的自主权限受到了有效制约。这些措施无疑增强了中央政府对地方政府施加的影响力，在一定程度上保障了中央政府施政意图在地方层面的贯彻执行。那么，地方政府是否就停止了与中央政府之间的博弈，地方政府目标是否始终与中央政府目标保持同步、选择忠实履行代理人职责，答案不言自明。虽然中央政府代表的整体利益和地方政府代表的局部利益从长期来看是一致的，但是，从短期来看必然对区域经济造成实质影响，地方政府代表的局部利益不可避免地受到不利影响。因此，地方政府会采取“上有政策、下有对策”“打擦边球”、变通或者选择性执行中央政策等博弈策略，以此消解中央政策对地方局部利益的冲击和影响。特别是近年来中央与地方房地产调控博弈的程度激烈，在一定程度上反映了地方政府对中央政府重大经济政策的策略性规避与对抗。简言之，中央政府决定将某一特定领域的权力向上集中或者采取严厉的政策迫使地方政府服膺于特定施政意图之时，地方政府会凭借行政分权获取的自主权限开辟新的获利空间，这就像分税制改革虽然削弱了地方政府在初次收入分配中的自主权限，却使地方政府催生出“土地财政”以弥补分税制对地方财政收入造成的减损。由此一来,中央与地方陷入了选择性集权——开辟新的获利空间——再次选择性集权,这一周而复始的重复博弈中。

二、地方政府作为地方利益代言人

始于20世纪70年代末的改革开放将分权治理作为调动央地"两个积极性"的关键举措,央地之间"命令与服从"的单向权力控制回路逐步减弱。一方面,地方政府在统合区域资源要素推动经济增长以及有效供给区域性公共物品方面的职能显著增强,不再仅仅是中央政府经济政策和生产计划的被动执行者;另一方面,地方政府藉以行政分权获得的经济发展、社会管理等权限,有能力代表区域微观市场主体争取中央政府的政策红利,实施制度创新,从而实现地方利益最大化。从财政收入维度切入,实行财政包干制和分税制两步收入分成改革后,地方政府财政收入不再高度依赖中央政府的计划拨款,其预算收入规模取决于两个变量:其一,区域经济发展水平;其二,中央政府与地方政府共享税种分配比例。但总的来说,区域经济发展水平是决定地方政府预算收入规模的关键因素。加之分税制改革后央地财政收入分配趋于制度化,虽然共享税种分配比例会影响地方政府预算收入规模,但只要区域经济发展水平始终维持较高增幅,即使维持现行税收抽取比例不变,地方财政收入亦会随着区域经济总量的攀升而水涨船高。由此可知,地方财政收入规模与区域经济总产出高度相关。在中央政府与地方政府实现财政收入分配制度化的同时,中央政府也让渡了部分事权,旨在保障地方政府获得供给区域性公共物品以及实施市场化改革的必要权限。此时,地方利益成为地方政府利益视阈中的首要目标,地方政府目标函数发生位移,其追求区域经济总量持续增长以及发现和获取制度外获利机会的经济激励得以强化。源于此，地方政府进行制度创新吸取额外利益的逐利动机被全面激活。

著名学者杨瑞龙从制度经济学初级和次级行动集团维度切入，提出了“中间扩散型制度变迁方式”，①认为随着放权让利和财政体制改革，地方政府经济实力增长产生了重构政治、经济合约的能力。权力中心制度供给意愿和微观经济主体制度创新需求的中间环节由地方政府打通，突破了权力中心设置的制度创新樊篱，促使权力中心在维持垄断租金最大化和保护有效率产权结构之间达成一致。这种制度变迁方式既有别于权力中心主导的供给主导型制度变迁，亦有别于微观主体主导的需求诱致型制度变迁，地方政府是“中间扩散型制度变迁方式”得以生成的重要中介。回顾改革开放实践进路，我国渐进式改革成功的关键因素之一，即为中央政府默许地方政府制度创新，将供给主导型制度变迁和需求诱致型制度变迁两者优势相结合，开辟中间扩散型制度变迁这一第三条道路，最大限度地减少改革进程中潜在的政治风险和摩擦成本。具体地讲，就是中央政府默许地方政府先行进行局部制度创新，对制度创新产生的经济绩效和潜在风险进行评估，最后均衡经济绩效、政治风险和摩擦成本，在总结和规范地方政府制度创新实践的基础上，由中央政府对地方政府制度创新合法性予以认可，并将这种获得合法性评价的制度创新成果以强制性制度变迁的方式在全国范围内推行。因此，中间扩散型制度变迁可以理解为中央政府对局部微观经济主体通过中介桥梁（地方政府）发射制度创新需求

① 参见杨瑞龙：《我国制度变迁方式转换的三阶段论》，载《经济研究》1998 年第 1 期。

信号的正向反馈,这一制度创新方式隐含了中央政府对地方政府承载地方利益的默认。

笔者以成都市统筹城乡农村土地产权改革为例,说明地方政府作为地方利益代言人在中间扩散型制度变迁中的作用。按照我国《宪法》《土地管理法》《农村土地承包法》的制度安排,土地产权体现了以国家所有和集体所有的二元制度结构,企业、团体和个人只能获得土地使用权,而且对土地用途实施严格管制。《土地管理法》第 63 条规定,农村集体建设用地流转受到严格限制,只有在乡镇企业破产、兼并情形下方能依法流转;另外《物权法》第 184 条第 2 项和《担保法》第 37 条第 2 项也禁止对耕地、宅基地、自留地等集体所有的土地使用权设置抵押。2007 年 6 月,成都市获批"全国统筹城乡综合配套改革试验区",被给予探索耕地保护和土地节约集约利用的新机制、探索农民向城镇转移的办法和途径等九个方面先行先试的改革权限。2008 年 1 月,成都市实施了以农村土地确权颁证、还权赋能、产权流转为特点的农村土地产权制度改革。首先是确权颁证,明确权利人享有集体建设用地使用权、土地承包经营权、房屋所有权等各项土地权益的制度保障。其次是还权赋能,成立成都市农村产权流转担保有限公司作为农地产权交易信用风险的担保机构,①同步设立土地产权抵押融资风险基金,出台集体建设用地、宅基地抵押融资制度规范,②为农地资源变现提供政策

① 参见黄宝连、黄祖辉、顾益康、王丽娟:《产权视角下中国当前农村土地制度创新的路径研究——以成都为例》,载《经济学家》2012 年第 3 期,第 71 页。

② 参见《成都市人民政府办公厅转发市政府金融办等部门〈关于成都市农村产权抵押融资总体方案及相关管理办法〉的通知》(成办发〔2009〕59 号),该通知附有《成都市农村产权抵押融资总体方案》《成都市集体建设用地使用权抵押融资管理办法(试行)》《成都市农村房屋产权抵押融资管理办法(试行)》《成都市农村土地承包经营权抵押融资管理办法(试行)》等 4 个附件。

支持。最后是产权流转，即建立旨在为农地产权流转提供交易服务的综合平台（成都农村产权交易所），参照国有建设用地"招、拍、挂"出让方式对农地产权以及建设用地指标进行市场化流转。① 截至2013年底，采取"招、拍、挂"形式流转集体建设用地79宗，共计1958.83亩，交易金额达6.8亿元。其中，都江堰市天马镇二组将土地整理新增的集体建设用地使用权直接上市流转，开创了全国集体建设用地使用权市场化流转的首例成功典范。另外，还通过该交易平台对建设用地指标进行流转，仅2014年就完成建设用地指标"持证准用"交易163宗，共计建设用地指标8899.37亩，交易金额达26.7亿元。② 至此，新中国成立以来一直束缚土地资源市场化运作的城乡隔绝二元土地结构出现松动，地方政府垄断一级土地市场，通过先征地再卖地以获取农村集体建设用地与国有建设用地出让价格之间巨额剪刀差利益的土地运作模式发生逆转。农村集体建设用地与国有建设用地之间级差地租的释放，刺激土地资源向城镇化高速发展的区域集聚，广大农民和农村集体经济组织分享到了级差地租释放后带来的巨大政策红利，为构建城乡统一的土地市场打下了坚实基础。时隔七年，成都市在农村土地产权改革方面的制度创新受到了中央政府认可，中央先后下发了《关于引导农村土地经营权有序流转发展农业适度规模经营的意见》（中办发〔2014〕61号）、《关于完善农村土地所有权承包权经营权分置办法的意见》（中办发〔2016〕67号），要求发展多种形式的

① 参见《成都市人民政府办公厅关于印发〈成都农村产权交易所组建方案〉和〈成都市引导和鼓励农村产权入场交易暂行办法〉的通知》（成办发〔2009〕75号）。

② 参见王秀莲：《农村土地产权改革的成都实践》，载《中国土地》2015年第3期，第38页。

土地经营权流转市场，规范土地经营权流转交易，因地制宜地加强农村产权交易市场建设。2015 年 12 月，全国人大常委会授权国务院在北京市大兴区和天津市蓟县等 291 个试点县(市、区)暂时调整实施《物权法》和《担保法》关于集体所有的耕地使用权和宅基地使用权不得抵押的规定。自此，农村土地产权改革方面的制度创新获得了中央政府的合法性评价，城乡统一土地市场制度创新在全国范围内逐步展开。

上述案例证成了哈耶克信息与知识分散理论，“作为整体的社会知识这个说法只能算是一种比喻。即使将所有个人的知识加总也不能构成一个整体。主要问题在于我们怎样才能利用以分散的、局部的，甚至相互矛盾的见解形式存在着的知识”。① 而信息与知识高度分散的实然状况，在我国这样一个领土幅员辽阔、城乡经济发展不均衡、东中西部区域经济发展水平良莠不齐的发展中国家尤为明显。这就意味着实施制度创新所需的各种信息与知识散布在数量庞大、结构分散的诸多微观市场主体之中。如果由中央政府独自收集、甄别、加工各类作用于制度创新的信息与知识，显然是不理性的，当然也是无法完成的。而这种零散分布的信息与知识亦承载了地方微观市场主体的利益诉求，当具有普适性的微观市场主体利益诉求以群聚之形式得以凝聚和展示时，具有区域公共利益属性的抽象地方利益便随之生成。因此，地方政府以地方利益代言人的身份，利用接近微观市场主体的信息优势，收集制度创新所需的信息与知识，正是制度创新得以无限接近微观市场客观真实运行状况，保障制度创新与市场机制良性耦合的必要条件。不仅如此，由于微观市场

① [英]弗雷德里希·奥古斯特·冯·哈耶克著:《自由宪章》，杨玉生、冯兴元、陈茅译，中国社会科学出版社 1999 年版，第 47 页。

主体的有限理性导致了实施制度创新所需的信息与知识具有可证伪性,制度创新必定是一个试错的过程,需要随着时空维度变化不断地予以修正,只有限定在特定时空维度下的制度创新才具有相对合理性。这解释了制度创新为何很少出现整体变革,其总是以局部萌芽而后全面展开的形式呈现。换言之,中央政府在制度创新过程中很少进行整体建构,而是默认地方政府进行局部制度创新,不停替代中央政府重复试错的过程,不断修正制度创新运行的轨道,降低了中央政府整体建构面临的政治风险和摩擦成本,再由中央政府对试错的结果予以整合,最后对地方制度创新的实践予以正向反馈。在此意义上讲,这种不断试错的先验过程赋予了地方政府作为地方利益代言人实施制度创新的正当性来源。

三、地方政府作为有限理性经济人

改革开放以来,在以"经济建设为中心"的政治感召之下,中央政府与地方政府表现出"经济分权"与"政治集权"高度统一的政府治理模式,地方政府成为主导区域经济建设的能动主体。特别是在分税制和行政发包制的双重激励下,地方政府目标函数发生位移,地方政府的角色向公共选择理论揭示的"能动性个体"①转变。这说明不论地方政府施政行为表现出中央政府代理人亦或是地方利益代理人角色中的哪一种,其都不可能只是制度的被动执行者,地方政府必然有其特定的利益诉求和目标函数。这种"能动性个体"角色与经济人实现自身利益最大化的逐利动机耦合,进而衍生出地方政府超脱于中央政府、地方利益两个代理人角色之外,独立

① 胡萧力、王锡锌:《基础性权力与国家"纵向治理结构"的优化》,载《政治与法律》2016 年第 3 期,第 59 页。

存在的有限理性经济人角色。

在区域经济发展与地方政府及其官员自身利益密切相关的现实境况下，追求区域 GDP 和财政收入最大化成为地方政府作为有限理性经济人的关键目标阈值。首先，地方政府需要通过区域 GDP 和财政收入的持续增长，向中央政府彰显其引领区域经济发展之显性政绩，从而获取中央政府对地方政府施政行为的正面评价；其次，地方政府需要通过税收筹集必要的财政收入，向区域内企业、居民提供充裕的公共物品，满足区域微观市场主体公共福利最大化的利益诉求，获取微观市场主体对地方政府施政行为合法性的高度认同；最后，地方政府以征税的形式获取财政收入，只有在区域经济增长的前提下保持或者降低税率才能实现财政收入总量不变，或者是即使采取增加税率、扩大税基等高抽取率措施，只要经济发展的增幅高于税率、税基增幅，就不会导致微观市场主体对地方政府施政行为的否定评价。但在实践中，地方政府作为有限理性经济人追逐自身利益最大化的过程，并不总是与中央政府代表的整体利益以及微观市场主体代表的地方利益高度一致，地方政府施政行为越来越多地受到强势利益集团的影响，地方政府与资本力量之间形成利益联盟，两者追逐自身利益最大化的目标函数实现耦合，地方政府成为资本力量潜在的庇护者，资本力量成为地方政府利益输送者。我国渐进式改革在地方局部演绎的过程中映射出以企业为代表的资本力量与地方政府关系重构的过程，企业通过积极响应经济发展战略与地方政府结成“地方增长联盟”，①两者的关系由单纯的规制与被规制向复杂的利益共生转变。

① 张振江：《增长联盟：分析转型期中国地方政府与经济利益集团关系的一种理论视角》，载《天津社会科学》2011 年第 1 期，第 77 页。

这种“以利相合”的政企关系也为诠释企业和地方政府作为理性经济人追逐自身利益最大化的行为动机提供了新的注解。

政企合谋理论①认为，在政治集权和经济分权制度结构下，中央政府、地方政府、企业之间存在一个总契约，即中央政府授权地方政府发展区域经济，对当地企业生产活动进行监督，同时，中央政府从企业缴纳的税收中给予地方政府收入分成作为对价。如果同时满足以下三个条件：企业作为生产主体，能够选择采取好的技术（成本高，不容易发生事故）或者坏的技术（成本低，容易发生事故）；信息不对称，中央政府不了解企业采用哪种技术，而地方政府了解并可以影响企业采用哪种技术；地方政府追求短期利益。那么，政企合谋便会随之产生。此时，地方政府与企业之间存在一个隐性契约，即企业因为采取坏的技术，有效降低了成本，扩张了盈利空间，地方政府得到了政绩和利益输送，而且区域经济也得以在短期内以较低成本实现增长。简言之，“政企合谋”指的是地方政府默许、纵容甚至支持区域企业采取坏的生产技术、有效降低生产成本，从而拓展盈利空间、增加地方政府财政收入、带动区域经济发展的行为。近几年以来，经济学界也通过实证研究证成了地方政府与区域企业“政企合谋”与环境污染之间的内生联系。梁平汉和高楠利用2004年至2011年我国287个城市污染数据研究发现，“政企合谋”是导致环境污染难以根治的关键，而造成“政企合谋”的主要原因是地方官员任期不稳定和较差的法制环境；②龙硕和胡军使用1991年至2010年28个省份面板数据，采用腐败案件数量、

① 参见聂辉华：《政企合谋：破解“中国之谜”的新视角》，载《阅江学刊》2016年第6期，第7~8页。

② 参见梁平汉、高楠：《人事变更、法制环境和地方环境污染》，载《管理世界》2014年第6期，第65~78页。

主要官员任期以及主要官员是否具有企业任职经历等三个指标分析衡量特定区域政企的合谋程度,研究结果发现"政企合谋"将加剧地区环境污染,①地方政府与区域企业共谋获取制度外利益的情况比比皆是。② 通过政企合谋分析框架不难发现,地方政府与区域企业通过合谋结成利益共同体系地方政府实现区域 GDP 增长和财政收入最大化的题中应有之义。区域企业生产成本下降带来的利润增加意味着企业承担税负能力的增强。在同等征税努力下,地方财政收入丰沛程度会随着企业利润的增加而扩大;在企业税负不变的约束条件下,生产成本下降带来了生产剩余增加,即使地方政府提高抽取率造成企业税负有所增加,但只要税负增加的幅度小于或者等于生产剩余增加的幅度,企业利润亦会随着生产剩余的增长而增长。在此情势下,地方政府与区域企业形成政治关联,前者借助后者彰显经济增长显性政绩,后者凭藉前者庇护汲取潜在利益,两者之间形成各尽其能、各取所需的利益共生关系。不仅如此,我国单一制政府组织结构下,中央政府政策统一性与地方政府执行灵活性之间存在的内在张力,同样为"政企合谋"生成提

① 参见龙硕、胡军:《政企合谋视角下的环境污染:理论与实践研究》,载《财经研究》2014 年第 10 期,第 131 ~ 144 页。

② 参见 2016 年 2 月,环保部发布了《关于对陕西省礼泉县政府在礼泉海螺水泥有限责任公司 2 ×4500 吨/天熟料水泥生产线项目环保验收工作中出具虚假证明的通报》(环办环监函〔2016〕224 号),通报指出礼泉县政府在未将"礼泉海螺"项目卫生防护距离 600 米内村民搬迁的情况下,先后出具 3 份虚假证明文件,虚构村民已经搬迁的事实,使该项目通过竣工环境保护验收。据有关媒体报道,礼泉县政府出具 3 份虚假文件系为了确保"礼泉海螺"项目尽快开工,"礼泉海螺"项目引进前的 2008 年,礼泉县地方财政收入仅为 6386 万元。至"礼泉海螺"项目已完工投产的 2012 年,礼泉县的地方财政收入已达 2.72 亿元,是 2008 年的 4 倍多。参见毕华章、李菲菲:《出具虚假文件为海螺项目"护航" 礼泉县政府致歉承诺整改》,载每经网,http://www.nbd.com.cn/articles/2016 - 02 - 20/985241.html,2018 年 4 月 27 日访问。

供了制度罅隙。中央政府基于国民经济宏观运行情况制定的政策，其内容不可能全面地因地制宜地考虑不同区域之间的差异，也不可能全面客观地检视高度统一的中央政策在各个区域执行结果是否存在微观合理性；而不同区域地方政府执行中央政策却必然考虑政策执行结果能否与地方经济发展实际情况相适应。因此，地方政府只能在政策执行过程中保持高度弹性，采取相机而动的机会主义消解中央政府政策可能对区域经济发展造成的潜在影响。由此不难看出，缘何各地在执行政策灵活性方面表现出高度一致的机会主义行为，公开场合各个地方政府都表现出执行中央政策高度一致，如出一辙；而在实际运行中往往却又不约而同地选择变通执行中央政策，以适应不同区域经济发展的客观情势。由此观之，政策统一性与执行灵活性之间存在一个巨大的组织学悖论：中央政策越是强调统一，其与区域实际情况差异越大，决策过程与执行过程的偏离程度亦随之扩大，而在中央政策灵活执行的过程中，中央政府与地方政府科层制分级制度亦随之弱化。因此，政策统一性与执行灵活性之间存在二律悖反的制度诱因，政策统一性越强，其与区域实际情况的偏离程度越大，地方政府执行政策过程中嵌入的灵活性也就越大，这为地方政府与区域企业之间生成“政企合谋”提供了难以阻断的制度空间。

由此可知，经历了相当长一段时期以经济建设为中心的价值指引，地方政府已非单纯在中央政府与微观市场主体之间进行信息传递的中介桥梁，其已然演变成为具有相对独立经济利益诉求和多元目标的自利行动者。地方政府在引领区域经济发展过程中，向企业伸出“援助之手”还是“掠夺之手”，亦或是两者皆有的“联盟之手”，很大程度上取决于地方政府对自身利益的考量。不可否认的是，基于地方政府和区域企业有限理性经济人属性生成的“政企合谋”，不仅有损于国家整体利益，而且也会减损地方公共利益，即使区域经济在短时期内能够以较低成本实现高速增长。在计划经济向市场经济的演进过程中，地方政府与区域企业之间的关系本应由僵化的命令与服从模式向良性的服务与保障模式演变，正是由于“政企合谋”扭曲了区域政企关系正常化，两者追逐自身利益最大化的逐利动机发生勾连，合谋成为地方政府与企业理性选择，政企之间“较为亲善、较为正常”的关系变得“过于亲密，逐渐不正常”，地方政府间竞争的红利开始递减。① 申言之，在“政企合谋”能够同时实现地方政府与区域企业两者自身利益最大化的实然情势下，地方政府不再具有通过为企业提供高质量公共物品和公共服务，进而实现区域经济发展和财政收入规模扩大的激励；区域企业亦不再具有通过技术进步、科技创新提高效率和降低成本，从而扩大企业盈利空间的激励，市场机制受到扭曲和异化，地方政府之间以及微观市场主体之间非法治化竞争随之自我生成和自我固化。

① 参见孙早、刘坤：《政企联盟与地方竞争的困局》，载《中国工业经济》2012年第2期，第5～6页。

第四章　地方政府间竞争失范成因分析
——基于博弈论与标尺竞争分析范式

20世纪60年代以来，日本、韩国、新加坡及我国台湾地区、香港特别行政区实现了经济高速发展，营造出“东亚奇迹”，① 上述国家和地区迅速成为亚太地区新兴经济体。查莫斯对日本工业政策决策和执行机制进行了深入研究，发现了既不同于美国监管模式又迥异于苏联指令模式的“东亚模式”。研究发现日本、韩国及我国台湾地区等东亚新兴经济体构建了统合政府与财阀、工会和其他利益团体的

① World Bank., *The East Asian Miracle: Economic Growth and Public Policy*, Oxford University Press, 1993.

互利关系。[①] 同时，上述新兴经济体秉承的儒家传统的政治等级体系、民族主义等所具有的共性的文化属性，使政府实施的干预政策并不局限于经济领域，而是囊括了全方位的政治控制、社会调控以及意识形态动员。我国改革开放演进路径，在很大程度上受到了日本、韩国等新兴经济体先验经验的影响，这些国家与我国地域毗邻、文化相近，政府在引导经济发展、规划产业布局方面表现出较强的主动性和灵活性。正如有学者研究认为，我国改革开放策略与东亚发展型国家具有高度相似性，例如威权政体与经济自由并行不悖，国家对金融业管控、以外贸出口为导向的经济政策等。[②] 但是，我国改革开放也表现出较之“东亚模式”更为激进的政府企业化取向，也就是政府帮助乃至取代微观市场主体直接介入盈利性生产经营活动。在此过程中，中央政府通过政绩考核将地方政府及其官员政治利益与经济发展紧密联系在一起，使区域经济增长与地方政府及其官员利益激励相容，进而衍生出具有发展型国家特征的“地方发展型模式”。地方政府通过企业家式的市场参与、调配区域经济资源要素、扶持区域微观市场主体、主动介入区域经济发展，努力实现财政收入最大化。一方面满足区域市场主体公共物品之需求，另一方面满足地方政府及其官员自身利益之渴望。源于此，笔者借助博弈论分析框架简单地演绎地方政府间竞争过程中的策略互动，并尝试通过标尺竞争分析范式对地方政府间竞争失范之成因予以客观考察。

---

① Johnson, Chalmers, "*The Developmental State: Odyssey of a Concept.*" in *Woo-Cumings, Meredith. The developmental state*, Cornell University Press, 1999.

② SeungWook Baek., "Does China follow 'the East Asian development model'", Journal of Contemporary Asia, 2005, pp. 485 – 498.

第一节 地方政府间竞争失范的博弈论分析

博弈论(Game Theory)以“人是理性的”为假设前提,着重考量利益攸关的个体为实现自身利益最大化,在既定的约束条件下,从各自允许的行为策略中做出选择并实施,从而取得相应效果的分析框架。博弈论重点关注利益攸关的个体在博弈规则约束下策略互动和相互影响的过程,①其核心为根据对方的行为策略调整自己的行为策略,从而促进各自博弈目标的实现。一个完整的博弈关系包含三个因素:利益攸关者,即博弈参与方;行为策略,即博弈参与方在既定的约束条件和博弈规则制约下可以选择的策略或做法;支付,即博弈参与方通过行为策略期望达致的目标或效用。如前文所述,地方政府是有限理性的执行主体和决策主体,地方政府承载着不同的利益取向,在整体利益、局部利益、自身利益相互勾连的现实境况下,地方政府追逐利益最大化的过程往往意味着对不同利益的留弃取舍,但无论何种利益的实现都离不开资源要素的支撑。如果假定特定行政区划内资源要素总量恒定,构成了制约地方政府发展区域经济的约束条件,那么地方政府间围绕资源要素的竞争就成为联通地方政府施政目标与施政行为之间对应关系的中轴。因此,笔者认为,地方政府间竞争系考察探究多维度府际关系的关键视角,而地方政府间竞争的过程几乎可以等同于利益攸关主体围绕各自利益动态博弈的过程,在此意义上讲,博弈关

① 参见蔡立辉、刘晓洋:《政府绩效评估中的博弈及其影响》,载《社会科学战线》2016年第3期,第174页。

系贯穿于府际关系的各个维度。首先,从空间维度上分析,不仅地方政府之间在横向维度上具有博弈关系,而且央地之间也存在纵向维度上的博弈关系;其次,从时间维度上分析,地方政府前后届别之间也存在博弈关系;最后,地方政府官员与上级政府和区域民众之间还存在同一博弈主体面对不同博弈主体的双重博弈关系。近年来国内已有部分学者将博弈论分析框架纳入中央政府与地方政府之间、地方政府之间竞争关系的分析视角,衍生出诸多测度纵向和横向府际博弈关系以及地方政府竞争策略的解析进路。① 因此,笔者将博弈论分析框架嵌入研究地方政府间竞争失范内在机理的特定场域中,观察各个博弈主体在同样的约束条件和博弈规则制约下,基于有限理性选择博弈策略对争胜结果造成的实质影响,探究地方政府作为博弈主体在围绕区域经济发展竞争过程中相机选择竞争策略的行为机理和互动规律。

一、不同区域地方政府间博弈

第一,地方政府职能履行博弈。长期以来,以经济数据为考核标准的 GDP 竞争成为衡量地方政府及其官员政绩的"指挥棒",地方政府表现出发展区域经济的强烈意图,各个地方政府努力吸取区域外资源要素以期增强本区域的经济总量,提高经济增速。在此过程中,地方政府之间竞争表现出严重失范的状态,尤以公共服

① 参见丁煌、定明捷:《"上有政策、下有对策"——案例分析与博弈启示》,载《武汉大学学报(哲学社会科学版)》2004 年第 11 期;左锋:《中央政府与地方政府在宏观调控领域的博弈分析》,载《中央财经大学学报》2007 年第 7 期;罗云辉:《地区间招商引资政策竞争与先发优势——基于声誉模型的解释》,载《经济科学》2009 年第 5 期;王进:《地方政府规制中的届际机会主义行为及治理——基于叠代博弈的视角》,载《东岳论丛》2013 年第 3 期;唐兴和:《基于博弈模型构建的横向府际竞争研究》,载《南京大学学报(哲学人文科学社会科学)》2015 年第 4 期。

务供给不足、资源要素价格扭曲以及恶意压低企业生产成本为甚。前者表现为地方政府对于交通运输设施、重大市政基础设施、房地产开发等能够在较短时间内迅速推动区域经济发展增幅的固定资产投资项目资金投入过剩，对于教育医疗、生态环境保护、生产企业科技研发补助等需要较长时间才能凸显区域经济拉动效果的民生服务类项目资金投入不足；后者表现为地方政府垄断土地开放一级市场，高度依赖土地资源获取财政收入以及廉价出租土地换取项目投资，降低环境保护和劳动保障规制力度，诱导高污染高耗能产业向区域内转移，恶意压低企业用工成本，等等。我们假设地方政府同时承担推动经济增长和提供民生服务这两项基本职能，同时假设地方政府甲和地方政府乙均能自主选择全面履行上述两项职能亦或是部分履行。此时，我们假设履行提供民生服务职能的远期收益折现值为10，需要支付的经济成本为4，提供民生服务向毗邻区域溢出的正外部性也为4，能够带来的经济收益为6。通过上述假设可以得出如下支付矩阵，如表4－1所示。

表4－1 地方政府在履行经济发展和公共服务职能中的博弈

	地方政府甲推动经济增长	地方政府甲提供民生服务
地方政府乙推动经济增长	6,6	6,14
地方政府乙提供民生服务	2,14	10,10

假设地方政府甲和地方政府乙均履行推动经济增长职能，其收益同样为6；假设两者均履行提供民生服务职能，两者的收益均为10。假设地方政府甲履行推动经济增长职能，地方政府乙履行提供民生服务职能，那么前者不仅能够获得推动经济发展的收益6，而且无需支付经济成本4，同时还能不劳而获地得到后者履行提供民生服务职能向毗邻区域溢出的正外部性4。由此可知，地方政府甲履行推

动经济增长职能的经济收益总和为14;作为对比,地方政府乙履行提供民生服务职能需要支出经济成本4,其经济收益总和仅为2。同理可知,假设地方政府乙履行推动经济增长职能,地方政府甲履行提供民生服务职能,两者损益分布发生逆转,地方政府乙经济收益总和为14,地方政府甲经济收益总和同样仅为2。上述博弈支付矩阵显示,地方政府甲、乙作为有限理性的博弈主体参与博弈,其博弈策略均以实现自身利益最大化为价值指引,即使地方政府甲、乙均能意识到共同履行提供民生服务职能可以实现区域内民生福利最大化,但是,在以区域GDP增幅、经济总量以及财政收入规模为主要考核指标的政绩评估模式下,两者最优博弈策略均为履行推动经济增长职能,等待对方履行提供民生服务职能。所以,地方政府甲、乙作为博弈主体均理性地选择了“搭便车”策略,既能够保障推动经济增长的收益,又可顺带获取毗邻区域溢出的正外部性并免于支付经济成本。正是由于博弈双方在提供民生服务方面均理性地采取了“搭便车”策略,造成了地方政府履行公共职能的“跛足”效应:一方面对履行推动经济增长职能关注过度,另一方面对履行提供民生服务职能关注不足。

第二,地方政府招商引资博弈。通过给予投资方政策优惠从而吸引区域外资金流入本区域,是地方政府促进区域经济增长的重要手段。各个地方政府由此生成了强烈的投资吸引偏好,希望通过项目投资促进区域GDP增长和提高财政收入从而凸显其引领区域经济快速增长的显性政绩。因此,有学者认为,地方政府之间围绕投资项目的博弈类似于生产企业之间的Bertrand价格竞争,①即当某个投资项目选择进驻区域时,哪个地方政府给予投

① 参见罗云辉:《地区间招商引资优惠政策竞争与先发优势——基于声誉模型的解释》,载《经济科学》2009年第5期,第98页。

资方的让利程度更大,投资项目便会入驻到哪个区域。这样一来,彼此激烈竞争的地方政府都将给予投资项目的让利程度放大到极致,即使项目进驻对地方政府而言几乎无利可图。这使得地方政府间围绕投资项目的激烈争夺陷入了逐底竞争、过度竞争的博弈死局。假设某个生产企业意图在地方政府甲、乙之间投资项目,两者地理区位以及资源要素禀赋均符合生产企业项目选址的要求,故生产企业投资决策与地方政府甲、乙让利程度直接相关,让利程度更大的地方政府能够获得投资项目进驻后的毛利收益 γ。此时,我们假设地方政府甲、乙两地均可自主决策实施两种截然不同的让利模式,一是超越税收征管权限违规给予投资项目减税免税优惠以及人为压低工业用地出让价格等制度外优惠($\alpha1$),二是为投资项目争取中央政府、上级政府产业扶持财政补助、提供投资项目基础设施配套等制度内优惠($\beta1$),假设让利幅度和优惠程度 $\alpha1 > \beta1$。因此,地方政府甲的博弈策略子集为(甲 $\alpha1$,甲 $\beta1$),地方政府乙的博弈策略子集为(乙 $\alpha1$,乙 $\beta1$)。在地方政府权责法定的现实情况下,争取中央政府、上级政府产业扶持财政补助、提供投资项目基础设施配套的让利幅度必然基于相应的制度约束而趋同,因此,假设甲 $\beta1$ = 乙 $\beta1$。另外,由于各个地方政府财政收入规模多寡程度不均以及违规招商引资受到中央政府查处的概率不尽相同,各地在招商引资博弈过程中相继实施机会主义行为所持风险态度各异。因此,违规给予投资项目减税免税优惠以及人为压低工业用地出让价格的让利幅度存在较大差异,故而假设甲 $\alpha1$ > 乙 $\alpha1$。通过上述假设可以得出如下支付矩阵,如表 4－2 所示。

表 4-2　地方政府招商引资博弈

	地方政府甲 α1	地方政府甲 β1
地方政府乙 α1	γ,0	0,γ
地方政府乙 β1	γ,0	0,0

倘若地方政府甲实施甲 α1 博弈策略而地方政府乙实施乙 α1 博弈策略,因为甲 α1 > 乙 α1,即地方政府甲制度外优惠让利幅度大于地方政府乙,故地方政府甲能够获得生产企业投资项目入驻本地的毛利收益 γ;倘若地方政府甲实施甲 α1 博弈策略而地方政府乙实施乙 β1 博弈策略,因为 α1 > β1,即在优惠让利幅度方面制度外优惠大于制度内优惠,因此,地方政府甲仍然能够获得生产企业投资项目入驻本地的毛利收益 γ;同理可知,如果地方政府乙实施乙 α1 博弈策略而地方政府甲实施甲 β1 博弈策略,同样因为 α1 > β1 制度外优惠大于制度内优惠,故转而由地方政府乙获得生产企业投资项目入驻本地的毛利收益 γ;倘若地方政府甲、乙同样实施甲 β1 和乙 β1 博弈策略,由于甲 β1 = 乙 β1,即制度内优惠让利幅度基于相应的制度约束而趋同,生产企业在有效降低投入成本的逐利动机引导下,有可能另觅较之甲、乙两地能够提供更大优惠让利幅度的地方政府投资项目,此时地方政府甲、乙收益均为 0。上述博弈支付矩阵显示,Bertrand 价格竞争同样适用于地方政府间围绕投资项目展开的竞争,投资项目选择进驻区域取决于哪个地方政府给予投资方的让利程度更大。在制度内优惠趋同的情况下,地方政府为了获取各类生产经营主体投资项目入驻本地带来的当期经济收益,频频采取制度外优惠的博弈策略,从而造成各地招商引资博弈割喉竞争的制度窘境。一方面,由于各地财政资源禀赋各异,所持风险态度不同,各个地方政府为吸引投资项目进驻提

供的让利程度不同,过度竞争条件下产生了资源配置“马太效应”,投资项目向提供高让利程度、具有高风险态度的区域群聚,拉大了区域之间经济发展的差距;另一方面,会形成招商引资买方市场,尤其在多个地方政府争夺同一投资项目的情况下,投资方得以利用地方政府招商引资竞争压力频频要挟各地竞标式地竞相提供更为优厚的制度外优惠,尽最大可能地压低投资项目进驻后的生产成本,乃至于出现地方政府实际财政收益低于招商引资成本的困境。

二、央地政策执行博弈

分权改革中获得利益主体地位的地方政府作为追求自身利益最大化的理性经济人,在参与中央政府对资源要素进行分配的过程中,往往采取博弈的方式解决由于各自目标差异产生的矛盾。① 我国经济的飞速增长在很大程度上归功于地方政府孜孜不倦的经济发展动力。这种动力不仅来自行政发包制下的政治激励,也来自分税制后逐步固化的财政激励,政治激励依赖财政激励得以彰显,财政激励凭借政治激励得以转化。可以说两者互为依托,相辅相成。虽然国家整体利益与区域局部利益长期看来是一致的,但较短时间内亦可能存在一定程度的冲突与对抗,中央政府基于国家整体利益制定政策,对经济活动进行宏观调控,不可避免地会影响乃至损害地方利益。在区域经济发展与地方政府自身利益密切相关的现实境况下,其必然在政策执行过程中采取博弈策略以期消弭对区域经济发展潜在的不利影响。在政策执行博弈中,地方

① 参见曹永盛、朱娜娜:《利益博弈视角下中央政策执行的科层制损耗》,载《领导科学》2016 年第 11 期,第 12 页。

政府利用中央政府监督成本高企、信息资源不对称、信息反馈回路单一等博弈劣势，采取变通执行政策、选择性显示信息以及阻断信息反馈回路等博弈策略，使之朝着有利于区域经济发展的方向演变，使政策预期效果与实际效果产生严重背离。

我们假定中央政府出台严格的生态环境保护政策，对生产企业进行严厉的环境影响评价，地方政府倘若严格执行中央政府生态环境保护政策，将会导致区域内化工、钢铁等相关产业被迫投入大量资金进行技术改造以确保环评达标。倘若不能实现上述目标，相关产业面临被勒令停产、关闭，此时地方政府从相关产业中征缴的税收收入将受到严重影响。假设地方政府在执行中央政府生态环境保护政策方面有严格执行和变通执行这两种博弈策略，中央政府在规制地方政府执行政策机会主义方面有监督查处和置之不理两种博弈策略。虽然央地政府均不知道对方将采取何种行动策略，但却清楚各自选择行动策略付出的成本以及获得的收益，因此，央地两者之间的博弈属于完全信息下的动态博弈。假定地方政府变通执行生态环境保护政策从区域相关产业征缴的税收收入为 α，地方政府严格执行生态环境保护政策使得相关产业生产经营受到影响，征缴的税收收入受到严重减损为 $-\alpha$；中央政府生态环境保护政策有效实施后相关产业环评达标的收益为 $\alpha1$，中央政府生态环境保护政策部分实施后相关产业污染减轻的收益为 $\alpha2$；中央政府为督促地方政府严格执行生态环境保护政策需要支付的监督查处成本为 β，因为置之不理导致环境污染问题进一步恶化的损失为 $\beta1$，地方政府变通执行政策被中央政府监督查处的损失为 $\beta2$，其游说中央政府实施置之不理策略需要另行支付的额外成本为 $\beta3$（例如，大幅度提高地方财政收入上解中央政府比例、划拨部分资金协助相关产业进行环境保护改造以及动用财政资金补偿污染严重区域民众使其不向中央政府检举污染问题,等等);地方政府变通执行生态环境保护政策受到监督查处的概率为 $\gamma(1>\gamma>0)$。此时,央地政府之间构成了完全信息下的动态博弈,我们假设地方政府为先行动方,中央政府为后行动方,后者能够根据前者博弈策略调整自己的博弈策略。通过上述假设可以得出如下支付矩阵,如表 4-3 所示。

表 4-3　中央政府与地方政府公共政策执行博弈

	地方政府严格执行	地方政府变通执行
中央政府监督查处	$-\alpha, \alpha1$	$\alpha-\beta2\times\gamma, \alpha2-\beta$
中央政府置之不理	$-\alpha, \alpha1$	$\alpha-\beta3, \alpha2-\beta1+\beta3$

假定地方政府严格执行生态环境保护政策博弈策略,则央地博弈关系终结。但现实情况并非博弈演绎这般简单,地方政府作为理性经济人,往往会选择变通执行生态环境保护政策博弈策略,从而实现地方财政收入最大化的目的。如此一来,中央政府当然也会在监督查处和置之不理这两类博弈策略中作出符合自身利益的理性选择。如果假定中央政府和地方政府一样也具有理性经济人属性,那么其必然对预期利益损益情况进行评估,即衡量 $\alpha2-\beta$ 与 $\alpha2-\beta1+\beta3$ 之间的损益分布。如果 $\alpha2-\beta<\alpha2-\beta1+\beta3$,即 $\beta1<\beta3+\beta$,中央政府最优策略就是置之不理;如果 $\alpha2-\beta>\alpha2-\beta1+\beta3$,即 $\beta1>\beta3+\beta$,中央政府最优策略就是监督查处。在我国单一制政制架构中,中央政府不会容忍地方政府对其制定的政策采取变通执行博弈策略。这不仅使中央政府促进生态环境保护、推动产业转型升级、强化国民经济宏观调控等特定政策目标落空,地方政府变通执行博弈策略在一定程度上更被视作对中央政府高权行为的挑战,倘若不对其予以监督查处将会逐步消解中央政府

权威。因此,中央政府必然实施监督查处博弈策略从而确保地方政府令行禁止,严格落实各类中央政府政策。那么,地方政府会不会惧于中央政府,即将采取监督查处策略的现实威慑转而采取严格执行策略,主动放弃变通执行博弈策略呢？答案未必是肯定的。最终取决于其实施的博弈策略可能引致的收益成本分析,即地方政府需要平衡 $-\alpha$ 与 $\alpha - \beta 2 \times \gamma$ 之间的损益分布。通过博弈分析可知,如果地方政府实施变通执行博弈策略的收益 α 大于受到监督查处的损失 $\beta 2$,加之受到中央政府监督查处概率 γ 数值偏低的先验经验和心理预期双重影响,将进一步强化地方政府采取机会主义行为的主观激励。上述博弈支付矩阵显示,在完全信息下的动态博弈中,存在两种子博弈纳什均衡,第一种是地方政府采取严格执行策略,中央政府采取置之不理策略;第二种是地方政府采取变通执行策略,中央政府采取监督查处策略。在现实中第二种情况更为常见,作为博弈参与人的央地双方均确信在既定的约束条件和博弈规则下都采取了最佳行动策略,实现了自身利益最大化的初衷,而结果却是博弈双方的均衡选择实际上演化为一种无效的均衡解。这种基于个体理性采取的博弈策略最终导致了集体非理性,中央政府与地方政府陷入"囚徒博弈"的困境。由此观之,同时具有理性经济人属性的地方政府和中央政府展开政策执行博弈的根本原因就是利益矛盾,当意识到严格执行事关整体利益的中央政策将减损地方局部利益时,地方政府采取不合作态度,与中央政府展开博弈实为理性经济人常有的行动策略。当然,也正是在周而复始的央地政策执行动态博弈过程中,中央政府政策效用损耗与政策目标偏离交替发生,中央政府权威受到地方政府机会主义行为的不断侵蚀。

三、同一地方政府前后届别博弈

改革开放以来,中央政府出于激励和监督的双重考量,对地方政府主要官员在同一地区的任职时间予以了严格限制。自20世纪90年代建立地方政府官员交流任职制度后,我国地方政府官员交流任职频率加快,明确党政领导干部每个任期为5年,要求地方政府主要官员在同一职位上的任职时间不得超过10年,同一职位上任职满10年的,必须交流。① 虽然任职交流制度有效地降低了中央政府对地方政府主要官员的监督成本,增强了中央政府对地方政府控制力,但也压缩了地方政府主要官员在一地主政的时间维度,造成了地方政府政策制定和执行的不稳定性。简言之,在本届政府与下届政府届别更替过程中,地方政府政策稳定性受到主要官员任职时间限制的客观影响而出现前后波动。因此,地方政府届别更替过程中呈现出明显的代际机会主义倾向。本届政府基于自身利益最大化的考虑竭泽而渔地透支各类资源,诸如以放松环境规制为代价,默许甚至纵容高耗能高污染企业扩大产能,无视土地使用规划大量出让土地从而攫取财政资源,最大限度地减少区域经济发展正外部性延伸至下届政府,进而努力实现本届政府经济发展收益内部化之目标。

假设某地方政府行政区划内存在一个优势产业,该产业的税收构成了地方政府财政收入的主要来源。随着中央政府环境保护

① 参见中共中央办公厅《关于印发〈党政领导干部职务任期暂行规定〉等三个法规文件的通知》(中办发〔2006〕19号),按照《党政领导干部职务任期暂行规定》《党政领导干部交流工作规定》《党政领导干部任职回避暂行规定》有关要求,党政领导干部每个任期为5年;地方主要领导在同一职位上任职一般不得超过两届,县级以上地方党委、政府领导成员在同一职位上任职满10年的,必须交流。

规制力度的加大，该产业未来可能被列入“双高”（高耗能、高污染）产业目录而被勒令进行技术升级改造，甚至被勒令停产、淘汰。假定产业在下届政府任期内是否被列入“双高”产业目录的概率 P 均为 50%，故被列入目录的概率 P1 为 50%，未被列入“双高”产业目录的概率 P2 为 50%。此时，本届政府有先行投入产业技术升级改造（C1）和不投入产业技术升级改造（C2）两种选择。先行投入产业技术升级改造则产业会因技术改良而得以豁免，下届政府财政收入能够得到保障；如果不投入产业技术升级改造则该产业可能无法得到豁免，下届政府财政收入可能受到减损。本届政府投入产业技术升级改造的成本 C1 为 5，不投入产业技术升级改造无需支出成本 C2 为 0。同时，假定两届政府的财政资源禀赋为 10，且对风险此中性态度。另外，由于本届政府的存在先发优势，下届政府无法对本届政府的政策施加影响。因此，下届政府直接面临产业是否被列入“双高”产业目录的概率 P1、P2 的影响。基于以上假设可以构成如下支付矩阵，如表 4－4 所示。

表 4－4　本届政府与下届政府产业升级改造的博弈

	本届政府 C1	本届政府 C2
下届政府 P1	5，10	10，0
下届政府 P2	5，10	10，10

如果本届政府采取 C1 行动策略，在下届政府任期内产业被列入“双高”产业目录的情况下，因为支付技术升级改造成本 5，产业因技术改良而豁免，此时本届政府收益为 5，下届政府收益为 10；在下届政府任期内产业未被列入“双高”产业目录的情况下，产业不会受到任何影响，本届政府扣除支付技术升级改造成本 5，收益仍为 5，下届政府收益为 10。如果本届政府采取 C2 行动策略，在下

届政府任期内产业被列入“双高”产业目录的情况下，本届政府未支付技术升级改造成本，产业被勒令进行技术升级改造甚至被责令停产、淘汰，本届政府收益为 10，下届政府收益为 0；在下届政府任期内产业未被列入“双高”产业目录的情况下，产业不会受到任何影响，本届政府和下届政府收益均为 10。从中可知，由于 P1、P2 发生概率均作用于下届政府任期内，故无法对本届政府财政收入产生影响，本届政府先行投入财政资金进行技术升级改造，收益不会增加仍为 5，而下届政府无需支出成本却能够从中获得最高收益 10；反之，本届政府不投入财政资金进行升级改造，能够始终维持最高收益 10，而下届政府却由于 P1、P2 发生概率的影响有可能无法获得收益。因此，本届政府最佳行动策略就是不投入财政资金进行技术升级改造。上述博弈结果显示，追求短期利益最大化是地方政府在届别博弈中的最优选择，本届政府不会为下届政府经济发展中面临的不确定性风险而支付防范成本。地方政府主要官员是区域经济社会发展政策的核心决策者，同时也是地方政府虚拟人格的具体表现，他们在一地的任职时间决定了一届地方政府的生命周期。在干部任职交流制度约束下，地方政府官员在一地的任职时间明显缩短，有学者对我国省级领导干部在一地的任职时间进行了实证研究，发现平均任职时间不满一届，仅为 3.94 年，这种倒计时似的任期限制，加剧了地方政府主要官员短时间内凸显政绩的强烈激励。①

四、地方政府官员双重博弈

日本学者青木昌彦构建了博弈参与方分别参与长期博弈与短期

① 参见徐现祥、王贤斌、舒云：《地方官员与经济增长——来自中国省长、省委书记交流的证据》，载《经济研究》2007 年第 9 期，第 24 页。

博弈的关联博弈模型(博弈参与方在长期博弈和短期博弈中面对的是同一个博弈相对方),探究前者抑制后者机会主义行为的运行机理。研究发现,如果长期博弈系多个短期博弈嵌入结合而成,博弈参与方在长期博弈的某个具体环节(短期博弈)中选择非合作策略或是合作行动策略的关键,在于短期博弈取得的当期收益是否以长期博弈未来产生的更大收益减损为必要条件。也就是说,博弈参与方在某个短期博弈中实施非合作策略获得当期最大收益后,如果博弈相对方实施惩戒措施减损了博弈参与方长期博弈未来产生的更大收益,那么博弈参与方在短期博弈中实施非合作策略的激励将受到抑制。因此,青木昌彦构建的关联博弈得出结论:“如果多个短期博弈构成了长期博弈,则长期博弈的时间延续性以及由此产生的更大收益能够有效遏制博弈参与方短期博弈中采取非合作策略获取当期收益最大化的激励”。① 我国青年学者吴元元教授进一步优化了青木昌彦关联博弈模型,提出了博弈参与方在长期博弈和短期博弈中面对不同的博弈相对方的双重博弈模型,从中测度博弈参与方在长期博弈与短期博弈中的策略选择。研究结果显示,如果满足青木昌彦关联博弈的假设条件(长期博弈和短期博弈的博弈参与方面临同一博弈相对方,多个短期博弈构成了长期博弈),长期博弈能够消解博弈参与方在短期博弈中采取非合作化策略获取当期利益最大化的机会主义倾向。如果博弈参与方在长期博弈和短期博弈中分别面对不同的博弈相对方,且长期博弈符合惩戒非合作策略所需的信息、权力要件,此时会衍生出两种结果:一是长期博弈与短期博弈的激励规则是竞争性的(博弈参与者

① [日]青木昌彦著:《比较制度分析》,周黎安译,上海远东出版社2001年版,第216~228页。

在长期博弈中实施合作策略的机会成本系其在短期博弈中实施非合作策略），那么长期博弈将激励博弈参与方在短期博弈中实施非合作策略；二是长期博弈与短期博弈的激励规则是互为条件的（博弈参与者在长期博弈中实施合作策略须得以其在短期博弈中实施合作策略为前提），那么长期博弈将抑制博弈参与方在短期博弈中实施非合作策略。①

吴元元教授认为，在现实政治生活中，地方政府官员作为同一博弈主体以行政科层制官僚和区域公共事务决策者二重角色嵌入到上级政府和区域公众的双重博弈架构中，构建起短期博弈（地方政府官员与区域公众博弈）内嵌于长期博弈（地方政府官员与上级政府博弈）双重博弈关系。② 地方政府官员作为博弈参与方分别面临不同的博弈相对方，因此博弈主体表现出部分重合的表征。而在地方政府官员分别参与的双重博弈结构中，其与哪一类博弈相对方构成长期博弈亦或是短期博弈关系，退出成本是决定博弈关系存续时间的关键变量。作为理性经济人，在既定的退出成本约束下，如果阻断某种博弈关系会导致退出成本较高或者是在阻断博弈关系后在其余场域之外难以找到可替代性收益来弥补退出成本，那么作为博弈参与方的最优选择就是维持此种博弈的存续。我国“党管干部”任免原则和“下管一级”任免模式决定了中央政府或上级政府牢牢掌握着地方政府主要官员人事任免、交流任职的决定权，上级政府委任下级政府官员成为地方官员选拔任用制度

① 参见吴元元：《双重结构下的激励效应、信息异化与制度安排——环境影响评价公众参与制度的经济学考察》，载《制度经济学研究》2006 年第 1 期，第 115 ~ 116 页。

② 参见吴元元：《双重博弈结构中的激励效应与运动式执法——以法律经济学为解释视角》，载《法商研究》2015 年第 1 期，第 56 ~ 58 页。

的轴心。更为重要的是,政府官员劳动力市场基本上处于一个闭合状态,离开这个市场之后,地方政府官员难以在其他场域中获得稳定的岁入来源以及由特定行政职位提供的经济保障(住房、医疗等)。只要现实中行政科层制不受到根本性改变,进入内部市场的政府官员会产生路径依赖,努力维系与上级政府之间的博弈关系,并使之越发长期化、稳定化。因此,在政府官员内部劳动力市场闭合的条件下,地方政府官员和上级政府两者之间形成了较为稳固的长期博弈关系。与之相反,地方政府官员在与区域民众的博弈关系中,后者难以对前者职务任免以及交流任职产生实质影响,作为区域民众意愿集合体的代议制机关,在地方政府官员任免、交流决策过程中,其选举结果必须贯彻中央政府或上级政府组织意图,更多地体现为对中央政府或上级政府干部任免、交流决策结果的法律追认。在此意义上讲,即使地方政府官员主动阻断与区域民众的博弈关系,退出成本亦远低于其阻断与中央政府或上级政府的博弈关系。不仅如此,地方政府官员任期限制和交流任职强制性制度安排更是强化了这一趋势,进而推导出地方政府官员在双重博弈架构中长期博弈关系固化与短期博弈关系弱化交替发生的结论。

第一,地方政府官员与上级政府长期博弈。假定地方政府官员作为博弈参与方,上级政府作为博弈对手,双方展开长期博弈。假设上级政府行政指令效用数量和地方政府官员自身效用数量均为10,地方政府官员在遵循上级政府行政指令过程中有执行与违背两个博弈策略子集,上级政府在监督地方政府官员执行其行政指令过程中有惩戒和放任两个博弈策略子集。地方政府官员实施执行上级政府指令博弈策略需要支付的经济成本为3,上级政府对地方政府官员违背行为实施惩戒博弈策略同样需要支付经济成本3。虽然地方政府官员实施违背上级政府指令博弈策略无需支付经济成本,但由于可能受到上级政府严厉惩戒故收益为0;同理,上级政府实施放任博弈策略虽然不必支付经济成本,但由于行政指令未得到执行而无法获得任何收益。同时,我们假设地方政府官员为先行动方,上级政府为后行动方,后者能够根据前者博弈策略调整自己的博弈策略。基于以上假设可以构成如下支付矩阵,如表4-5所示。通过支付矩阵分析可知,实施执行上级政府行政指令的博弈策略是地方政府官员最优选择,此时上级政府行政指令效用数量得到最大限度的满足,地方政府官员扣除经济成本3后收益为7;如果地方政府官员实施违背上级政府行政指令的博弈策略,由于可能受到上级政府惩戒,故收益为0;唯一不同的是,上级政府行政指令效用数量受到影响,因为上级政府实施惩戒博弈策略需要支付经济成本3,故其收益减损为7;如果上级政府采取放任博弈策略,由于行政指令未得到执行,故收益为0。

表4-5　地方政府官员与上级政府长期博弈

	地方政府官员执行	地方政府官员违背
上级政府惩戒	7,10	0,7
上级政府放任	7,10	10,0

第二,地方政府官员与区域民众短期博弈。假定地方政府官员作为博弈参与方,区域民众作为博弈对手,双方展开短期博弈。区域民众效用数量和地方政府官员效用数量均为5,[①]地方政府官

① 考虑到在地方政府官员任免交流场域中,上级政府与区域民众对地方政府官员自身效用的影响程度不尽相同,上级政府能够对地方政府官员任免交流施加实质性影响,故将区域民众与地方政府官员效用均假定为5。

员在博弈中有合作与不合作两个博弈策略子集，区域民众有申诉和不申诉两个博弈策略子集。假设地方政府官员实施合作博弈策略需要支付的经济成本为3，区域民众采取申诉博弈策略同样需要支付经济成本为3。虽然地方政府官员实施不合作博弈策略无需支付任何经济成本，但可能因为区域民众申诉而受到地方代议制机关罢免，故收益为0；同理，区域民众实施不申诉博弈策略，同样无需支付任何经济成本，但也无法取得任何收益。假设地方政府官员为先行动方，区域民众为后行动方，后者能够根据前者博弈策略调整自己的博弈策略。基于以上假设可以构成如下支付矩阵，如表4－6所示。通过支付矩阵分析可知，实施合作博弈策略是地方政府官员最优选择，此时区域民众效用得到最大限度的满足，地方政府官员扣除支付的经济成本后收益为2；如果地方政府官员实施非合作博弈策略，因为可能受到地方代议制机关罢免，故收益为0。如果区域民众实施申诉策略需要支付经济成本3，其收益减损为2；如果区域民众采取不申诉博弈策略其收益为0。

表4－6　地方政府官员与区域民众短期博弈

	地方政府官员合作	地方政府官员非合作
区域民众申诉	2,5	0,2
区域民众不申诉	2,5	5,0

以上博弈结果显示，地方政府官员作为同一博弈主体，参与双重博弈，倘若长期博弈与短期博弈规则不相冲突（上级政府目标与区域民众目标高度一致），此时实施合作博弈策略是地方政府官员最优选择，三者各自效用最大化的目标均能有效实现；但如果长期博弈与短期博弈规则产生冲突（上级政府目标与区域

民众目标严重背离)，此时地方政府官员最优选择就是在长期博弈和短期博弈中分别采取合作策略和非合作策略。这是因为在假定上级政府与区域民众给予地方政府官员收益效用数量各异(10,5)的情况下，地方政府官员支付同样经济成本后长期博弈收益高于短期博弈(7 > 2)，即使地方政府官员完全放弃短期博弈产生的收益2，长期博弈收益与短期博弈收益之间的差值5也远大于短期博弈的收益2。在现实生活中，上级政府容易受到公众需求信息收集甄别困难、下级政府及其官员施政行为效果测度复杂等客观因素限制，往往借助区域经济发展增速、地方财政收入规模及其增幅等容易量化的经济指标来测度地方政府及其官员的施政效果。而区域民众基于追求社会福利最大化的利益诉求，偏重从教育医疗质量、生态环境保护、社会福利程度等公共物品供给方面评判地方政府及其官员治理能力。在此意义上讲，两者对有效实现区域经济社会发展目标良莠程度的阈值设定存在差异，进而引致地方政府及其官员对不同阈值发展目标的重视程度亦存在区别。正如前文所述，在长期博弈与短期博弈规则产生冲突的情况下，地方政府官员必然在长期博弈和短期博弈中分别采取合作与非合作策略，以未来产生的更大收益弥补当期减损的较少收益，从而实现净收益最大化。

第二节　委托代理下的标尺竞争

张军等认为，我国独有的分权形式和政治管理模式，两者结合实现了对地方政府的有效激励。[①] 申言之，经济分权和政治集权相

① 参见张军、范子英、方红生著：《登顶比赛——理解中国经济发展的机制》，北京大学出版社2016年版，第86页。

结合的治理模式在地方政府之间形成了“标尺竞争”效应，推动了地方政府向“地方发展型模式”转变，营造出地方政府之间“为增长而竞争”的强大激励和施政共识。在中央政府政治集权并掌握对地方政府主要官员任命、晋升的强大政治统摄力之下，标尺竞争取代了政治说教，从中央到地方各级政府之间层层加码的政绩考核制度激活了地方政府及其官员全力推动区域经济快速发展的强大动力。政绩考核制度实现了区域经济发展与官员政治晋升之间的利益正向勾连，在此客观情势下“为增长而竞争”理所当然地成为各个地方政府有限理性约束下的最优行动策略。自上而下的政绩考核成为中央政府实施标尺竞争的制度基础和政策工具，保障了地方政府对中央政府“以经济建设为中心”发展战略的贯彻实施，这也是理解我国经济持续高速增长的关键线索。但是，在以经济增长为核心的政绩考核激励下，地方政府彰显显性政绩，不仅在于区域经济高速发展，而且更加注重与其他区域相比相对序位的变化。在既定政绩考核衡量标准不变的约束条件下，标尺竞争意味着地方政府一方面要努力产出符合政绩考核衡量标准的经济发展绩效，另一方面要尽量获取优于竞争对手的相对排序。在此过程中，地方政府企业化取向进一步放大，由地方政府主导区域经济发展已然形成路径依赖，地方局部利益很大程度上被理所当然地推定为企业化的地方政府利益，进而成为公共部门向私人部门和社会领域强势扩张的正当性来源。因此，单纯追求经济绩效给地方政府治理以及区域公共物品供给带来了诸多负效应。笔者从地方政府努力配置扭曲、公共财政支出结构异化、政府官员机会主义行为等方面阐述标尺竞争对地方政府及其官员施政行为的影响，检视标尺竞争引致地方政府间竞争行为失范的内在机理。

一、多重任务下代理人努力配置扭曲

一是中央政府与地方政府之间存在多重任务委托代理关系。现代企业理论研究表明，由于委托人与代理人之间信息分布不均衡，较高的监督成本制约了委托人掌握代理人行为的能力，代理人往往利用信息优势专注于实现自身利益最大化而忽视委托人的利益，逆向选择和道德风险便随之而生。委托人扭转信息不对称劣势的方法就是在代理人之间引入标尺竞争，即根据代理人相对绩效来衡量其经济产出。当代理人观察彼此行动进而影响各自绩效的时候，委托人能够轻易获取代理人的私人信息并为代理人设置绩效标杆。这种模式旨在通过代理人之间相互竞争减少监督成本，提高代理人实现委托人利益的努力程度。早期的标尺竞争假设代理人只从事一种任务，但实践中代理人往往从事多种任务。代理人完成这些任务的先后顺序与委托人期望的并不一致，因此，委托人需要根据多种任务价值序位以及投入产出可观测程度的不同，进而建立相应的激励制度，促使代理人完成任务的先后顺序与委托人保持一致。① 在代理人从事多重任务的情况下，往往受到实现自身利益最大化目标的牵引，代理人不可能给予每个任务相同权重的努力程度，而是会理性地在某个任务上给予较多的关注，在另一个任务上给予较少的关注。例如，同时存在两个任务，一个任务能够清晰地反映代理人经济绩效，另一个任务则难以准确地反映代理人经济绩效，而委托人依据代理人经济绩效给予物质补偿，那么代理人基于实现自身利益最大化的现实考量，必然在能够反映经济绩效的

① 参见郑尚植：《标尺竞争、地方官员自利行为与财政支出结构偏向》，载《产经评论》2012 年第 5 期，第 121 ~ 122 页。

任务上配置更多的努力程度，这就产生了多重任务下代理人努力配置扭曲。改革开放后多次放权让利改革，中央政府政策目标蕴含的多维度决定了地方政府在特定区域内施政行为的多元性，两者之间构建起一个多重任务委托代理关系。地方政府作为特定区域内唯一的行政主体，承担了区域经济发展、地方公共物品供给、维护社会稳定等多个方面的任务。中央政府将这些任务分解为量化指标落实到地方政府，后者必须在规定时间内完成上述量化指标，前者则根据后者完成量化指标的相对序位给予相应奖励或惩罚。党的十一届三中全会确定了全党工作重心转向经济建设，中央政府评价地方政府政绩的考核标准亦随之发生重大变化。经济绩效较之其他指标易于测度量化的特点，遂成为中央政府精确度量地方政府及其官员政绩的核心指标。这种以相对经济绩效识别衡量地方政府及其主官政绩的标尺竞争将本届政府与前届政府、本地政府与毗邻政府经济绩效挂钩，使地方政府会在区域经济发展方面配置超越其他评价指标的努力程度，以高速增长的经济指标获取中央政府的正面评价。

二是地方政府在政绩考核中对易于观测的考核指标进行选择性关注，向中央政府发送显性政绩信号。由于后发国家生产能力低下和市场发展滞后的现实状况，如果单纯依赖本国市场体系自我生成发展以期在短时间内实现工业化并推动经济高速发展显然是不现实的。因此，后发国家在经济发展过程中必然较之监管型国家扮演更加积极主动的角色，①通过政府干预配置重要经济资源以及支持重要产业发展，培养本国企业生产能力和竞争能力，助力国民经济在较短时间内实现赶超。在现代社会，经济的政治价值日趋重要，特

① 参见张汉：《在变动中寻求国家、市场与社会的结构性契合与协同——对发展型国家理论及中国模式的比较研究》，载《经济社会体制比较》2014 年第 3 期，第 128 页。

别是在经济发展严重滞后，社会生产无力满足社会需求的短缺经济环境中，人们理性地认为，投资数量、国内生产总值增长率、财政收入规模等经济指标是衡量政府及其官员施政能力最客观、最直接的标准。囿于我国改革开放初期国民经济全面凋敝的现实窘境，强化地方政府的企业化取向，中央政府引导并实施以相对经济绩效衡量地方政府政绩的标尺竞争，实现了我国经济持续高速发展，营造出“为增长而竞争”的积极效应，这种以相对经济绩效为核心的评价标准有其存在的历史合理性。但是，这种以经济规模扩张为要旨的标尺竞争模式驱使地方政府想方设法促进区域经济加速增长，实现区域经济规模不断扩张，进而提升本行政区域在经济发展标尺竞争中的相对序位。假定影响地方政府间竞争的约束条件是相应行政区域资源要素总量既定，地方政府为了赢得或者维持其在区域经济竞争中的优势，一方面必然利用代理人信息优势与中央政府博弈，以争取区域经济发展所需的经济资源和政策红利；另一方面通过制度创新（好的方式）和不当竞争（坏的方式）与其他地方政府争夺资源要素，在最大限度内争取区域外资源流进的同时，限制本区域的资源流出。① 随

① 曾冰等通过新经济地理学三地区分析模型对34个省会城市（包含直辖市）经济发展与地方保护之间的作用机理进行了实证研究，结果显示如果某省实施地方保护力度愈强，其省会城市经济发展的集聚作用小于分散作用，造成省会城市经济发展增速和质量明显高于省内其他地区，进而导致该省地区之间经济发展差距进一步放大。从省会城市经济发展与地方保护的作用机理来看，如果特定省份实施地方保护的力度弱化，相邻省份之间区际合作程度加大，省会城市经济发展的集聚作用逐渐减弱，而分散作用渐次增强，省内及相邻省份企业对省际边界区域选址的积极性增强，省会城市与省内其他地区经济发展差距较小，例如我国广东、浙江等东部地区省份地方保护相对较轻，经济发展形成了双中心乃至多中心并重的均势格局（广州与深圳、杭州与宁波）。如果特定省份实施地方保护的力度增强，经济要素倾向于省内流动，省会城市经济总量与区域优势明显，省会城市在省内经济发展权重中占据较高比例，省会城市与省内其他地区经济发展差距不断放大，例如湖北、甘肃等中西部省份地方保护相对严重，省会城市与省内其他地区经济发展差距巨大，经济发展形成了单中心一枝独秀的失衡格局（武汉与黄石、兰州与天水经济总量差距分别为7倍和9倍）。参见曾冰、郑建锋、邓波：《地方保护主义与我国省会城市发展：理论与实证分析》，载《江西财经大学学报》2016年第4期，第13～17页。

着区域经济规模不断扩张，地方政府及其官员政治经济利益亦随之水涨船高。其一，区域经济规模越大，地方政府议价能力越强，其在与中央政府谈判过程中就能够获得越多的经济资源和政策红利；其二，区域经济规模越大，地方政府掌控的私人信息越多，中央政府监督成本越高，越是有利于地方政府及其官员获取制度外的收益。不仅如此，由于委托人监督成本高企和代理人隐匿私人信息，地方政府得以充分利用信息分布不均衡的优势，放大其掌握的私人信息，从而对政绩进行选择性显示。一方面对地方GDP增幅、区域经济总量以及财政收入增长速度等易于观测的考核指标高度关注，另一方面对社会保障、生态环境保护、教育医疗以及民生服务等难以观测的考核指标关注不足。易言之，地方政府在政绩考核中对易于观测考核指标选择性关注，向中央政府发送显性政绩信号，乃为多重任务下代理人努力配置扭曲的第一层意思。

三是地方政府对实施损人利己的竞争行为激励程度最大，对实施利人利己的竞争行为则激励不足。周黎安教授沿用标尺竞争关于相对绩效排序的理论内核，总结提炼出了政治晋升锦标赛理论，该理论很好地诠释了地方政府及其官员施政行为与区域经济增长之间的正相关关系。政治晋升锦标赛理论认为地方政府官员在政治晋升过程中采取的是一种多层次、逐级淘汰的竞争模式，竞争标准由上级政府制定。既可以是GDP增长率，也可以是其他能够量化的指标。这种锦标赛模式能够在中央政府以下不同层级的地方政府之间层层展开，各级地方政府及其官员都在逐级放大的竞争激励下为了出人头地而努力。中央政府在政绩考核中通过相对经济绩效排序的考核方法减少误差，增强了地方政府及其主官激励效果，这是理解政治激励与经济增长正相关关系的关键线索之一，但同时亦催生出地方政府官员多任务下努力配置扭曲导致的“非合作”倾向。① 因此，笔者认为标尺竞争内生的以相对绩效序位为依据决定奖惩的激励制度，衍生出地方政府以邻为壑恶性竞争、过度竞争等竞争失范行为。这是由于在标尺竞争模式下，区域经济规模固然是衡量地方政府政绩的重要指标（测度同一地方政府前后任期的纵向绩效排序），但地方政府如果要在标尺竞争中胜出还必须保证本区域经济发展各项考核指标高于其他区域（测度不同地方政府同一任期的横向绩效排序），而后者更是地方政府得以在标尺竞争中胜出的关键变量。正因如此，只要横向绩效排序高于其他区域，不论区域经济发展质量优劣地方政府及其官员都会获得政治利益。这样一来，每个区域都会竭力阻止本区域经济发展对其他区域产生正的溢出效应，地方政府之间竞争形成零和博弈。这就说明在标尺竞争模式下，参与竞争的地方政府最为关心的是自己与同为竞争者的其他地方政府之间的横向相对经济绩效排序；如果缺乏严格的制度约束，地方政府不仅有充分动力实施有利于区域经济规模扩张的行为，更有动力实施不利于其他区域经济发展的行为。对于作为竞争者的地方政府而言，通过不正当竞争手段（例如，对流入本地市场的外地商品实施歧视性待遇以及直接限制外地商品流入本地市场等）弱化竞争对手发挥竞争优势，从而降低其相对绩效序位需要付出的交易成本，不见得比通过正当竞争手段（例如，完善区域基础设施建设以及实施制度创新降低企业生产成本等）壮大自身经济实力，进而提高相对绩效序位付出的交易成本高

---

① 参见周黎安：《中国地方官员的晋升锦标赛模式研究》，载《经济研究》2007 年第 7 期，第 38 ~46 页。

昂。因此,在标尺竞争模式下,地方政府对实施损人利己的竞争行为激励程度最大,对实施利人利己的竞争行为则激励不足,这是多重任务下代理人努力配置扭曲的第二层意思。基于此,笔者认为标尺竞争有效地实现了地方政府及其官员自身利益与区域经济快速发展激励相容,在很大程度上强化了地方政府及其官员为经济增长而竞争的政治晋升激励,但其亦模糊了地方政府职能范围和行为边界,造成了两个层次上的代理人努力配置扭曲,使得区域公共物品供给水平长期滞后于区域经济发展、地方公共财政支出结构不均衡加剧。

二、地方政府公共财政支出结构异化

第一,中央与地方之间事权划分模糊为地方政府财政支出结构扭曲埋下隐患。1994 年分税制改革系推动央地财政分权制度化的重要推手,初步规范了央地财政收支关系,使之告别了财政包干制以后中央与地方分权一放就乱、一乱就收、一收就死的体制循环,构建了所有企业不论经济性质、资本来源、规模大小在税法面前一视同仁、税负公平的制度环境。不仅如此,分税制改革在提高"两个比重"的同时实现了中央与地方激励相容,增强了中央政府财政汲取能力和国民经济宏观调控能力,使得中央政府得以在"熨平"经济周期负面效应、提供全国性基础设施和公共物品供给、消除区域发展不平衡等领域中发挥主导作用。此时,地方政府不再像财政包干制时代那样对中央政府主导的收入分成变动预期保持高度警觉,地方政府财政收益凭借以分税制的实施实现了相对制度化,能够根据相对稳定的财税制度安排对归属于地方政府固定收入以及共享收入的行业予以鼓励和扶持。随着地方税收收入的持续增长,地方政府财政能力随之攀升,使之拥有丰沛的财力供给区域公共物品。在此意义上讲,正是分税制改革的实施使我国在向现代“租税国家”转变的进程中,向前迈出了至关重要的一步。如果用辩证的视角看待问题,任何制度都不可能只拥有尽善尽美的一面,瑕不掩瑜、瑜不掩瑕,任何制度都可能存在受人诟病的缺点,这是由客观事物存在的双重属性决定的。明确不同层次政府间相应事权是现代政府间财政关系的基本原则,只有在依法、合理、准确地划分不同层次政府之间各自事权的基础上,才谈得上构建规范的政府间财政关系。在此意义上讲,20 世纪 90 年代实施的分税制改革恰恰是一场走了一半的制度革新,其虽然初步实现了中央政府与地方政府财政收入的制度化,但基本没有涉及央地之间合理的事权划分。正是由于事权模糊造成了支出责任纠缠不清,导致地方政府财政支出压力过大。这为央地财政支出比例失衡以及地方政府财政支出结构扭曲埋下了隐患,逐步成为触发地方政府间竞争失范的重要制度因素。

第二,中央政府支出占全国财政支出比重过低,加剧了地方政府的支出负担。近十年来,我国中央政府财政收入占全国财政收入的比重持续在 50% 左右,作为横向比较对象,不论是单一制国家亦或是联邦制国家,中央政府收入占比一般维持在 60% 上下。例如,英国、法国等单一制国家中央政府收入占比分别为 91. 1% 和 85. 4% ,美国、德国等联邦制国家中央政府收入占比分别为 55. 8% 和 66. 7% 。我国中央政府承担了国民经济宏观调控、城乡公共服务均等化、消除区域发展不均衡等重要职责,在此意义上讲,汲取全国财政收入 50% 左右的比例并不高,甚至还没有达到均值。① 但

① 参见楼继伟著:《中国政府间财政关系再思考》,中国财政经济出版社 2013 年版,第 26 页。

问题的关键出在财政支出层面，较之地方政府而言，中央政府本级财政支出占全国财政支出的比例过低，近十年来基本维持在20%左右。以2009年为例，中央政府财政收入占比为52.4%，中央政府本级财政支出占比仅为20%；地方政府财政收入占比为47.6%，地方政府财政支出占比为80%，如图4－1所示。这意味着在全国一般公共预算支出层面地方政府财政支出占了绝大部分，中央政府本级财政支出只占了极少部分。我们可以借鉴2009年OECD成员国中央政府财政支出占比相关数据，横向比较我国中央政府财政支出占比相对于OECD成员国中央政府财政支出占比之间的结构性差异，如图4－2所示。从图4－2可以看出，OECD成员国尽管政制架构不尽相同，有的为单一制有的为联邦制，政府间财政分权程度各异，但其中央政府（联邦政府）财政支出占本国预算支出的比例远远高于我国同期水平。较之其他国家，虽然丹麦、加拿大中央政府（联邦政府）财政支出占本国预算支出的比例相对最低，但也分别达到36.8%和35.7%，OECD成员国中央政府（联邦政府）财政支出占本国预算支出的比例均值则高达67.5%。笔者从OECD成员国中筛选出6个可以与我国进行比较的经济大国，分别是单一制国家英国、法国、日本和联邦制国家美国、德国、加拿大。从图4－2中可以看出，法国、英国、日本等单一制国家中央政府支出占比普遍较高，分别为79.7%、71.6%和68.2%，均值为73.17%；德国、美国、加拿大等联邦制国家中央政府支出占比相对较低，分别为63.1%、56.3%和35.7%，均值为51.7%。由此可以看出，我国中央政府支出占比不仅低于德国、美国、加拿大等联邦制国家均值51.7%，也低于法国、英国、日本等单一制国家均值73.17%。由此可知，我国央地财政支出分别占全国一般公共预算支出的比例出现明显的结构性失衡。随着大量事权和相应的支出责任相继下放到地方政府，在财力有限的约束条件下如何有效应对日益沉重的支出责任系地方政府不得不面对的严峻考验。鉴于事权划分不清引致的政府间财政关系失序，党的十六届六中全会明确提出健全财力与事权相匹配的财税体制；党的十八届三中全会公报更是开启了全面深化改革新一轮征程，要求央地明确事权，建立事权和支出责任相适应的现代财政制度，旨在调整已然严重失衡的中央与地方财政支出结构。令人扼腕的是，业已失衡的央地之间财政支出结构仍然未能得到有效扭转，甚至出现了进一步加剧的趋势。从图4－1可见，2008年至2017年，中央政府财政收支占全国财政收支的比例同时呈现回落态势，财政收入占比从53.3%下降至47.1%，下降了6.2个百分点；财政支出占比从21.3%骤降至14.7%，下降了6.6个百分点。与此同时，地方政府财政收支占全国财政收支的比例双双出现回升态势，财政收入占比从46.7%上升至52.9%，增长了6.2个百分点；财政支出占比从78.7%骤升至85.3%，增长了6.6个百分点。以2017年为例，如果将中央对地方转移支付和税收返还数额当作中央政府下移事权后替代地方政府履行相应支出责任的额度，那么两者之和65,218.1亿元①加上中央政府本级支出29,858.89亿元也只占到全国一般公共预算支出总额的46.75%，对比2009年度经济合作与发展组织成员国中央政府（联邦政府）支出占比均值67.5%的水平依旧相差20个百分点左右，支出比例仍然较低。

第三，中央政府的事权下压与财权上收促使地方政府财政收支结构扭曲固化。在分税制及后续的财政收支体制改革过程中，大量事权由中央政府向地方政府下移，但是，却没有赋予地方政府相应的财权作为制度保障。税收立法权仍然高度集中于中央政府，

① 数据源自国家财政部官网，http://www.mof.gov.cn/zhengwuxinxi/caizhengshuju/201803/t20180323_2847996.htm，2018年5月22日访问。

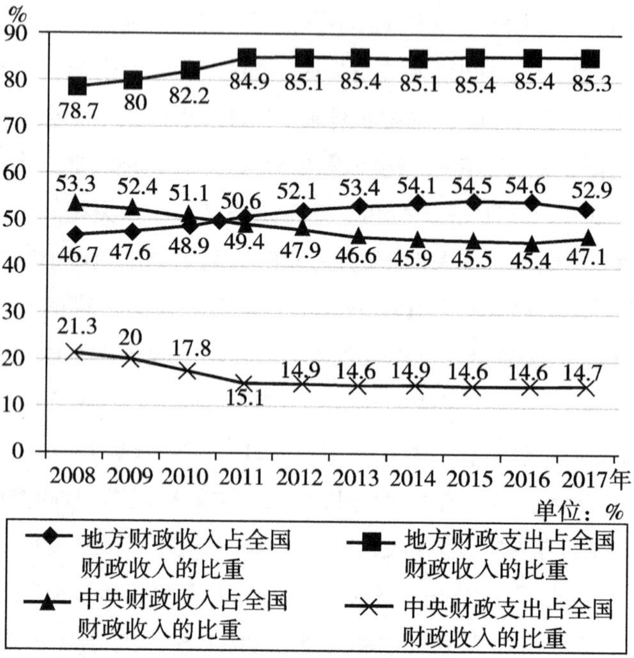

图 4－1　2008 年至 2017 年央地财政收支占比①

造成财权上收,事权下压的现实窘境,地方政府财政支出压力有增无减。特别是近年来在实现基本公共服务均等化宏观政策目标指引下,地方政府承担了教育、社会保障、农林水利、医疗卫生等诸多事权,使地方政府业已沉重的财政压力越发雪上加霜。据《中国财政年鉴》公布的统计数据,2016 年全国一般公共预算支出前五位分别是教育、社保就业、农林水利、城乡社区支出和一般公共服务,上述五种支出合计 93,562.85 亿元,占全国一般公共预算支出总额 180,715 亿元的 51.77%。如果不考虑中央对地方税收返还和转移

① 数据源自《中国财政年鉴 2017》以及《关于 2017 年中央和地方预算执行情况与 2018 年中央和地方预算草案的报告》整理而成。

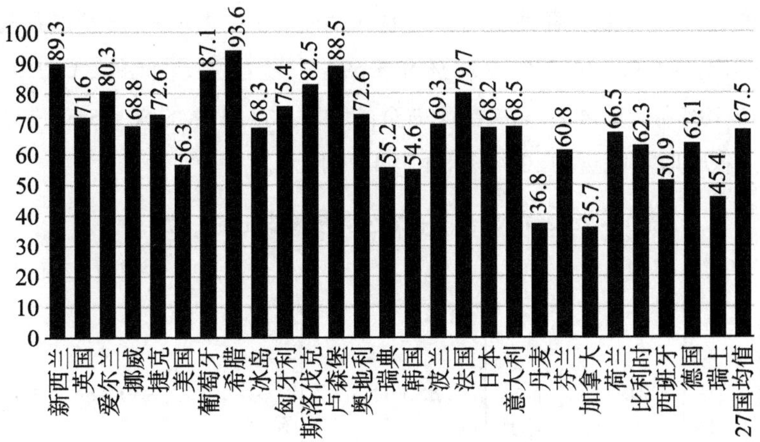

图 4-2　2009 年 OECD 成员国中央政府支出比例①

支付,地方财政支出分别占五类支出比重的 94.74%、95.52%、95.87%、99.60%和 91.20%,如表 4-7 所示。尽管中央政府支出的财政补贴、专项补助以及转移支付替代地方政府承担一定的事权,但地方政府作为区域公共物品供给主体已是不争的事实。这种事权与财权、支出责任与财力保障结构性失衡的状况,使地方政府不得不想方设法地汲取更多财政收入,以缓和日益沉重的财政支出压力。分税制体制下的税种划分决定了央地专属收入以及共享收入的主要来源,中央政府基于保障国民经济宏观调控、城乡公共服务均等化、消除区域发展不均衡等重要政策目标的实现,将税基流动性强、税收汲取效率高、税收征管难度较小的主力税种划为央地共享税种。因此,以国内增值税、企业所得税为主的共享税种理所当然地成为地方政府税收岁入的重要来源。以 2016 年为例,以增值

① 参见楼继伟著:《中国政府间财政关系再思考》,中国财政经济出版社 2013 年版,第 26 页。

税、企业所得税和营业税为主的地方政府税收主力税种，分别占到全国税收收入的16.85%、7.92%和5.59%及地方税收收入的33.57%、15.78%和11.14%，三税合计占全国税收收入比重的30.36%，占地方税收收入比重的60.49%，如表4-8所示。

表4-7　2016年全国一般公共预算支出前5位明细①

单位：亿元，%

全国一般公共预算支出	180,715	中央本级支出	27,855	15.41%	地方一般公共预算支出	152,860	84.59%
教育支出	26,741.02	教育支出	1408.72	5.26%	教育支出	25,332.30	94.74%
社会保障和就业支出	19,777.65	社会保障和就业支出	886.82	4.48%	社会保障和就业支出	18,890.83	95.52%
农林水支出	17,513.44	农林水支出	724.10	4.13%	农林水支出	16,789.34	95.87%
城乡社区支出	15,880.88	城乡社区支出	6.48	0.40%	城乡社区支出	15,874.40	99.60%
一般公共服务支出	13,649.86	一般公共服务支出	1201.38	8.80%	一般公共服务支出	12,448.48	91.20%

① 数据来源《中国财政年鉴》(2017)整理而成。

表 4－8　2016 年度财政决算中央与地方三大税种占全国税收收入比重①

单元:亿元,%

全国税收收入	128,750	占全国税收比重	中央税收收入	64,120	占全国税收比重	占中央税收比重	地方税收收入	64,630	占全国税收比重	占地方税收比重
国内增值税	42,140	32.73%	国内增值税	20,440	15.87%	31.87%	增值税	21,700	16.85%	33.57%
企业所得税	29,050	22.56%	企业所得税	18,850	14.64%	29.39%	企业所得税	10,200	7.92%	15.78%
进口货物增值税、消费税	12,970	10.07%	进口货物增值税、消费税	12,970	10.07%	20.23%	营业税	7200	5.59%	11.14%
三税合计	84,160	65.36%	三税合计	52,260	40.59%	81.5%	三税合计	39,100	30.37%	60.49%

① 数据源自《中国财政年鉴》(2017)整理而成。

2016年5月，随着“营改增”改革工作的全面铺开，①营业税作为地方政府税收收入主要来源的历史宣告终结。有学者依据相关数据进行了测算，届时共享税税收收入占全国税收收入的比例将上升至七成左右，分税制亦将彻底演变为共享税制。② 笔者按照中央政府确定的“营改增”试点期间所有行业增值税收入央地“五五分成”原则③进行了简单测算，结果显示地方政府税收收入规模会受到一定程度的影响。以2016年为例，地方政府税收收入中营业税收入为7200亿元，增值税收入为21,700亿元，企业所得税收入为10,200亿元，三税收入合计39,100亿元。按照增值税收入央地“五五分成”原则，“营改增”后地方政府三税收入合计为35,500亿元，较之“营改增”前三税收入减少3600亿元，占到地方税收收入的10.14%。由此可知，地方政府之间围绕国内增值税、企业所得税等税基流动性强、税收汲取效率高的共享税税收收入的争夺必将日趋白热化。因此，增加经济性支出公共物品供给，例如，加大基础设施投入，不仅可以产生投资规模拉动效应，而且能够吸引流动性税基，增加地方政府财政收入。同时，由于工业企业较之服务业企业具有更高的流动性，工业企业对区域基础设施敏感程度更高，且对于中央与地方共享税种国内增值税、企业所得税贡献更大，地方政府加大基

① 2012年1月，上海交通运输业和部分现代服务业率先开展“营改增”改革试点。同年8月，“营改增”改革试点扩大到京、津、苏、皖、浙、闽、鄂、粤等8省市；2013年8月，“营改增”改革全国实行，并将广播影视服务业纳入改革试点；2014年1月，铁路运输和邮政服务业纳入“营改增”改革试点；2016年5月，全国全面铺开“营改增”改革试点工作，建筑、房地产、金融、生活服务等行业全部纳入“营改增”改革，营业税从此退出税收舞台。

② 参见张忠任：《关于我国税收竞争特征的理论分析》，载《财政研究》2012年第1期，第30页。

③ 参见《国务院关于印发全面推开营改增试点后调整中央与地方增值税收入划分过渡方案的通知》（国发〔2016〕26号）。

础设施投入力度,便成为有效吸引流动性税基、努力提高共享收入,进而实现地方财政收入水涨船高的理性策略。方红生、张军对我国地方政府偏向扩张的财政政策进行了实证研究,结果显示在经济衰退周期,地方政府支出扩张规模从高到低依次为基本建设支出、科教文卫支出和行政管理支出;在经济繁荣周期,地方政府行政管理支出扩张程度最大,基本建设支出扩张规模其次,科教文卫扩张规模最低。因此,不论是在经济衰退周期还是在经济繁荣周期,科教文卫支出都始终小于基本建设支出扩张规模。① 不仅如此,地方政府为了有效应对区域公共物品供给带来的巨大财政压力,一方面加大基本建设支出规模,为了争取流动性税基而展开激烈的竞争;另一方面积极拓宽财政收入来源渠道,其中"以地生财"便是地方政府实现开源节流之题中应有之意。根据《2016 中国国土资源公报》公布的数据,1999 年至 2016 年国有建设用地出让总成交款从 521.74 亿元激增至 35,600 亿元,国有建设用地出让收入占地方一般公共预算的比重持续攀高,2016 年国有建设用地出让合同价款较之 2015 年同比增长 19.3%。② 简言之,地方政府藉以土地用途管制制度获取巨大"剪刀差"利益,一手压低工业用地价格,积极吸引流动性税源入驻本区域,提高国内增值税、企业所得税等共享税种对地方财政收入贡献程度;一手抬高商住用地价格,努力变现土地资源,使之成为分税制外能够稳定享有的岁入来源,这也从侧面解释了为何工业用地出让价格持续低迷、商住用地价格节节高升两者之间并行不悖的个中缘由。

---

① 参见张军、范子英、方红生著:《登顶比赛——理解中国经济发展的机制》,北京大学出版社 2016 年版,第 246 页。

② 数据源自国土资源部官网:http://data.mlr.gov.cn/gtzygb/201704/P020170428532821702501.pdf,2018 年 5 月 22 日访问。

三、地方政府官员机会主义行为

第一,政治晋升激励嵌入特定的政府官员内部劳动力市场中,以强化地方政府官员竞争激励。我国是典型的单一制国家,改革开放后虽然行政分权以及后续的分税制改革在一定程度上以法制形式确认和固化了地方政府相对独立的经济利益和自主权限,但是其作为中央政府代理人的法理属性依然如故,中央政府是地方政府间竞争规则和竞争结果的制定者与确认者。在行政发包制政府治理模式下,中央政府按照事权重要程度将外交、国防、宏观调控等关系国家安全和国计民生重大事权之外的其余事权,诸如发展区域经济、提供区域公共物品、维护社会稳定等打包让渡给地方政府,地方政府行政权力高度聚合;在地方政府内部,行政权力和经济资源往往掌握在地方政府主要官员手中。在此意义上讲,"双重聚合"即政府与社会二元治理向政府治理聚合,政府行政权力向地方政府主要官员聚合,使高度抽象的地方政府得以人格化、具体化,可以说主要官员施政意图和施政行为直接塑造了地方政府竞争行为取向。我国长期坚持"党管干部"的人事任免制度与我国单一制国家政府组织形式高度耦合,这意味着地方政府主要官员任免受到党内干部管理权限以及宪法、法律双重约束,即地方政府主要领导人选必须由中央政府或上级政府拟定,在大多数情况下人大的选举过程可以看做是对中央政府或上级政府干部任免决策结果的确认。因此,委任制理所当然地成为地方政府官员选拔任用制度的核心,而实施政绩考核则成为选拔任用地方政府官员拟任人选的关键因素。不仅如此,我国政府官员基本上处于一个闭合的"内部劳动力市场"。① 如果

① 周黎安:《中国地方官员的晋升锦标赛模式研究》,载《经济研究》2007 年第 7 期,第 41 页。

离开这个内部劳动力市场将被外部劳动力市场看做是不好的信号(能力无法胜任职位或者是行为不端受到惩戒),因此,进入这个内部市场的政府官员会产生路径依赖。由此推理,只要进入了内部劳动力市场,政府官员只有一个选择就是尽一切努力保住现有职位并谋求潜在的晋升机会。改革开放以来,在“以经济建设为中心”和“发展才是硬道理”的时代背景下,全面发展经济成为中央政府核心政策目标,经济绩效成为中央政府对地方政府主要官员实施政绩考核最为关键的评价指标。地方政府官员晋升、交流、转任与区域经济发展特别是区域 GDP 增长直接挂钩,极大地增强了地方政府官员政治激励,使之迸发出全力促进区域经济增长的内生动力。2017 年 1 月,辽宁经济数据造假事件发酵,该省省长承认在 2011 年至 2014 年该省所辖市、县存在财政数据造假,经济数据被注入水分等问题。据记者报道,该省所辖市县在 2011 年至 2014 年期间,财政虚增部分约占同期财政收入的近两成,2014 年虚增比例更是高达 23 个百分点。① 在一省范围内出现如此大规模、长时间的经济数据造假,从侧面反映出地方政府官员对彰显经济增长“政绩”近乎饥渴的需求,成为民谚“官出数字、数字出官”最直白的素描。② 在此意义上,政治晋升激励嵌入在特定的政府官员内部劳动

① 参见《辽宁首次公开确认 2011 年至 2014 年经济数据造假》,载 http://news.qq.com/a/20170117/032067.htm,2018 年 5 月 22 日访问。

② 继辽宁确认经济数据造假之后,2018 年初,内蒙古自治区、天津滨海新区也相继承认存在经济数据造假问题。其中,内蒙古自治区核减 2016 年规模以上工业增加值 2900 亿元,占全部工业增加值的 40%;天津滨海新区承认挤掉水分之后,滨海新区 2016 年 GDP 从超万亿元调整为 6654 亿元。参见《辽宁天津等纷纷承认 GDP 造假 那么下一个会是谁呢?》,载新浪网,http://finance.sina.com.cn/china/dfjj/2018-01-16/doc-ifyqrewi7133546.shtml?cre=financepagepc&mod=f&doc=2&r=9&doct=0&rfunc=82,2018 年 5 月 22 日访问。

力市场中。这个市场交易的标的是中央政府或上级政府特定的政策目标,买方是拥有官员任免、奖惩垄断地位的中央政府或上级政府,卖方是完成前者政策目标的地方政府。由于买方垄断地位,卖方会竞相向买方提供优良的商品(更好地完成中央政府或上级政府特定的政策目标),买方向中意的卖方提供更高的行政职位作为支付对价。因此,中央政府或上级政府提出特定的政策目标,地方政府之间会围绕更好地、更有效地完成特定的政策目标展开激烈竞争。

第二,相对经济绩效排序强化了地方政府官员将经济发展收益转化为政治擢升的逐利动机。公共选择学派认为,作为政府组成部分的政府官员与普通人一样,都具有“经济人”属性,较之普通人,政府官员并不具备更多的“利他”动机。政府施政行为同样源于利益驱动,其中官员自身利益最大化,便是最直观、最持久的动力。地方政府官员要实现自身收益最大化,必须首先保证现有的政治地位和行政职位长期稳定,进而在此基础上谋求政治擢升,①而政治擢升反过来又会扩大地方政府官员的政治利益和经济利益。纵观改革开放历程,地方政府主导了我国现代化演进路径,在中央政府对地方政府的政绩考核评价体系中,将经济发展特别是区域 GDP 增长率、财政收入增长率作为评价地方政府政绩的衡量标尺。② 在政绩考核指挥棒

① 干春晖等研究发现,地方政府官员在任期内向区域内企业提供更多土地和融资优惠的激励存在不同,其在任期内的后两年系能否获得政治晋升的关键节点,与任职前期相比地方政府官员具有向区域内企业提供更多土地和融资优惠的激励;除此之外,地方政府官员是否系本地产生也影响了其给予区域内企业土地和融资优惠程度的差异,如果地方政府官员为本地产生,其统筹配置资源的优势越强,越能够给予区域内企业更大程度的优惠。参见干春晖、邹俊、王健:《地方官员任期、企业资源获取与产能过剩》,载《中国工业经济》2015 年第 3 期,第 44 ~56 页。

② 参见战旭英:《地方政府绩效评估的悖论解释》,载《中国行政管理》2015 年第 11 期,第 47 页。

引导下，地方政府官员为了获取政治晋升，全力发展区域经济成为其彰显政绩的理性选择。地方政府将施政意图嵌入地方政府官员的逐利过程中，地方政府组织目标与地方官员个人目标通过区域经济发展实现激励相容。在地方政府官员政治晋升与经济增长挂钩的客观情势下，可以说地方政府官员政治博弈和经济博弈相互勾连。经济博弈是为了实现政治晋升的初衷，政治博弈又表现为区域之间为增长而竞争的经济博弈。正如前文所述，中央政府在以相对经济绩效实施政绩考核的评价体系中，通过纵向与横向两个维度增加相对绩效排序的精确度。纵向考核旨在消除区域固有因素对同一地方政府不同任期的主要官员的经济绩效序位干扰，横向考核旨在消除宏观经济因素对不同地方政府同一任期主要官员经济绩效序位的影响。这种以相对经济绩效排序的政绩考核制度最大的特点就是“标尺竞争”，参与竞争的地方政府官员不仅要在纵向维度上与前任履职时期的区域经济发展状况进行相对比较，而且要在横向维度上与不同区域的地方政府官员在同一履职时期区域的经济发展状况进行序位比较。在既定地方政府官员政治晋升职位有限的约束条件下，政治晋升博弈呈现出“零和博弈”的特征，一个人获得擢升意味着另一个人失去机会，一人之所得乃为一人之所失。这种竞争模式会触发地方政府的行为短期化，地方政府官员在纵向维度上会尽量实现本届任期内区域经济发展的收益最大化，防止任期内经济绩效正向效应溢出，阻止下届政府不支付或者少支付努力成本从而坐收经济发展带来的政治晋升红利。地方政府官员在横向维度上为了提高本区域经济发展的相对序位，鼓励或者直接参与区域内企业市场分割、利用规制手段禁止外来商品及服务流入、实施差异性待遇、限制经济要素流出域外等不正当竞争，防止区域经济发展正向效益外溢，努力实现区域经济发展收益内部化。同时，也催生出了一种特殊的区域经济现象，这种现象就是行政区经济，表现为地方政府权力运行与特定区域经济发展的高度契合，资源要素流动范围与行政区划地理界限完全重叠。由此可以理解，为何同一行政区划内相同层级地方政府（如同一省级行政区划内的地级市政府）往往竞争格外激烈，双方都尽量规避合作发展，而不同行政区划内相同层级地方政府（如不同省级行政区划内的地级市政府）往往倾向于合作发展，双方尽量规避恶性竞争。这是因为前者无法通过经济发展收益内部化实现政府官员政治利益最大化，区域经济增长对提高地方政府官员政绩排序作用有限。因为在同一行政区划内两地政府通过合作发展虽然各自区域内经济规模都能得到增长，但同一区划中的地方政府官员相对经济绩效序位难以彰显；后者由于不存在共同的上一级政府，双方采取合作发展能够有效增强区域经济实力，从而使不同区划中的地方政府官员在各自的区域相对经济绩效序位得以彰显，实现了将经济发展收益内部化转变为政府官员政治利益的初衷。中央政府意识到以相对经济绩效实施政绩考核的标尺竞争机制存在制度缺陷，在政治晋升强激励的诱导下，地方政府官员会采取机会主义行为，造成多重任务下代理人努力配置扭曲、公共财政支出结构异化等负面效应。于是着手调整政绩考核评价机制和评价指标，①旨在引导地方政府从建设型政府向服务型政府转变。但从政绩考核指标量化程度分析，诸如

① 2013年12月，中共中央组织部下发《关于改进地方党政领导班子和领导干部政绩考核工作的通知》，提出："不能仅仅把地区生产总值及增长率作为考核评价政绩的主要指标，不能搞地区生产总值及增长率排名。中央有关部门不能单纯以地区生产总值及增长率来衡量各省（自治区、直辖市）发展成效。地方各级党委政府不能简单以地区生产总值及增长率排名评定下一级领导班子和领导干部的政绩和考核等次。根据不同地区、不同层级领导班子和领导干部的职责要求，设置各有侧重、各有特色的考核指标，把有质量、有效益、可持续的经济发展和民生改善、社会和谐进步、文化建设、生态文明建设、党的建设等作为考核评价的重要内容"。

区域 GDP 增长率、固定资产投资、地方财政收入、规模以上工业增加值等经济发展指标，较之民生保障、生态建设等公共服务指标量化程度更高，前者能够清晰地显现地方政府投入产出绩效，后者由于缺乏清晰的量化标准难以准确衡量地方政府履行公共服务职能的投入产出。因此，在既定中央政府以相对绩效实施政绩考核的约束条件下，如果继续沿用标尺竞争度量地方政府及其官员履职情况，能够影响地方政府官员相对绩效序位的关键因素恐怕还是易于评估量化的经济发展指标。

第三，政治晋升锦标赛诱使地方政府官员通过权力“寻租”的方式实现区域经济“次优增长”。我国政府官员科层制组织和其他国家一样，均体现了一种从职数较多的低级职位向职数较少的高级职位依次递减的金字塔型结构。但与其他国家不同的是在这个金字塔型官员组织结构中官员晋升实行逐级淘汰的“锦标赛”机制，只有每一轮竞争博弈的优胜者方能进入下一轮晋升博弈。这种逐级淘汰的锦标赛机制使地方政府官员面临非胜即败的强大压力，形成一种非常残酷的政治竞争。① 不仅如此，基于低级职位职数向高级职位职数依次递减的科层制组织建构，地方政府官员由低到高晋升过程中不得不面对职位越来越少、竞争博弈越发激烈的现实状况。此时“锦标赛”机制对地方政府官员政治激励会产生两种不同作用的极化效应。一方面对于有晋升前景的官员，他们在政治擢升的巨大激励下，会竭尽所能地发展区域经济，以期在锦标赛中胜出获取更高政治职位；另一方面对于晋升无望的官员，锦标赛机制失去政治晋升强激励作用，他们只求保住现有政治职位，

① 参见周黎安：《中国地方官员的晋升锦标赛模式研究》，载《经济研究》2007年第7期。

不再具有全力发展区域经济以谋取晋升的行为动机。在晋升职位职数有限且由低到高数量依次递减的约束条件下，一个理性的地方政府官员能够主观衡量自己与同一职位历任官员相对经济绩效的优劣程度，从而对自己能够达致的政治职位等级形成心理预期，而且这种心理预期会随着年龄、任期、相对绩效良莠程度等主客观因素逐步固化。对于晋升无望的地方政府官员，政治激励作用逐步消解，经济激励作用不断增强，他们有可能在有限任期内通过“寻租”将手中行政权力变现为经济利益，通过强化经济激励消解政治损失，权力垄断租金补强了晋升无望诱发的心理失衡。“寻租”理论认为，既定政府管制是无效率的，企业通过行贿绕开政府管制可以增强政府官员的经济激励，同时实现经济资源的有效配置以及社会总产出增加。① 虽然参与权力“寻租”的政府官员和企业都要面对被查处的风险，但两者也存在对高风险下攫取高收益的心理预期。同时，权力“寻租”被查处概率较低的先验经验，又进一步强化了政府官员和企业两者合谋攫取高收益的心理预期。在这种情况下，地方政府官员通过权力“寻租”的方式实现了区域经济“次优增长”，地方政府官员经济激励与区域企业自身利益最大化目标相勾连，两者追求经济利益最大化的行为动机得以实现。

① 参见聂辉华：《腐败对效率的影响：一个文献综述》，载《金融评论》2014 年第 1 期，第 13～23 页。

第五章　域外规制政府间竞争的制度分析与比较

现代国家通过划分相应行政区划、设置行政机构来实施政治统治与公共管理,乃为现代国家治理机制题中应有之义。根据相应行政区划设置的行政机构,也是实现区域公共物品供给在地化和职能下属化的现实载体。可以这样理解,作为政治共同体的现代国家都是由若干个成员单位整合而成的,在联邦制国家表现为与联邦政府分享主权的州政府,在单一制国家表现为享有高度自治权的地方政府。这些成员单位对各自区域内的民众的利益负责,必须增进区域内民众福祉并为他们提供良好的公共物品以获取对其统治合法性的认同。在一国统治疆域内,这些成员单位为了争取有利于各自区域内民众、企业的交易条件而彼此之间展开激烈竞争,这种竞争主要通过制度创新的形式得以彰显,即通过法律制度降低区域内的民众、企业交易成本。在此意义上讲,西方国家与我国一样,其作为政治共同体成员单位的各级政府之间都面临激烈的竞争,且在选民"用手投票"的官员选举制度和"用脚投票"的市场退出制度的二重压力下,西方国家地方政府较之我国地方政府承受的竞争压力更为严峻,这些国家规制地方政府间竞争行为的经验亦能够为我国借鉴、移植。基于权力结构的相似性、竞争评估机制的内洽性、竞争规制目标与手段的耦合性,本章主要采取比较研究的方式对美国和欧盟的相关制度构造进行了分析和比较,以期梳理并总结出可供我国借鉴的有效经验。

第一节　美国模式——司法审查规制地方保护

美国是典型的联邦制国家,在国家权力分配上体现出联邦与州的二元并重格局,其核心是联邦政府与州政府分享管理社会事务的权力。对于州政府享有的权力,美国宪法采取了"州余权主义"原则,即除了宪法明确授予联邦政府的权力以及明确禁止州政府行使的权力之外,其余权力由州政府享有。因此,联邦政府与州政府两者之间不存在隶属关系,两者在宪法划定的范围内分享主权和治权,彼此之间是二元分权的权力结构。正是基于联邦制国家权力分配二元并重的客观现实,美国建国之初就着力建构打击地方保护、消除贸易壁垒的宪法秩序。《美国联邦宪法》第 1 条第 8 款设置了商业条款,将规制州与州之间贸易活动的权力赋予了国会。因此,联邦政府获得了对涵盖州与州之间所有经济活动予以规制的巨大权力。不仅如此,联邦最高法院通过对宪法第 1 条第 8

款(商业条款)的解释引申出"隐性商业条款",即州立法机关、行政机关制定的具有地方保护性质的法律、行政指令,因违反联邦宪法和法律被宣布无效。因此,"隐性商业条款"成为美国规制地方保护的核心法律制度。由于支持和鼓励诉讼,增强了地方保护行为的可诉性,联邦法院得以在规制地方保护领域居于核心地位,进而形成了以司法审查为主导的法律控制模式。

一、隐性商业条款——州际商业条款的引申解释

美国建国初期,各州为了疏解财政窘迫的困境往往以州立法和行政指令的方式阻止他州商品进入本州或者是对他州商品征收歧视性重税。州与州之间贸易存在十分严峻的地方保护,各州之间报复与反报复循环往复,严重阻碍了美国国内统一市场整合,各州之间贸易壁垒鳞次栉比。为此,《美国联邦宪法》第 1 条第 8 款专门设置了"商业条款",授予国会规制美国与其他国家之间、各州之间以及和印第安部落之间商业的权力。从法律文本层面考量,这条规定属于具有肯定意义的授权规范,即明确规制各州之间商业贸易的权力专属于国会,联邦政府对所有涉及州际商业贸易的事项具有广泛的规制权,且这种规制权专属于联邦。按照美国政治制度,联邦最高法院有权解释联邦宪法,并有权对国会立法和各州立法进行司法审查,并对上述立法是否违宪作出最终裁决。1824 年"汽船运输垄断案"①中,联邦最高法院依据"商业条款"对州法律的合宪性予以了审查,并首次就该条款作出了司法解释。首席大法官马歇尔认为,商业条款中各州之间的贸易显然不属于一州之内部事务,国会规制州际商业贸易的权力不会因各州管辖

① Gibbons v. Ogden,22 U. S. 1(1824).

范围而受到限制,否则国会的权力将一无是处。进而认为该案中纽约州法律与国会法律发生冲突,前者剥夺了后者赋予公民的权利,在这类情况下后者具有至高无上的地位,州法律必须遵从国会法律。至此,"商业条款"为国会规制州际商业贸易设立了标准,也为各州商业贸易立法划定了禁区。联邦最高法院认为,"商业条款"具有肯定和否定二重属性,不仅是主动的授权条款,而且具有限制各州权力的积极作用。① 即规制各州之间商业贸易的权力专属于联邦,各州不得歧视州际商业贸易,不得设置贸易壁垒阻碍州际商业贸易,各州制定的阻碍州际商业贸易的法律无效。因此,联邦最高法院对"商业条款"的引申解释被学界和实务界谓之为"隐性商业条款",该条款成为美国打击地方保护和消除州际贸易壁垒的致胜法宝。除了联邦法院之外,司法部反托拉斯局、联邦贸易委员会也具有规制地方保护及反垄断职能。两者不同之处在于:前者执法的依据主要源于《谢尔曼法》和《克莱顿法》,基于调查结果,其不但可以提起民事诉讼,而且得以检察官身份提起刑事诉讼;② 后者执法依据源于《联邦贸易委员会法》和《克莱顿法》,其不仅具有执法权力,还具有准司法权,能够对案件进行审理和裁决,对联邦贸易委员会裁决不服,只能向联邦上诉法院起诉寻求救济。1984年《地方政府反垄断法》通过后,细化了对地方政府限制竞争行为的规制,市政机关限制竞争行为理所当然地成为规制对象,明确了联邦贸易委员会有权提起诉讼。由于支持和鼓励诉讼,增强了地方保护行为的可诉性,联邦法院得以在规制地方保护领域居

① 参见张千帆著:《国家主权与地方自治——中央与地方关系的法治化》,中国民主法制出版社2012年版,第322页。

② 参见尚明主编:《反垄断——主要国家与国际组织反垄断法律与实践》,中国商务出版社2005年版,第138页。

于核心地位。

联邦最高法院在破除地方保护领域中更是丰富了判例体系，其中1949年的“牛奶收购案”更是成为“隐性商业条款”打击地方保护的经典判例。该案中，波士顿的牛奶经销商希望在纽约州增加牛奶收购站数量，这样能够有效降低运输成本。但纽约州认为来自他州的贸易将冲击本州市场，造成“破坏性竞争”，于是，该州农业市场委员会拒绝批准波士顿牛奶经销商的申请。联邦最高法院裁定纽约州的行为妨碍了州际商业贸易，构成了“隐性商业条款”严厉规制的地方保护。杰克逊法官原文引用了麦迪逊在《联邦党人文集》中对各州规制州际商业贸易的担忧，“如果贸易缺乏统一调控，各州单独行使这项权力，不仅被证明是失败的，而且会产生州与州之间敌对、冲突和保护”，[①]进而认为各州制定的法律如果纯粹系对自身利益、本州产品重要性以及优势或劣势的估计，这将对联邦的和平与安全造成直接威胁。[②] 由此可知，美国联邦最高法院坚定地认为维护竞争而不是限制竞争是构建国内统一市场、消除地方保护、保障市场秩序和经济效益的最优路径。在此后的判例中，联邦最高法院一再重申“隐性商业条款”，目的在于严格禁止州或市政当局实施那些可能引起报复且为宪法所制止的地方保护措施。[③] 因为各州实施的地方保护措施将诱发受到歧视的州实施报复措施进行反制，这将造成各州之间陷入地方保护—报复—反报复这种相互“割喉”的恶性循环，严重阻碍了自由贸易和经济发展。

---

① H. P. Hood & Sons v. Dumond, 366 U. S. 525(1949).

② 参见张千帆著：《国家主权与地方自治——中央与地方关系的法治化》，中国民主法制出版社2012年版，第322~323页。

③ Jennifer L. Larsen, “Discrimination in the Dormant Commerce Clause”, 49 S. D. L. Rev. 844, 2003-2004.

在很长一段时间,联邦最高法院对“隐性商业条款”的适用范围持相当审慎的态度。认为国会只能规制那些直接影响州际商业贸易的行为,诸如交易、商品流通等;不能规制那些对州际商业贸易产生间接影响的行为,例如制造、雇用等。这一倾向在 20 世纪前期十分明显,例如在 1918 年“童工工作条件案”①和“谢克特家禽公司雇佣案”②中,联邦最高法院认为国会根据“商业条款”授权只能规制州际商业贸易,工人雇佣等环节先于交易环节。因此,设定童工工作条件、规定工人工作时间和工资条件的联邦法律不在“商业条款”的授权范围内。随着汹涌而至的经济大萧条,美国进入了罗斯福新政时代,联邦最高法院适用“隐性商业条款”的态度发生根本逆转,将工人雇用、劳动标准等间接影响州际商业贸易的行为纳入“隐性商业条款”的适用范围。在 1937 年“联邦劳动委员会诉琼斯和劳宁钢铁公司案”③以及 1941 年“美国诉德比案”④中,联邦最高法院认为,虽然商品制造本身并不属于“商业条款”中规定的州际商业贸易范畴,但是生产商品的州际交易则毫无疑问地属于州际商业贸易范畴。因此,联邦最高法院认同国会依据“商业条款”授权规制州际商业贸易的权力,不仅限于商业贸易本身的观点,其延伸至那些对州际商业贸易有间接影响且须得规制以实现合法目的州内活动。简言之,国会规制州际商业贸易的权力,其本质乃为制定州际商业贸易规则之权力,只要州内活动对州际商业贸易产生影响,不论是直接影响还是间接影响,国会均得以规制之。不仅如此,在联邦最高法院后续判例中,“隐性商业条款”的适

① Hammer v. Dagenhart,247 U. S. 251,280 – 81(1918).

② A. L. A. Schecter Poultry Corp. v. United States,295 U. S. 495,550(1935).

③ NLRB v. Jones & Laughlin Steel Corp. ,301 U. S. 1,30(1937).

④ United States v. Darby. 312 U. S. 100,125 – 26(1941).

用范围不断扩张，逐步向禁止种族歧视、禁止道德恶习方面延伸。例如，在1964年“亚特兰大中心旅馆种族歧视案”①中，联邦最高法院裁定国会制定的民权法案(The Civil Rights Act of 1964)属于“商业条款”授权下国会规制州际商业贸易的权力。在该案中，亚特拉大中心旅馆一直拒绝为黑人提供服务，民权法案颁布后，该旅馆认为国会立法行为超越了“商业条款”赋予国会规制州际商业贸易的权限，遂向法院起诉要求禁止民权法案实施；联邦政府提出反诉，要求亚特兰大中心旅馆停止拒绝为黑人提供服务的种族歧视行为。联邦最高法院认为，人员州际流动属于州际商业贸易的范畴，国会制定旨在消除种族歧视对州际商业贸易产生影响的民权法案，是符合“商业条款”授权的，国会规制州际商业贸易的权力能够延伸至那些可能对商业贸易产生重大或有害影响的领域。因此，国会有权制定消除种族歧视的联邦法律，禁止公共场所实施被认为是不道德的行为。

二、隐性商业条款审查标准——从平衡原则到歧视原则

美国联邦最高法院运用“隐性商业条款”对州政府地方保护行为进行司法审查，积累了丰富的判例。在此基础上建构起来的判例法体系表现了联邦法院对打击地方保护、消除商业贸易壁垒以及建立国内统一市场孜孜不倦的价值诉求和司法目标。与此同时，在联邦最高法院适用“隐性商业条款”审查州立法是否存在地方保护的司法实践中，审查标准也体现出动态变化，从平衡原则逐步向歧视原则转变，表现了对州立法审查日趋严格的司法控制趋势。所谓平衡原则，指的是虽然州法律没有对州际商业贸易构成

① Heart of Atlanta Motel, Inc. v. United States, 379 U. S 241(1964).

歧视,但该法的实施却对州际商业贸易造成一定影响。如果州法律给当地带来的收益大于其给州际商业贸易造成的负担,且这种负担仅对州际商业贸易造成附带性影响,州法律则被推定是有效的;如果州法律给当地带来的收益与其给州际商业贸易造成的负担明显失衡,且这种负担对州际商业贸易造成严重影响,州法律则被推定是无效的。平衡原则的核心在于联邦最高法院对州法律规制收益与州际商业贸易负担之间进行平衡,如果规制收益与贸易负担比例严重失衡,则州法律无效;反之则州法律有效。所谓歧视原则,指的是对州法律是否构成对州际商业贸易歧视予以审查,如果不构成歧视,则州法律有效;反之,则州法律无效。申言之,在联邦最高法院适用"隐性商业条款"的司法审查实践中,歧视涵盖两层意义:其一,州法律区别对待州内利益和州外利益,使两者处于不平等之境遇;其二,州法律虽然未区别对待州内外利益,但其加重州际商业贸易负担。① 因此,笔者认为歧视原则不仅致力于测度州法律对州内外利益之不公正待遇,而且将平衡原则中州法律规制收益与州际商业贸易负担之经济分析原理亦纳入其中,故其较之平衡原则标准更为宽泛、更为严格。

平衡原则在 1945 年"亚利桑那州火车案"②中首次适用。该案中,亚利桑那州基于铁路运输安全考虑对在境内行驶的火车长度予以限制,该州法律只允许长度不超过 70 辆汽车的货运火车和长度不超过 14 辆汽车的客运火车在该州境内行驶。联邦最高法院认为 95% 左右的火车均系州际列车,鉴于铁路运输在州际商业贸

① 参见郑鹏程著:《对政府规制的规制——市场统一法律制度研究》,法律出版社 2012 年版,第 17 页。

② Pac. v. Arizona, 325 U. S. 761, 770 – 71 (1945).

易中的重要地位,铁路运输规则应由国会统一规制。该州法律虽然并未对州内、州外铁路运输予以区别对待和歧视,但其对州际商业贸易造成了显著经济负担,且对促进州际铁路运输安全并无益处。因此,联邦最高法院裁决亚利桑那州限制火车长度的法律无效。其后,平衡原则又在 1949 年"麦迪逊市牛奶消毒案"①和 1970 年"亚利桑那香瓜包装案"②中得到进一步发展。在"麦迪逊市牛奶消毒案"中,威斯康星州麦迪逊市颁布了一项法令,要求在该市销售的牛奶必须在市中心 5 英里之内的消毒站内进行消毒和装瓶,该市声称此举在于保障当地民众的健康安全。伊利诺伊州迪恩牛奶公司消毒站位于麦迪逊市中心 65 英里与 85 英里之间,按照麦迪逊市法令,迪恩公司牛奶不得在麦迪逊市范围内销售。联邦最高法院认为,尽管法令之目的系为了保障民众健康安全,市政当局亦不得建立保护本地企业免受外地企业竞争的贸易壁垒,这对州际商业贸易产生了沉重负担。麦迪逊市可以采取对州际商业贸易负担较轻的措施来保障民众健康安全,诸如聘用官员对来自他州的牛奶进行质量检查,并征收额外检查所需的费用,牛奶消毒限制在 5 英里内的法令保障民众健康安全的收益与造成州际商业贸易的负担比例严重失衡。因此,联邦最高法院裁决麦迪逊市的法令无效。在"亚利桑那香瓜包装案"中,联邦最高法院再次运用平衡原则审查了亚利桑那州农业部门关于该州生产的香瓜必须在州内加工、包装的法令,并裁决该法令违反了"隐性商业条款"。该案中,联邦最高法院再次重申了平衡原则审查标准,即实现公众利益的法令对州际商业贸易之影响只能是附带性的,如果法令施加于

① Dean Milk Co. v. Madison,340 U. S. 349(1951).

② Pike v. Bruce Church,Inc. ,397 U. S. 137,412(1970).

州际商业贸易之负担明显超过推定的地方公众利益,该法令将被认为是无效的。由于平衡原则涉及复杂的经济效益分析,且该原则过于灵活,难以为分析州和市政当局立法提供足够清晰的评判依据,平衡原则在司法实践中适用范围受到严重局限,很少被用来测度州立法是否违反"隐性商业条款"实施地方保护。

自20世纪90年代以来,联邦最高法院愈发重视运用歧视原则测度州立法对州际商业贸易的实质影响,如何界定"歧视"遂成为适用"隐性商业条款"的关键之处。正如前文所述,"隐性商业条款"语境中的歧视分为两个层面:一是区别对待州内利益和州外利益,使得前者受益而后者受损;二是加重州际商业贸易负担。对于第一个层面的歧视,联邦最高法院在适用"隐性商业条款"时主要采取表面歧视审查和效果歧视审查两种标准。所谓表面歧视审查,指的是对州法律进行法律文本解读,如果发现存在对州内利益和州外利益区别对待之表述,则构成表面歧视。例如,联邦最高法院在1984年"夏威夷酒类消费税案"①和1992年"亚拉巴马危险废品处理案"②中分别裁定,夏威夷州免征两种本州酒类消费税的法律和亚拉巴马州征收在他州生产但在本州处理的危险废品附加费用的法律违反"隐性商业条款"。在上述两案中,夏威夷州法律对酒类批发征收20%消费税,但对本州两种酒类免征消费税,使本州酒类较之他州酒类具有竞争优势;同样,亚拉巴马州法律对州内生产并处理的危险废品征收基本费用,对在他州生产但在本州处理的危险废品征收附加费用,提高了他州生产的危险废品处理成本,两者均对州内利益和州外利益予以了区别对待。所谓效果歧

① Bacchus Imports, Ltd. v. Dias, 468 U. S. 263(1984).

② Chemical Waste Management, Inc. v. Hunt, 504 U. S. 334(1992).

视审查,指的是虽然对州法律进行法律文本解读,未发现对州内利益和州外利益区别对待之表述,但是州法律实施却隐含了区别对待的实质效果,此时则构成效果歧视。例如 2005 年“葡萄酒销售案”①中,密歇根州、纽约州法律设立了厂家执照、批发执照和零售执照等三层执照分离的销售制度,使上述两州生产的葡萄酒较之他州生产的葡萄酒更容易在各自州内直销。联邦最高法院认为,密歇根州和纽约州法律制定的销售制度对州内利益和州外利益予以了区别对待,增加了州内葡萄酒业的竞争能力,因此,裁决密歇根州、纽约州法律违反了“隐性商业条款”。对于第二个层面的歧视,联邦最高法院着重审查州法律是否对州际商业贸易负担造成实质影响,即使州法律虽然未区别对待州内外利益,但其加重州际商业贸易负担,仍然可能违反“隐性商业条款”。例如,1992 年“煤炭供应案”②中,怀俄明州一直供应俄克拉荷马州发电企业近 100% 的电力用煤,俄克拉荷马州制定一项法令,要求该州境内发电企业至少采购 10% 本州生产的煤炭。尽管该州法令并未对州内利益和州外利益予以区别对待,但联邦最高法院认为,俄克拉荷马州法令表现出对州内煤炭企业利益的偏好,损害了他州煤炭企业利益,加重了他州煤炭企业在州际商业贸易中的负担。因此,联邦最高法院裁决俄克拉荷马州法令违反了“隐性商业条款”。从中可以看出,歧视的第二层含义较之第一层含义明显宽泛得多,对州法律实施地方保护阻碍州际商业贸易的规制程度更为严厉。在此意义上讲,联邦最高法院通过对歧视进行更加宽泛的界定,延伸了“隐性商业条款”规制地方保护作用的场域,保障了州际贸易自由

① Granholm v. Heald,544 U.S. 460 (2005).

② Wyoming v. Oklahoma,502 U.S. 437(1992).

和市场竞争秩序,使之成为维护市场公平竞争的基石。

三、隐性商业条款适用除外特殊情形——市场参与者例外规则

通过前文对“隐性商业条款”的适用范围和审查标准以及相关经典判例的分析,可以从中得出一个结论:联邦最高法院运用“隐性商业条款”对阻碍国内统一市场,加重州际商业贸易负担的地方保护规制日趋严格,对州内外利益予以区别对待,使州内利益获益而州外利益受损的各州立法很大程度上被联邦最高法院裁定无效。但是,考察联邦最高法院适用“隐性商业条款”规制地方保护司法审查实践,存在一个明显的例外尤其值得关注,即各州作为州际商业贸易的市场参与者而非市场规制者,其利用自身资源禀赋惠及州内居民、企业,对州内外利益予以区别对待时,并不违反“隐性商业条款”。在这类情况下,各州不再以市场规制者的角色出现,而是以一种和私人企业类似的市场参与者角色加入商业贸易中,从而实施有利于州内居民、企业福利的活动。

联邦最高法院在1980年“马里兰废旧汽车处理案”①中,首次阐明了“隐性商业条款”适用除外的特殊情形——“市场参与者例外规则”,严格区分市场参与和市场规制两类不同性质的行为。该案中马里兰州对有关州内废旧汽车处理的法律进行了修改,规定废旧汽车处理企业获得政府奖励必须提交废旧汽车产权证明,②且对州内州外废旧汽车处理企业提交的废旧汽车产权证明文件予以了分别规定。前者较之后者产权证明文件的范围更加宽泛,标准

① Hughes v. Alexandria Scrap Corp. ,426 U. S. 794,810(1976).

② 1969年马里兰州法律规定对加快废旧汽车处理速度的企业予以奖励,对囤积、销售废旧汽车上可以使用零配件的企业予以处罚,此举旨在通过奖励与处罚相结合的方式加快废旧汽车处理效率。

更加宽松。一家位于弗吉尼亚州的废旧汽车处理企业，在该法实施前处理了来自马里兰州的大部分废旧汽车。在该法实施后，由于所需提供产权证明文件范围的缩小以及证明标准的提高，该汽车处理企业从马里兰州获得的补贴大大减少，该汽车处理企业遂起诉马里兰州 1974 年修订的法律违反了“隐性商业条款”。联邦最高法院认为，“隐性商业条款”并不禁止州政府作为市场参与者实施惠及州内居民行为的权利，马里兰州对废旧汽车处理的奖励制度属于州政府参与到市场中对商品价格进行招标而非行使市场规制权力。因此，裁决马里兰州不构成“隐性商业条款”所禁止的地方保护。从该案中可以看出，联邦最高法院认为州政府行使市场参与者之私权利与实施市场规制者之公权力有着本质区别。前者体现州政府平等参与市场交易，自由选择交易对象之自由；后者体现了州政府制定市场规则，严格规制交易行为之旨意。因此，笔者认同“播种与收获”理论乃为“市场参与者例外规则”的理论基础。州内民众承担的税负构成了州政府岁入主要来源，这是州内民众播下的种子，州政府在支出这些收入时，无论从政治上亦或是道义上州内民众都应顺理成章从中收获一定的好处。

其后，在 1980 年“南达科他州水泥销售案”①中，联邦最高法院通过判例完善了“市场参与者例外规则”，并对其中蕴含的原理予以了阐明。该案中由于水泥供应紧缺，南达科他州要求州水泥厂只能将水泥销售给本州居民。在怀俄明州注册的瑞夫斯公司，虽然未与南达科他州水泥厂签订长期供应合同，但其一直使用该厂生产的水泥，所以，受到南达科他州政策的严重影响。瑞夫斯公司认为，南达科他州明显偏袒本州居民，歧视他州购买者，遂向法院

① Reeves, Inc. v. Stake, 447 U. S. 429, 436 – 37 (1980).

起诉该州政策违反“隐性商业条款”。联邦最高法院在该案中亦表达了与“马里兰废旧汽车处理案”相同的观点，如果州政府以参与者的身份加入市场活动，其和私主体享有同样的权利，同样不应受到“隐性商业条款”之规制。因此，联邦最高法院支持了上诉法院观点，维持了南达科他州政策没有违反“隐性商业条款”的裁决。因此，可以理解联邦最高法院以判例法确定“市场参与者例外”规则的理论内涵：其一，“隐性商业条款”禁止的是州政府实施地方保护，阻碍国内统一市场从而增加州际商业贸易负担的相关规制措施，并不禁止州政府以参与者身份加入到市场活动中；其二，州内资源属于州内民众，州政府系州内民众聚合而成的抽象政治实体，其作为州内资源受托人与民众利益监护人有权决定州内民众期许之服务，并将州内资源分配限制在州内民众群体，此为州政府行使主权之体现；其三，州政府以市场参与者身份从事市场活动，其受到的约束与享有的权利较之私主体并无二致，同样享有“隐性商业条款”不适用于私人的权利；其四，市场参与过于复杂，应当由国会对州政府市场参与行为予以规制。不仅如此，在1983年“波士顿基建雇佣案”①中，联邦最高法院又将政府作为市场参与者的范围由州政府扩大至市政当局等地方政府。该案中波士顿市法令规定，凡是由城市资助的建筑工程必须雇用一半以上的本市居民。联邦最高法院认为，市政当局是州政府的下级政府，其在城市基建工程中以参与者的身份加入市场活动，而非以规制者的身份规制市场活动，“隐性商业条款”同样不能适用于市政当局参与市场活动、制定市场参与条件的情况。

---

① White v. Mass Council of Construction Employees, Inc., 102 S. Ct. 1273 (1983).

尤为值得关注的是，联邦最高法院确定“市场参与者例外规则”并非意味着州政府所有市场参与行为都能够通过该规则得以豁免，州政府市场参与行为与市场规制行为一旦混淆，亦将受到“隐性商业条款”的规制。但实践中，州政府市场参与行为与市场规制行为之间的边界并非泾渭分明，二者之间亦可能存在相互勾连的灰色地带，即市场参与行为中隐含市场规制行为，假市场参与之名行市场规制之实。此时，甄别上述两种行为的相关性便成为司法审查的重中之重。在 **1984** 年“中南公司林木案”①中，联邦最高法院通过审查甄别出政府市场参与行为中隐含的市场规制行为，从而判定阿拉斯加州违反了“隐性商业条款”。该案中，阿拉斯加州一项法律要求州内购买的林木出口前必须在州内加工厂进行加工。原告中南林木公司虽然是一家州内公司，但其主要从事原木出口贸易，该公司在州内购买的林木主要运往日本加工，故中南林木公司向法院起诉阿拉斯加州法律违反“隐性商业条款”；阿拉斯加州政府则主张其作为市场参与者对林木出口进行限制，不应当受到“隐性商业条款”的规制。该案争执的焦点在于阿拉斯加州要求州内木材出口前必须在州内加工厂进行加工的限制是否属于市场参与行为，如果属于市场参与行为，那么州政府将藉以“市场参与者例外规则”豁免适用“隐性商业条款”；反之则必然构成地方保护。联邦最高法院在此问题上产生分歧，最终以微弱多数判定阿拉斯加州法律违反“隐性商业条款”。联邦最高法院认为，该案中阿拉斯加州政府是州内木材销售市场的参与者，但其并非是州内木材加工市场的参与者，其利用销售市场限制加工市场进而对

---

① South-Central Timber Development, Inc. v. Wunnicke, 467 U. S. 82, 93 (1984).

州际贸易产生了影响,这就像一个商品售出之后,销售者仍然向购买者下达使用该商品的指示一样滑稽,州政府不能凭借对自然资源的占用,出售资源后仍然对下游市场予以限制。① 因此,联邦最高法院将阿拉斯加州政府的主张视为利用"市场参与者例外规则"规避其对下游市场予以规制事实的托词。在"中南公司林木案"中,联邦最高法院注重对州政府市场参与行为是否隐含市场规制行为予以甄别审查,严格防止两者发生勾连,从而为"市场参与者例外规则"设置了一个安全阀,实现了尊重州政府主权与打击地方保护并重的二元价值目标。

第二节　欧盟模式——行政审查规制国家援助

欧洲联盟(欧盟)作为全世界最大的区域性政治、经济合作组织是由众多主权国家联合而成的共同体,随着欧盟成员国将部分国家主权(诸如金融货币政策、成员国内部市场、成员国之间贸易、关税自主等方面)让渡给欧盟,使得欧盟越发具有超主权国家政治经济联盟的性质,逐步成为一个集政治实体和经济实体于一身的区域一体化组织。在"欧洲一体化"政策背景下,欧盟持之以恒地追求在各成员国之间构建一个统一市场,并以此为目标对各成员国经济政策予以整合与统一。② 在此意义上讲,在欧盟的经济版图和权力格局中,欧盟成员国经济方面的权力受到了严格限制,其在

① 参见张千帆著:《国家主权与地方自治——中央与地方关系的法治化》,中国民主法制出版社 2012 年版,第 325 页。

② Szyszczak E. M. ,"The Regulation of the State in Competitive Markets in the EU",Proceedings of the Physical Society B,2007,pp. 371 – 371.

欧盟共同体中的法律地位与我国的地方政府具有一定程度的相似性。欧盟国家援助制度经过50余年的发展,逐步构建起一套较为完备的政府补贴控制机制,不断增强欧盟委员会对成员国实施政府援助的合法性审查力度,限制成员国政府对个别企业以及相关产业实施财政支持,防止受援对象凭借政府财政资源增强竞争能力,进而保障欧盟内部统一市场竞争秩序不会受到扭曲。

一、国家援助认定标准——与内部市场相抵触

《欧洲2020年战略》中的"经济增长战略精神"指出,单一市场是推动欧盟经济持续发展最有利的条件,需要国家援助制度在内的相关法律来创造一个没有国界的统一大市场,并保障市场竞争秩序不会受到反竞争行为的扭曲。[①] 国家援助(State Aid)指的是欧盟成员国政府通过各种形式利用国家财源给予企业优惠的行为,由于其人为地改变了某一成员国、某些地区或者行业、企业竞争地位,扭曲了欧盟统一市场竞争秩序,对成员国之间贸易造成消极影响,故成为欧盟法律的重要规制对象。欧盟国家援助制度实体法律规则主要体现在《欧盟运行条约》第107条,该条款采取原则加例外的立法范式对国家援助予以了详细阐明。其中,第1款规定了原则上被欧盟法律禁止的国家援助,即禁止的国家援助;第2款规定了被认为与共同市场相容的国家援助,即允许的国家援助;第3款规定了需要根据实际情况评判其是否与共同市场相容的国家援助,即可能允许的国家援助。[②] 前者是原则性规定,属于

① 参见周海涛:《欧盟国家援助制度的现代化及其借鉴》,载《河北法学》2016年第8期,第131页。

② See Consolidated versions of the Treaty on European Union and the Treaty on the Function of the European Union, Article 107(1).

欧盟法所禁止的范畴;后两者是特殊性规定,属于国家援助适用除外的特殊范畴。本节所称国家援助系第 1 款规定之禁止的国家援助,后两者将在后续章节中予以具体说明。

《欧盟运行条约》第 107 条第 1 款规定:成员国政府不论采取何种方式实施援助,只要使得某些企业或生产部门藉此获得优待,扭曲或者威胁扭曲统一市场内部竞争,以致内部贸易受到不利影响,除另有规定外,均视为与内部统一市场相抵触之国家援助。① 通过法律文本分析,上述条款系对欧盟法律禁止的国家援助之认定标准的白描,即同时满足国家财源给予、特定受援对象获得优待、扭曲竞争或威胁扭曲竞争、成员国间贸易受到消极影响等四个构成要件便认定为成员国政府实施的国家援助与内部市场相抵触应予禁止。其一,从国家援助来源分析,国家财源给予着重强调施惠行为源自成员国政府及其公共机构运用公共财政资源。② 不仅包括直接补贴、资金注入等给付型援助形式。而且涵盖税费优惠、低价处置国有资源、资产等减免型援助形式。这些援助行为影响了成员国政府公共财政(财政支出增加或财政收入减少),受援企业获益与财政负担增加对应发生。其二,从国家援助受援对象分析,特定对象获得优待要求国家援助的受援对象必须特定,但这种施惠于特定对象的优待行为并不要求其只能适用于个别企业、产业,只要成员国经济政策设定了一定标准并藉此能够识别一定数量的受援企业、行业即可。其三,从国家援助实施效果分析,扭曲竞争或威胁扭曲竞争强调国家援助不具有普遍性,使得受援对象

---

① See Consolidated versions of the Treaty on European Union and the Treaty on the Function of the European Union, Article 107(1).

② Winter J. A., "Re(de)fining the notion of State aid in Article 87(1) of the EC Treaty", Common Market Law Review, 2004, pp. 475 – 504.

藉此获得了竞争优势，打破了受援对象与竞争对手在市场竞争中的均衡格局，统一市场内部公平竞争的市场秩序受到不同程度的不利影响。其四，从国家援助影响范围分析，成员国间贸易受到消极影响，强调国家援助改变了产品流动的方向和强度，成员国实施的国家援助使受援对象在统一市场内部的竞争优势显著增强。既可以表现为出口数量的增加，也可以表现为进口数量的减少，进而对成员国之间跨国贸易造成消极影响。因此，接受欧盟委员会审查的成员国经济政策一旦符合以上四个构成要件，即被视为欧盟法律严厉禁止的国家援助，除非成员国经济政策符合《欧盟运行条约》第 107 条第 2 款、第 3 款规定的两类适用除外的情形，属于允许或可能允许的国家援助范畴。

从前文分析中可知，适用《欧盟运行条约》第 107 条第 1 款界定的国家援助外延十分宽泛，仅仅以此款法律文本解释确定的国家援助认定标准、指导欧盟委员会对成员国经济政策的审查实践作用极其有限。不仅如此，成员国国家援助形式也发生了新的变化，往往采取设立使用政府拨款的独立办事机构或公共事业部门以及国有资本参股私有企业或者联合经营等方式实施间接国家援助。此类间接国家援助与成员国政府或者其他公共机构运用公共财政资源实施的直接援助本质无异。因此，为有效规制间接国家援助，欧盟法院通过判例①对国家援助实施主体范围进行了扩大解释，明确成员国政府直接实施以及通过公共、私人部门间接实施的国家援助均受到同等规制。特别是在“Van der Kooy BV. v. Commission”②案中，欧盟法院详细阐明了上述观点。该案中，荷兰

① Case 78/76, Steinike & Weinlig v. Germany.

② Case C－67, 68 and 70/85 Van der Kooy v. Commission.

一家私人公司以优惠价格向某些特定的公司销售天然气，欧盟法院发现荷兰政府持有该私人公司一半以上股权，并任命该公司一半以上监事，而且荷兰政府经济管理部门对天然气销售价格具有规制权。欧盟法院认为，荷兰政府对该公司具有足够的控制力，能够决定是否给予特定对象优惠，该公司以优惠价格销售天然气的行为构成国家援助。随后，欧盟法院通过不断完善相关判例衍生出“可归因性”和“市场投资人”双重测试标准，帮助欧盟委员会识别判定成员国经济政策是否符合国家援助。“可归因性”测试强调成员国通过某一机构（公共机构或私人机构）给予特定企业经济上的援助，必须体现成员国国家的意志，即可以归因于国家，否则不构成国家援助。欧盟法院在“法国国企并购案”中首次以判例的形式对“可归因性”测试予以阐明。该案中，法国里昂商贷银行（国有银行）下属的 CDR 公司收购了一家长期亏损、即将破产的游船公司 Stardust，并为其维持经营注资、融资近 4 亿法郎。收购结束 4 年后，CDR 又以 200 万法郎的低价转让了 Stardust 全部股权。欧盟委员会在调查中发现，CDR 人事任免以及股东权益均由法国里昂商贷银行全面控制，且 CDR 收购 Stardust 以及后续的注资、融资明显有别于正常的市场行为，据此判定构成国家援助。欧盟法院认为，不能仅凭投资主体是国有企业便判定构成国家援助，必须证明投资行为体现国家意志，即归因于国家。① 由此可知，“可归因性”测试在于测度相关机构实施的援助行为是否能够排除成员国政府的影响，体现其援助行为具有经营自主性。如果无法证成其援助行为与成员国政府存在关联性，则不构成国家援助。因此，必须证明相关机构援助行为体现了成员国国家意志，前者与后者之间存在

① Case C－482/99，France v. Commission.

密切关联,后者对前者施加了重要影响。“市场投资人”测试在于测度相关机构实施的援助行为是否符合投资人通过资金注入获取投资回报的市场经济规律。换句话说,如果成员国政府通过某一机构实施与投资者类似的资金注入行为,并希望获得正常的经济利益回报,此时不能认定该投资行为构成国家援助;反之,如果该投资行为明显不符合市场规律,不希望或者根本不可能获得正常的经济利益回报,此时便构成国家援助。在“意大利诉委员会”案中,Alfa Romeo 系意大利国有控股公司的下属公司,该公司长期处于亏损,而意大利国有控股公司却为其注资 4.29 亿欧元。欧盟委员会,认为 Alfa Romeo 连续 12 年亏损,任何一个私人投资者都不会对其进行投资,因为基于正常的市场规律,能够预期这项投资难以获得回报,因此判定构成国家援助。欧盟法院也持相同观点,认为一个私人投资者基于投资对象的经营状况可以预期,不可能从该项投资中获得有效回报。[①] 由此可知,欧盟法院通过判例完善的“可归因性”测试与“市场投资人”测试乃为欧盟委员会识别判定成员国政府通过相关机构对特定企业实施的经济援助是否构成国家援助之重要原则。二者之间系并行适用的关系,只有同时满足“可归因性”测试与“市场投资人”测试,方能判定援助行为构成国家援助。尤为值得关注的是,欧盟“市场投资人”测试与美国“市场参与者例外”原则皆注重测度政府市场参与行为,考察其是否以市场参与者而非市场规制者的角色涉足经济活动。但两者考察重点也存在一定区别,前者重点关注政府市场参与行为是否能够获得有效回报,后者重点关注政府市场参与行为是否有利于惠及区域内居

① Jenny F. Y., “Competition and State Aid Policy in the European Community”, Fordham Intl L. j, 1994.

民、企业的福利。

二、国家援助审查程序——现有国家援助与新国家援助

《欧盟运行条约》第 108 条将审查成员国国家援助的总括性权力赋予了欧盟委员会，在此基础上欧盟理事会制定《第 659/1999 号程序条例》（以下简称《程序条例》）对成员国国家援助审查程序予以了进一步细化，使欧盟委员会审查权限进一步扩张，主要表现在以下三个方面：一是欧盟委员会须得对各个成员国政府实施的现有国家援助进行审查，并依据统一市场发展情况向成员国政府提出援助措施建议；二是成员国政府实施现有国家援助以外的任何援助措施，须得事先向欧盟委员会申报，在欧盟委员会批准之前不得实施，除非该措施属于集体豁免范畴或者是之前欧盟法院判决涉及的；其三，欧盟委员会须得公平审查收到的国家援助申诉，并作出初步审查决定，如有必要，则启动正式调查。《欧盟运行条约》第 109 条赋予了欧洲理事会在经过欧盟委员会多数建议并征求欧洲议会的情况下，可以就条约第 107 条、第 108 条制定实施条例等方面的立法权力。因此，欧盟国家援助审查程序主要由欧盟委员会主导，大体上可以分为对成员国现有国家援助的审查以及新国家援助审查。

所谓现有国家援助，主要指在《欧盟运行条约》生效之前成员国已经实施的国家援助以及欧盟委员会批准的国家援助。《程序条例》将现有国家援助分为以下五类：①其一，《欧盟运行条约》生效前已经实施的援助；其二，欧盟委员会或理事会已经批准的单个

① See Council Regulation (EC) No 659/1999 of 22 March 1999 Laying down detailed rules for the application of Article 93 of the EC Treaty, Article 1(b).

援助以及援助计划；其三，欧盟委员会初步审查超过时限且未作出具体决定的援助；其四，追回时效已过的援助；其五，援助实施时并不构成国家援助，但随着内部统一市场发展而成为国家援助。一旦欧盟委员会识别出判定成员国现有国家援助与内部统一市场相抵触并据此作出决定，其可向成员国提出修改国家援助实体、程序规定或者废除的建议。如果成员国接受欧盟委员会建议，则该建议对成员国具有约束力；倘若成员国拒绝接受建议，欧盟委员会可以启动正式调查。① 由于成员国现有国家援助在实施时被认为是合法的，因此欧盟委员会的决定不具有溯及力，受援对象无须返还已经领受的援助。

所谓新国家援助，指的是《程序条例》所规定的对现有国家援助的改变以及现有国家援助之外的所有援助。根据《欧盟运行条约》第108条第3款的规定，②成员国有义务向委员会通告新援助计划或改变现有援助计划，并且为委员会审查援助计划留足时间。如果委员会认为根据条约第107条的规定，该援助计划与内部统一市场相抵触，委员会须得立即启动条约第108条第2款规定的程序（正式调查程序）。在正式调查程序作出最终决定之前，成员国不得实施援助计划。对上述条文进行解读，成员国新国家援助可能需要经历两次审查，即初步审查和正式调查。一般而言，初步审查将在两个月内结束，届时欧盟委员会根据成员国国家援助情况作出三类不同的决定：其一，援助计划不构成国家援助；其二，援助计划虽然构成国家援助，但是属于国家援助适用

① Soltesz, Ulrich and Holger Bielesz, "Judicial Review of State Aid Decisions-Recent Developments", European Competition Law Review 25, 2004: 133 – 152.

② See Consolidated Versions of the Treaty on European Union and the Treaty on the Function of the European Union, Article 108(3).

除外的情况；其三，认为援助计划构成国家援助，启动正式调查。① 在正式调查程序中，成员国、受援对象及其竞争对手以及行业、贸易协会等利益相关方可以发表意见。欧盟委员会在充分听取利益相关方意见后会根据成员国援助计划实际情况作出不同的决定，总体上可以分为两类：一是认为援助计划与条约第107条的规定相抵触构成国家援助，或者该项援助被不合法地给予了援助对象（被误用的援助），要求成员国废除或在规定的时间内对该项援助予以修正；②二是认为不构成国家援助，批准成员国实施。需要着重强调的是，欧盟委员会不能由于成员国未能履行新国家援助通知义务，而直接宣布援助计划无效。在此情况下，欧盟委员会可以要求成员国提供判定新国家援助是否与内部统一市场相抵触的必要信息，如果成员国不提供必要信息或提供的信息不完备，欧盟委员会可以作出临时决定，要求其中止实施援助计划。如果成员国接受临时决定，欧盟委员会将对其实施的援助计划进行审查，如果成员国不接受临时决定，亦将基于已掌握的信息作出审查决定。如果成员国既不接受临时决定，又不遵守审查决定，欧盟委员会将提交欧盟法院裁决。对于经审查后认定属于与内部统一市场相抵触的国家援助，欧盟委员会可以发出收回令，要求成员国从受援对象处收回已经给予的援助及其利息，且受援对象不得以对其造成经营困难为由拒绝返还。如果受援对象系基于对成员国遵守欧盟法律之信赖接受了国家援助，根据保护受援对象合理预期利益的原则，可以不返还接受的国家援

① See Council Regulation (EC) No 659/1999 of 22 March 1999 Laying down detailed rules for the application of Article 93 of the EC Treaty, Article 3 – 4.

② See Consolidated versions of the Treaty on European Union and the Treaty on the Function of the European Union, Article 108(2).

助,但其必须确认成员国已将援助计划通知了欧盟委员会,否则不能适用上述原则。①

进入21世纪后,欧盟委员会在审查国家援助实践中面临两个主要问题:一是申诉处理可预测性不强,消耗大量执法资源;二是严重依赖成员国提供市场信息,在信息获取方面存在困难。按照现行《程序条例》的规定,任何利益攸关方均可对成员国实施的国家援助提出申诉。这使欧盟委员会必须耗费大量的执法资源对每个涉嫌国家援助的申诉进行调查。欧盟委员会年均需要对300余件申诉进行处理,其中许多申诉缺乏必要证据,使审查周期往往需要17个月,而且现行《程序条例》也没有对利益相关方提起申诉的形式予以规范。针对第一个问题,欧盟委员会提出对现行《程序条例》进行修正:其一,要求提起申诉的对象须得证明自己系《欧盟运行条约》第108条第2款以及《程序条例》第1条第h款所列明的利益相关方;其二,在受理申诉前,申诉对象应当提交一定的信息并使用规范化的申诉表格,以便欧盟委员会迅速甄别是否属于国家援助申诉范围以及确定每个申诉的优先程度;其三,受理申诉后,申诉对象提供的信息不充分或调查期间没有进行配合,欧盟委员会有权作撤诉处理。② 对于第二个问题,欧盟委员会提出采用市场信息工具MITs(Market Information Tools),明确其具有通过信息征询或通过决议的方式向市场征询信息以及在正式调查程序启动后要求成员国、受援对象提供信息的权力。如此一来,一方面,成员国可以就欧盟委员会征询的信息发表意见,从而使成员国政府

① 参见郑鹏程著:《对政府规制的规制——市场统一法律制度研究》,法律出版社2012年版,第139~140页。

② 参见周海涛:《欧盟国家援助制度的现代化及其借鉴》,载《河北法学》2016年第8期,第131~134页。

申辩的权利得以维护；另一方面，可以据此对存在异议的援助措施与内部统一市场相容性进行深入评估。① 欧洲审计院在 2011 年提交了名为《欧盟委员会的程序能够有效保障国家援助控制的管理吗》②的报告，提出实现成员国提交信息最小化、及时处理无事实依据的国家援助申诉、定期告知成员国、受援对象、申诉对象等利益相关方调查进展及结果、改进数据收集程序等方面的建议，并得到了欧盟理事会以及欧洲议会的高度认同。该报告旨在通过明确申诉条件和提高信息收集质量与效率，从而构建一套程序透明、步骤清晰的国家援助审查程序。

按照《欧盟运行条约》的规定，欧盟法院拥有对条约的最终解释权，能够对成员国政府遵守条约义务、欧盟行政机关行政行为合法性予以司法审查，也可以撤销欧盟任何行政机关作出的裁决、决定。③ 因此，欧盟委员会作出的国家援助审查决定仍然须得接受欧盟法院的司法审查。欧盟法院对国家援助的司法审查分为两大类：一类是针对成员国国家援助的诉讼，即成员国没有在规定时间内遵守欧盟委员会的有关决定，欧盟委员会或其他利益相关成员国可以向欧盟法院提起诉讼；另一类是实施国家援助的成员国、受援对象、受援对象的竞争者等利益相关方对欧盟委员会提起的诉讼。④ 这类诉讼主要分为两种：一是对欧盟委员会未按照

---

① 参见周海涛：《欧盟国家援助制度的现代化及其借鉴》，载《河北法学》2016 年第 8 期，第 134 页。

② 参见欧洲审计院专题报告“Do Commission's Procedures ensure effective management of state aid control”.

③ See Consolidated versions of the Treaty on European Union and the Treaty on the Function of the European Union, Article 263 – 265.

④ See Consolidated versions of the Treaty on European Union and the Treaty on the Function of the European Union, Article 108(2).

《欧盟运行条约》第 108 条第 3 款要求及时采取行动提起不作为诉讼;①二是对欧盟委员会采取的具有法律效果的决定提起无效诉讼,②具体包括某项援助构成或不构成国家援助的最终审查决定、要求成员国政府停止实施援助的决定以及要求其收回国家援助的决定。由于对国家援助的审查涉及复杂、精密的经济评估,欧盟法院拒绝以自己的经济评估取代欧盟委员会专业的经济评估。如果后者认真地收集了各个利益攸关方国家援助信息,并获得了独立专家关于上述信息的意见,欧盟法院不会对这些信息进行进一步审查。虽然欧盟法院在国家援助审查中通过具体判例创制了"可归因性"测试以及"市场投资人"测试等原则来指导欧盟委员会测度成员国援助是否构成国家援助,有利于消除《欧盟运行条约》第 107 条关于国家援助认定标准过于原则化之窠臼;但通过个案裁判形式确定的判例也在一定程度上降低了认定标准和法律效果的可预见性。由于欧盟委员会发布的有关国家援助的条例、指南都向成员国和社会公众公开征询意见,欧盟法院也适时提供了司法意见并在判决中予以认可和适用;所以欧盟法院对欧盟委员会关于国家援助具有法律效果的决定保持高度尊重和司法克制。欧盟法院对欧盟委员会实施具有法律效果的决定进行司法审查的范围,限制在是否超越管辖权、是否构成权力滥用以及措施是否存在明显错误等方面。欧盟法院观点是欧盟委员会结论被假定是正确的,证明其存在评估错误是申诉人的

① See Consolidated versions of the Treaty on European Union and the Treaty on the Function of the European Union, Article 265.

② See Consolidated versions of the Treaty on European Union and the Treaty on the Function of the European Union, Article 263 para 1.

责任。①

三、国家援助适用除外——被认为或可能被认为与内部统一市场相容

虽然《欧盟运行条约》第107条第1款原则上禁止成员国实施一切国家援助，但该条第2款、第3款却保留了部分国家援助适用除外的情形，即成员国实施的援助并不必然构成“与内部市场相抵触”的国家援助，也可能因为其被认为与内部统一市场相容（shall be compatible with the internal market）或者可能被认为与内部统一市场相容（may be considered to be compatible with the internal market）而得以豁免。在此意义上讲，《欧盟运行条约》第107条第1款原则上禁止的国家援助，可以谓之为“非法的国家援助”，主要指的是成员国未向欧盟委员会申报遂自行实施以及虽申报但未获欧盟委员会批准的国家援助；该条第2款、第3款规定适用除外的国家援助，可以称之为“合法的国家援助”，分别是被认为与内部统一市场相容的国家援助以及可能被认为与内部统一市场相容的国家援助。因此，《欧盟运行条约》第107条第1款、第2款、第3款构成了覆盖成员国实施援助措施的实体法律规制框架，其中“非法的国家援助”属于绝对禁止的范畴，任何成员国均不得实施；“合法的国家援助”又具体分为绝对豁免和相对豁免两个不同范畴，被认为与内部统一市场相容的国家援助属于“绝对豁免”的范畴，可由成员国自主实施，无须向欧盟委员会申报；可能被认为与内部统一市场相容的国家援助属于“相对豁免”的范围，须得成员国先行向欧

① 参见郑鹏程著：《对政府规制的规制——市场统一法律制度研究》，法律出版社2012年版，第148~149页。

盟委员会申报，欧盟委员会批准后方得实施，未获批准则成员国不得擅自实施。由此可知，《欧盟运行条约》第107条第1款、第2款规定的国家援助分别属于国家援助体系的两个极端状态，即“绝对禁止”与“绝对豁免”；第3款规定的国家援助位于国家援助体系的中间状态，即“相对豁免”，其既可能由于欧盟委员会的否决而归属于“绝对禁止”，也可能由于欧盟委员会的批准而等同于“绝对豁免”。

被认为与内部统一市场相容的国家援助属于国家援助“绝对豁免”范畴，只要成员国实施的援助措施属于该范畴，无须向欧盟委员会申报即可自行实施。这类国家援助由《欧盟运行条约》第107条第2款以列举的形式予以阐明，包括以下三类：一是给予消费者个人的，具有社会性的援助，且不得含有对产品原产地的歧视政策；二是补偿自然灾害或意外事件所致损失的援助；三是给予受德国分裂影响地区的援助。① 第一类具有社会性，给予消费者个人的援助，不仅要求直接施惠于消费者，而且不得对来源于不同产地的同类产品予以区别对待以及予以任何形式的偏袒或歧视。针对条约并未明确解释何为“具有社会性”这一概念，欧盟委员会出台了诸多文件予以细化，要求援助应当具有明确的社会目的。例如，《航空业国家援助指南》(Guideline on State Aid in the Aviation Sector)指出，援助原则上仅限于特定类型的乘客，仅在特殊情况下可以不区分乘客类型惠及所有消费者。② 第二类补偿自然灾害或

① See Consolidated versions of the Treaty on European Union and the Treaty on the Function of the European Union, Article 107(2), a–c.

② 原则上仅限于小孩、残疾或低收入者等特定类型的乘客，如果航线覆盖岛屿在内的贫困地区可以面向该地区全部消费者。See Conor Quigley, European State Aid Law and Policy 2nd ed. Oxford: Hart, 2009, pp. 127–129.

意外事件所致损失的援助。欧盟委员会倾向于对自然灾害、意外事件予以严格限定，[①]其目的在于防止成员国以此为契机对本国经营困难企业予以援助。由于自然灾害或意外事件对受影响企业竞争能力造成了消极影响，内部统一市场企业之间的公平竞争秩序受到不可抗力之破坏，所以须得允许成员国对其实施援助，使之恢复到受影响之前的公平竞争状态。但是，成员国实施的援助措施也必须满足“相称性”和“非歧视性”两个基本原则，即援助仅限于补偿由自然灾害或意外事件造成的直接损失，且须得按照欧盟标准统一实施亦不得区别对待本国或者他国企业。第三类给予受德国分裂影响地区的援助，目的在于援助德国分裂时期经济发展落后的地区。由于条约规定在《里斯本条约》生效5年后，经欧盟委员会提议，欧洲理事会可以通过一项决定废除此项援助，因此上述援助即将被排除在绝对豁免范畴之外。

可能被认为与内部统一市场相容的国家援助属于国家援助“相对豁免”的范畴，成员国实施此类援助须得向欧盟委员会申报，后者需要根据实际情况考量援助措施内在因素，权衡其对内部统一市场竞争秩序以及成员国之间贸易产生的影响，从而决定是否批准或者附条件批准成员国实施此类援助。在实践中，欧盟委员会通常会考虑两个基本因素：其一，是否有利于援助目标实现，如果受援对象仅能依赖援助措施方能促进特定目标的实现，欧盟委员会则认为此类援助具有必要性；反之，如果受援对象在市场条件下仅依赖自身便可较好地促进特定目标的实现，欧盟委员会则认为此

---

① 自然灾害仅限于干旱、洪水、龙卷风、森林火灾、地震、火山爆发和动植物大面积死亡等情形；意外事件仅限于战争、严重社会动荡以及核爆炸等不可抗力。See Quigley, Conor, *European State Aid Law and Policy*, Bloomsbury Publishing, 2009, p. 129.

类援助不具备必要性。其二，是否过度扭曲竞争，虽然援助措施不可避免地会扭曲内部统一市场竞争秩序，但其必须努力平衡维护市场竞争秩序和促进社会目标实现两者之间的关系。① 如果援助措施在合理范围之内，欧盟委员会则认为此类援助具备均衡性；如果援助措施超过合理范围，欧盟委员会则认为此类援助不具备均衡性（援助过量），援助措施过度扭曲了内部统一市场竞争秩序。这类国家援助由《欧盟运行条约》第 107 条第 3 款予以列明，包括以下五类：一是促进发展严重不足地区的援助；二是促进欧洲共同利益项目或补救成员国经济动荡期间的援助；三是有利于某些经济领域或经济活动的援助；四是促进成员国文化和遗产保护方面的援助；五是欧盟理事会确定的其他援助。② 欧盟委员会在审查成员国政府实施的上述五类援助措施是否具有合法性、合理性以及是否达到国家援助适用除外豁免标准等方面具有较为充分的自由裁量权。第一类，促进发展严重不足地区的援助。成员国实施此类援助须得证明受援地区必须满足条约规定的生活水平异常低下、严重就业不足以及部分成员国的海外领土三个必要条件之一。其中前两个条件的甄别标准由欧盟委员会 2006 年制定的《地区援助指南》予以明确即人均 GDP 低于欧盟人均 GDP75% 的地区，③后一个条件系《欧盟运行条约》第 349 条列明的地区。④ 第二类，促进

---

① 参见竺效：《欧盟竞争法可适用除外的国家援助的类型研究》，载《南京大学法律评论》2006 年第 2 期，第 238 页。

② See Consolidated versions of the Treaty on European Union and the Treaty on the Function of the European Union, Article 107(3), a – e.

③ See Guidelines on National Regional Aid for 2007 – 2013 OJ 2006/C 54/08.

④ See Consolidated versions of the Treaty on European Union and the Treaty on the Function of the European Union, Article 349，具体包括瓜德罗普岛，法属圭亚那，马提尼克岛，马约特岛，雷尼翁岛，圣马丁岛，亚速尔群岛，马德拉岛和加那利群岛。

欧洲共同利益项目或补救成员国经济动荡期间的援助。促进欧洲共同利益项目,一般指的是能够普遍惠及多个成员国的重大科技项目。诸如,欧洲信息技术研究战略计划(European Strategy Program for Research in Information Technologies,ESPRIT)、欧洲产业技术基础研究(Basic Research in Industrial Technologies for European,BRITE)等有关的项目。成员国经济动荡要求必须系某成员国整体上陷入经济动荡,如果仅仅是某一成员国某个地区陷入经济动荡,则不能适用该条款予以豁免。第三类,有利于某些经济领域或某些经济活动的援助。此类援助是欧盟国家援助豁免制度中覆盖面最为宽泛的一项,主要根据《地区援助指南》予以界定,其与第一类促进发展严重不足地区的援助最为显著的不同在于欧盟委员会可以基于成员国自身的情况予以甄别,不受到前款要求受援地区人均 GDP 须得低于欧盟人均 GDP 75% 的限制。该款尤为值得重点关注的是后半部分的但书,即此类援助不会与共同体利益相悖,对成员国之间贸易造成不利影响。例如,法国政府采取提高进口纺织品关税的形式给予本国纺织业援助,增强了本国纺织品在内部统一市场中的竞争地位,其对成员国之间贸易施加了不利影响,因此欧盟委员会没有批准此项援助,且在后续诉讼阶段欧盟法院也认同了欧盟委员会的决定。① 第四类,促进文化和遗产保护的援助。此类援助须得成员国证明实施的援助具有文化性质,旨在保护本国文化和遗产,且不得与共同体利益相悖影响共同体贸易条件和竞争。例如,西班牙政府为保护境内巴斯克文化、语言等实施的国家援助。② 第五类,欧盟理事会确定的其他援助,此

① Case C-301/87, France v. Commission, ECR I-307.

② Case N1/2010, N102/2010, N132/2010, N139/2010.

类援助是国家援助适用除外豁免制度的兜底条款，赋予了前者批准成员国实施特定种类国家援助豁免的最终决定权。例如，允许对船舶制造业和煤炭业实施国家援助的框架协议。①

2005 年欧盟委员会通过国家援助行动计划②启动国家援助制度现代化改革，希望建立一套简化的国家援助规则，在提高欧盟委员会审查效率的同时，增强成员国实施国家援助的透明度，使其符合国家援助"数量减少，但更有针对性"的改革目标。在此基础上，欧盟委员会分别制定了 2006 年 1998 号条例（微量允许条例）和 2008 年 800 号条例（集体豁免条例）简化国家援助申报范围和程序。其中，微量允许条例免除了成员国政府在三个财政年度内给予单一企业 20 万欧元、公路运输企业 10 万欧元援助的申报义务；③集体豁免条例免除了成员国政府实施区域援助、中小企业援助、培训和就业援助、弱势或残疾工人援助等 9 个方面的申报义务。④ 此举重要意义在于，对按照《欧盟运行条约》第 107 条第 3 款规定属于"相对豁免"范畴的国家援助措施予以细化，使实施援助的成员国政府和接受援助的受援对象能够清晰准确地了解国家援助豁免规则，增强成员国政府和受援对象对援助措施是否具备合

---

① Nicolaides P., Kekelekis M., Buyskes P., *State Aid Policy in the European Community*: *A Guide Forpractitioners*, Kluwer Law International, 2005, pp. 34 – 35.

② 参见周海涛：《欧盟国家援助制度的现代化及其借鉴》，载《河北法学》2016 年第 8 期，第 130 页。

③ Commission Regulation (EC) No 1998/2006 of 15 December 2006 on the application of Articles 87 and 88 of the Treaty to de minimis aid OJL 379, 28. 12. 2006, Article 2(2).

④ Commission Regulation (EC) No 800/2008 of 6 August 2008 declaring certain categories of aid compatible with the common market in application of Articles 87 and 88 of the Treaty (General block exemption Regulation) OJL 214, 9. 8. 2008, Article 2(2), a – i.

法性以及是否能够获得豁免的可预测性认识；同时也在很大程度上减轻了欧盟委员会审查国家援助措施的压力，使欧盟委员会得以集中执法资源，对不在微量允许条例和集体豁免条例申报豁免范畴内的重要国家援助进行事前审查。这里需要重点指出的是，微量允许条例和集体豁免条例只是免除了成员国实施特定种类国家援助时的申报义务，并非意味着成员国援助行为不受欧盟委员会的审查。实践中，欧盟委员会大量采取事后控制的方式对上述免于申报义务的国家援助予以严格规制。同时，作为免除申报义务的交换条件，成员国政府也必须加强遵守欧盟运行条约、欧盟理事会条例、指令以及欧盟委员会援助指南等有关国家援助控制制度方面的承诺，并提供充分的信息以判定援助措施是否达致特定目的。

第三节　美国、欧盟规制政府间竞争措施之比较

通过分析美国规制地方保护和欧盟规制国家援助的经验，两者在规制目标上均体现了维护市场竞争秩序、最大限度地减少次级主体（州政府、成员国政府）不当干预市场的价值追求。两者在规制次级主体不当干预市场运行的法律制度方面，既存在高度的相似性，又不可避免地体现了基于不同政治经济基础衍生出的差异性。

一、相似性措施

第一，美国、欧盟都在宪法性文件中设置了破除贸易保护、维护市场统一的专门条款，将调控、规制次级主体间贸易的权力集中到一级主体（联邦政府、欧盟委员会），消除了次级主体干预州际贸

易和跨国贸易的法理基础。

第二,美国、欧盟均将次级主体给予区域内外商品、企业、资本等经济要素区别对待以及由此产生的负外部性作为重要规制对象。禁止次级主体直接或间接地实施歧视性政策从而筑造贸易壁垒,影响区域内外经济要素流动;防止企业或经营主体由于市场因素之外的原因获得相对于竞争对手的经济优势,扭曲市场公平竞争秩序。

第三,两者均注重一级主体代表的整体利益与次级主体代表的局部利益之间的衡平。美国联邦最高法院通过司法判例既有效地限制了州政府调控州际贸易、实施地方保护从而维护地方利益的权力,又创设了市场参与者例外的豁免原则,保障了州政府运用州内资源实施惠及州内民众措施的正当性,体现了对州政府主权的尊重。欧盟委员会设立国家援助制度,禁止成员国实施有悖于共同体利益并对成员国之间贸易造成不利影响的国家援助;同时又构建了国家援助适用除外的豁免制度,强调利用国家援助消弭市场失灵和维护竞争秩序之间的动态平衡,保障成员国主权行使,使其能够基于社会福利、促进经济落后地区发展以及调控特定经济领域等社会目标实施有针对性的援助。

二、差异性措施

第一,规制范围有所不同。美国州政府利用州内资源对州内居民实施的施惠行为不受商业条款以及由此引申的隐性商业条款的限制,这被认为是州政府行使主权的方式;欧盟成员国实施的国家援助在原则上被认为损害了市场竞争秩序,成员国政府基于有利于本国特定地区或者特定经济领域等价值目标实施的国家援助会对成员国之间贸易造成消极影响,因而受到严格限制。

虽然欧盟内部次级主体(成员国政府)的主权完整程度和效力范围高于美国次级主体(州政府)的主权完整程度和效力范围,但欧盟为了整合成员国之间经济、贸易、社会等政策使之服务于欧洲一体化目标,对次级主体实施援助措施的规制程度更为严厉。在此意义上讲,欧盟对成员国主权行使的限制范围更宽,规制程度更甚。

第二,规制机构和规制方式有所不同。美国负责规制地方保护、破除州际贸易壁垒的机构,主要是联邦法院。其中联邦最高法院更是起到了拱顶石的作用,其采取司法审查州政府经济贸易规制措施合宪性的方式,通过私人诉讼逐步发展出丰富的司法判例体系,体现了司法审查规制地方保护的弹性优势。欧盟委员会在规制国家援助方面发挥着主导作用。虽然欧盟法院也能够对欧盟委员会有关国家援助的决定、指南等进行司法审查,但由于欧盟委员会发布的有关国家援助的条例、指南都向成员国和社会公众公开征询意见,欧盟法院也适时提供了司法意见并在判决中予以认可和适用。所以,欧盟法院对欧盟委员会关于国家援助具有法律效果的决定保持高度尊重和司法克制。

第三,规制目标存在差异。美国商业条款以及隐性商业条款规制目标主要体现为破除地方保护、消除州际贸易壁垒;欧盟国家援助制度,不仅体现了上述规制目标,而且表现出较强的产业调控色彩。从政治的角度来看就是产业政策选择,①特别是各类国家援助指南都具有明显的产业援助政策目标,可以理解为在产业发展与自由竞争之间寻求平衡的政策工具。

---

① Andreosso B., Jacobson D., *Industrial Economics and Organization. A European Perspective*, Berkshire: McGraw-Hill Education, 2005, p. 446.

第四节　我国规制地方政府间竞争秩序的路径选择

美国模式与欧盟模式各具优势，但究竟何种路径更值得为我国所借鉴，则需深入考量政治体制、行政架构、司法实践等具体国情。笔者认为，欧盟以行政审查为主导规制国家援助的法律控制模式，相对而言，更加契合我国规制地方政府间竞争秩序的改革初衷。其主要理由在于欧盟与我国在国家援助（政府补贴）等有关产业政策的制度设计方面具有高度的相似性。欧盟国家援助制度体现了竞争政策优先于产业政策的制度初衷，其核心在于严格规制成员国政府运用国家援助扭曲市场公平竞争秩序。在此意义上讲，此种模式对于扭转当前我国各级政府过于倚重产业政策忽略竞争政策，频频利用政府补贴干预市场运行，造成市场主体竞争地位不平等、产业发展不均衡以及市场分割与地方保护等竞争失范行为具有重要的借鉴意义。

首先，行政机关主导的地方政府间竞争秩序规制路径契合我国中央政府高度集权的历史惯性。基于我国单一制国家政制架构的现实考量，在社会主义市场经济体系建构过程中，行政机关特别是中央政府承担了制度建构提纲挈领的重要职责，中央政府高度集权的历史惯性注定了我国社会主义市场体系建设是自上而下的分层建构产生的。从实用主义的立场出发，采取以私人诉讼为主的司法审查模式，虽然可以通过个案裁判在一定程度上减少和抑制地方政府对市场运行的不当干预、矫正受损的市场竞争秩序，但依托个案裁判集聚的法律效应恐难满足建构和维护市场公平竞争所需的宏大法律制度谱系。因此，笔者认为，行政机关主导的地方政府间竞争秩序规制模式，能够发挥行政科层制上下一致、政令畅通的制度执行群聚效应；中央政府对地方政府拟定经济政策合法性、合理性进行审查，可以迅速甄别、剔除有碍市场公平竞争秩序的地方政府经济政策，保障制度建构与制度执行一统性。

其次，欧盟委员会主导的行政审查模式与构建以国家市场监督管理总局主导的竞争评估机制具有内洽性。按照《反垄断法》第 9 条的相关规定，国务院反垄断委员会具有研究拟定竞争政策、发布评估报告等 5 个方面的职责。该条文实质上赋予了国务院反垄断委员会对有关市场公平竞争的规范性文件进行审查评估的权力。2018 年启动的新一轮国务院机构改革，虽然保留了国务院食品安全委员会、国务院反垄断委员会，但具体工作由新组建的国家市场监督管理总局承担。根据该制度建构进路，笔者认为《反垄断法》第 9 条有关研究拟定竞争政策、发布评估报告等有关公平竞争审查的工作职责，也应当由国家市场监督管理总局自然承继。因此，有必要破除我国现行公平竞争审查制度政出多门、反垄断执法“三龙治水”的制度窘境。参照欧盟委员会审查成员国国家援助措施的制度模式，赋予国家市场监督管理总局审查省级地方政府拟定的公共政策是否排除、限制竞争的总括性权力，对地方政府实施包括政府补贴、产业调控在内的经济政策予以实质性审查，保障地方政府拟定的经济政策不会扭曲或影响市场公平竞争。

最后，欧盟规制成员国国家援助与我国规制地方各级政府运用政府补贴干预市场运行的制度初衷高度耦合。2008 年国际金融危机爆发之后，在中央政府调整产业结构、推动产业升级的政策背景下，地方政府纷纷出台相关产业发展规划刺激特定产业高速发展，其中政府补贴扮演了极为重要的“援助之手”角色。这些政府补贴来源各异、种类繁多,既有来自中央政府的补贴,也有来自地方政府的补贴;既有针对特定地区(老少边穷)的补贴,也有针对特定产业(如新能源汽车)的补贴。但由于缺乏欧盟国家援助中对援助是否扭曲市场公平竞争秩序的精确化分析,政府补贴往往成为地方各级政府实施市场干预、人为增强区域内企业竞争优势进而实施市场分割的政策工具。因此,可以借鉴欧盟国家援助法律控制模式,对地方各级政府实施政府补贴是否影响市场公平竞争秩序予以分析和测度,防止地方政府假以政府补贴之名行市场分割之实。

第六章 规制地方政府间竞争失范的法治化途径

通过前文分析，地方政府间竞争是立论于地方政府作为理性经济人这一假设条件下展开的，市场经济转轨是地方政府间竞争的催化剂，行政分权、产权改革和统一市场、政绩考核共同构成了型构地方政府间竞争的制度基础。从时间维度上分析，地方政府间竞争贯穿于改革开放全过程，伴随着经济社会发展始终，其具有深厚的时间烙印和路径依赖。可以说，地方政府间竞争的先验经验对下一时期地方政府竞争策略的选择产生了实质性影响。从经济社会发展维度分析，地方政府间竞争产生了两种截然相反的极化效应：一方面推动了产权制度改革，初步建构起市场体系基本框架，对于发挥市场配置资源功能具有积极作用，区域经济社会发展受益匪浅;另一方面又扭曲了市场运行机制,限制了经济要素自由流动,阻碍了全国统一市场建设步伐,影响了区域福利最大化目标的实现。党的十九大报告中明确指出,我国经济发展已经由速度经济阶段转向高质量经济阶段,随后召开的中央经济工作会议亦提出推动我国经济高质量发展并逐步取得新成效。由此可知,地方政府之间围绕区域经济发展激烈竞争的博弈规则已然面临颠覆性变更,单纯为经济增长而竞争的博弈机制将彻底转变成为经济高质量发展和全面履行政府职能的博弈机制。因此,规制地方政府间竞争失范,进而构建规范的地方政府间竞争秩序,自然应当回归于竞争产生的制度基础。通过构建稳定规范的央地关系,实现政府间纵向权力配置制度化,进而在此基础上健全地方政府间竞争约束机制,设定竞争的场域、方式、限度,使之在规范化的轨道上运行,保障市场机制在资源分配中发挥决定性作用,有效实现资源配置帕累托改进和公共利益最大化,逐步淡化地方政府追求自身利益最大化的经济人属性,促使其向追求公共利益最大化的公共人属性转变。

第一节 构建稳定规范的中央与地方关系

中央与地方关系是政府间关系的核心,不仅决定了政府组织内部纵向权力配置关系和科层制隶属关系,而且决定着国家整体与部分之间的利益分配关系。纵观我国历史,自秦代已降,无论是分封制还是郡县制,无不反映中央与地方关系的调整变动。在一定意义上,可以说中央与地方关系是贯穿我国几千年历史的主轴。自建国依始,我国中央与地方关系一直处于变动不居的调整过程中,其间历经多次集权、分权改革。改革开放后,随着《国务院组织法》《地方人大和政府组织法》《立法法》《预算法》以及分税制改革和多部单行税法的颁布，地方政府立法和行政管理权限得到了一定程度的保障，地方财政与中央财政基本实现了适度分离，规范的央地关系初具雏形。同时也应该清楚地看到，中央与地方关系由于缺乏宪法层面的制度建构导致法治化程度不高，两者权力配置缺乏清晰的界定标准。一方面，中央政府权力几乎不受任何限制，能够通过立法、财政、人事控制等多种途径干预地方性事务，中央政策“一刀切”的现象客观上影响了地方利益；另一方面，地方政府为了区域利益和自身利益，采取制度创新、中央政策选择性执行等多种形式，与中央政府展开博弈，影响了法律法规和政策的一统性，损害了整体利益。可以说，中央与地方关系总体上表现出反复博弈的特点，两者在权力配置的过程中通过反复博弈达致某种程度的均衡。但这种均衡是短暂且不稳定的，中央政府可以根据自身需求随时终止均衡并启动下一轮博弈，地方政府又势必重新选择行动策略以期再次取得均衡。这样一来，中央与地方关系总是陷入一种集分反复、收放循环的困局之中。笔者认为，要破解集分反复、收放循环的中央与地方关系困局，必须回归到法治化轨道上来。以宪法为基石规划央地关系总体框架，以宪法性单行法律为依托型构央地关系基本体系，逐步推动央地权力分配、财政收支、争议解决法治化。从而构建稳定规范的央地关系，并在此基础上构建法治、稳定、高效的政府间转移支付机制，完善地方政府财政收入与支出责任之间的财力保障制度，最大限度地消除地方政府基于财政攫取目的实施各种非理性竞争策略的行为动机。

一、中央与地方权力分配法治化

第一，宪法修正案和单行法修订相结合建构央地权力分配关系。通过历史和现实考察，绝对意义上的集权与分权，犹如物理学领域中的“绝对零度”和“绝对真空”一样是不存在的，充其量只可能无限接近而不可能完全达到。实践中，国家政治权力归属的制度安排或倾向于中央集权或接近于地方分权，但都不会走向纯粹的中央集权与地方分权，①其自然而然地衍生出权力纵向分配的制度需求，只是集权分权程度不同而已。中央与地方权力分配从本质上看，就是权力和利益在纵向维度上的配置，在单一制国家政府组织结构下，中央政府向地方政府分权的范围和限度决定了央地关系的本源与核心。我国现行宪法对中央与地方权力分配只进行了原则性描述，即在中央领导下，发挥地方主动性、积极性，不仅没有涉及中央政府与地方政府具体的权力分配，也没有论及剩余权力的归属。这种模糊化的宪法表述造成了中央与地方权力分配上的混乱与错位，两者权力行使场域纠缠不清。虽然中央政府得以运用政治优势直接干预地方事务，但是，地方政府也能够运用信息优势在一定程度上消解中央权威。因此，首先应当从宪法性法律层面明确界定中央与地方各自的权力种类、权力内容、作用场域等重要因素，为中央与地方权力分配法治化提供宪制支撑。具体地讲，就是在客观衡量中央与地方职能边界的基础上，梳理两者履行职能所必须具备的公共权力，再按照公共权力覆盖的场域通过宪法性法律将其准确分配到不同的政府层级，固化中央与地方的权力、利益和责任，使之成为相对独立的社会公共事务管理主体。由此产生的权力分配关系受到法律保护和规制，非经法律程序不得改变。目前，就中央与地方权力分配法治化的必要性，在学界已经

① 参见徐祖澜:《纵向国家权力体系下的区域法治建构》，载《中央政法大学学报》2015 年第 5 期，第 24 页。

达成共识,但在实现途径方面尚存在一定争议,有学者认为,可以采取修订《国务院组织法》《地方组织法》的形式实现;①也有学者认为,有必要出台《中央与地方关系法》明确两者的法律定位与权力分配关系。② 笔者认为,在宪法性法律缺失的实然状况下,如果仅仅采取修订《国务院组织法》《地方组织法》对央地权力分配进行制度化再安排将降低制度运行的权威性和稳定性,央地权力分配从属于国家政治权力建构方面的宪制问题,应当由宪法性法律予以规定,从而赋予其高度权威;如果采取制定《中央与地方关系法》的形式实现央地权力分配法治化,虽然满足了宪法性法律高度权威的应然要求,但从立法体例来看,其必然涵盖中央与地方权力分配的各个方面,诸如立法、行政、财政收支等各个场域,其规制内容之浩瀚难以囊括至一部单行法律中,而且上述场域已有《立法法》《地方组织法》《预算法》等单行法律予以规制,存在重复立法之虞。鉴于此,笔者建议采取宪法修正案和单行法修订相结合的立法范式,对中央与地方权力分配进行制度化建构。其一,在宪法修正案中对中央政府与地方政府各自拥有的权力以及剩余权力的归属作出原则性安排;其二,根据宪法修正案的原则性规定对《立法法》《地方组织法》《预算法》等单行法中涉及中央与地方权力分配的内容予以完善,进而构建以宪法为基石,以宪法性单行法律为依托的央地权力分配法律规制体系。这样一来,中央与地方权力分配关系藉以宪法规范而获得绝对权威,又受到单行法中对具体的权力分配关系的精确规制。

---

① 参见刘小兵:《中央与地方关系的法律思考》,载《中国法学》1995 年第 2 期,第 24 ~ 31 页。

② 参见张千帆著:《国家主权与地方自治——中央与地方关系的法治化》,中国民主法制出版社 2012 年版,第 355 页。

第二,立法剩余权力归属——央地权力分配法治化的关键。众所周知,立法权属于创设性权力,是其他公共权力的核心与起源,处于国家权力配置体系的轴心,其他权力源于立法权之创设。在此意义上讲,立法权力在中央与地方之间的分配是行政、财政等基础性权力有效配置的前提条件。因此,笔者以立法权力为研究对象,阐释采取宪法修正案和单行法修订相结合的形式实现央地权力分配法治化的演进路径。从我国《宪法》和《立法法》(2015 年修订)对立法权力分配的内容上看存在根据不同权力行使主体分别配置的情况。《宪法》第 62 条、第 67 条、第 100 条和《立法法》第 7 条、第 8 条、第 72 条、第 73 条等相关条款分别赋予了全国人大及其常委会、省级和地市级(设区的市)人大及其常委会制定法律、地方性法规的权力。其中,中央享有《立法法》第 8 条规定的十项明确的专属立法权以及一项兜底的立法权,设区的市享有《立法法》第 72 条第 2 款规定的在不与宪法、法律、省级地方性法规相抵触情况下对城建、环保、历史文化保护等方面制定地方性法规的立法权力。从中分析可知,《宪法》和《立法法》相关条款构建了中央与地方立法权力分配的基础制度谱系。但其中存在一个不可忽视的关键问题——剩余权力的归属,即十项中央专属立法事项和一项兜底立法事项以及设区的市城建、环保、历史文化保护等方面立法事项之外,其余立法事项是否归属于省级地方立法权限的问题。通过对《立法法》第 72 条进行法律文本解读,该款条文对省级地方立法权限的规定十分含糊,对何谓“地方性事务”未能予以准确界定,客观上造成了省级地方立法权限不明的制度建构盲区。因此,笔者建议采取宪法修正案的形式对剩余权力的归属作出原则性规定,即规定中央专属立法事项与已经明确的设区的市立法事项之外的其余事项纳入省级地方立法权限范畴,同时修订《立法法》第

72 条以概括列举的形式阐明省级地方立法权限囊括的立法事项。如此一来,通过"掐头去尾定中间",即排除中央专属立法权限和已经明确的设区的市的立法权限进而确定省级地方立法权限。这样一来,中央与地方立法权力分配体系得以纳入法治化轨道,既尊重了我国超大型单一制国家重视中央集权的传统,也兼顾了各个区域的地方性差异;既保障了宪法、法律在全国范围内的高度统一,也维护了地方性法规服务于区域经济社会发展的客观需求,有利于促进中央法律一统性和地方法规多样性的辩证统一。

二、中央与地方财政收支法治化

(一)事权划分是央地财政收支法治化的前提条件与核心

分税制改革以及后续财政收支制度改革,主要是从财政收入的维度切入,划分中央政府与地方政府各自财政收入,但其基本上没有涉及两者事权划分以及支出责任的界定,央地事权及支出责任基本上就是对分税制前客观情况的白描。正是因为央地事权划分不清晰直接导致了支出责任模糊与交叉,一些基于央地共有事权以及跨区域公共物品供给的支出责任被下放到地方政府,形成了"中央请客,地方付款"的现象。国际货币基金组织对 40 个国家 2009 年至 2010 年中央政府与地方政府社会保障支出占比权重进行了分析,研究发现绝大多数国家的中央政府承担了社会保障 80% 以上的支出,中央政府社会保障支出占比高达 90% 以上的国家有 21 个,中央政府社会保障支出占比在 70% 以下的国家仅有两个,分别为丹麦 42. 11% 和我国 5. 10% 。[①] 据《中国财政年鉴》公布

① 参见林治芬、魏雨晨:《中央和地方社会保障支出责任划分中外比较》,载《中国行政管理》2015 年第 1 期,第 34 页。

的统计数据，2016 年全国一般公共预算支出中，社会保障和就业支出共计 19,777.65 亿元，其中中央本级支出 886.82 亿元，地方支出高达 18,890.83 亿元，中央本级支出与地方支出占比分别为 4.48%、95.52%。[①] 分税制改革后我国中央与地方事权划分制度化缺失的困境十分明显，地方政府承担了诸多应当由中央政府承担的支出责任，加之税权高度集中于中央政府的客观状况，中央政府在财政收入初次分配中的比例持续高位运行，财政收入向上集中的"虹吸效应"和支出责任向下集聚的"沉降效应"十分明显。为了应付日益增加的支出责任，地方政府不得不在有限的财政资源约束下窘迫度日。正是因为央地事权划分是规范政府间纵向财政收支的初始环节，能够直接影响财权配置和财力均衡，只有合理划分中央与地方各自事权范围，才能谈得上支出责任与财权、财力相匹配。因此，前者是后者的初始条件和必要条件，同样也是中央与地方财政收支法治化的核心和基础。

（二）财权配置和财力保障是央地财政收支法治化的支撑

党的十八大启动经济体制改革的一项核心内容就是实现中央与地方财力和事权相匹配。党的十八届三中全会明确要求建立事权与支出责任相适应的制度，并将央地事权进一步划分为中央事权、地方事权、央地共同事权。其中，国防、外交、统一市场管理以及国家安全等属于中央事权，区域性公共物品供给属于地方事权，社会保障中的一部分以及跨区域基础设施建设等属于央地共同事权。在科学规范划分央地事权的基础上，由中央政府和地方政府履行各自事权范围内的支出责任。同时，中央政府通过转移支付以及税收返还等形式将部分事权和跨区域公共物品、公共服务供

① 数据源自《中国财政年鉴》(2017)整理而成。

给的支出责任委托地方政府承担。不仅如此，国发〔2016〕49 号[①]文件又进一步细化了央地事权与支出责任的划分标准和范围，其中战略性资源保护与使用、跨区域交通、流域治理等外溢性较强的公共服务被划为中央支出责任清单，社会治安、市政建设、社区服务以及农村公路、交通等区域性公共服务被列入地方支出责任清单，教育、社会保障、科技研发以及跨区域基础设施等纳入共同支出责任清单。由此观之，中央与地方事权划分基本框架已经具备雏形，依附其上的央地各自支出责任范畴趋于明确。但实践中，央地事权划分的复杂程度远远超过制度建构时所能预期的限度，理想化的制度建构难以有效地消解制度执行结果可预测性与制度执行过程多变性两者之间的内生张力。换言之，清晰明确的事权划分只是实现支出责任与财权、财力匹配的基础和前提，如果缺乏相应的财权配置和财力保障作为支撑，事权划分的意义毋宁说是望梅止渴、画饼充饥。就我国现行税制而言，不论是国税、地税还是共享税，其税收立法权三个集中（税收立法权集中体现在中央政府，中央政府税收立法权集中体现为行政法规和部门规章，行政法规和部门规章的制定集中于中央政府财政、税务部门）的倾向格外明显。在现行 18 个重要税种之中，国务院以及财政部、税务总局出台的税收征管行政法规以及部门规章达到 70 余部，作为对比，全国人大及其常委会制定、修正的单行税法仅为 6 部，[②]在税收征管法律法规中所占比例极低，尚未达到 10%。除此之外，中央政府在税收立法大权在握的情况下，频繁变动央地共享收入所涉税种

① 参见《国务院关于推进中央与地方财政事权和支出责任划分改革的指导意见》（国发〔2016〕49 号）。

② 分别为《环境保护税法》《烟叶税法》《船舶吨税法》《企业所得税法》《个人所得税法》《车船税法》。

的分成比例。以证券交易印花税为例，自该税开征以来，央地分成比例先后经历六次调整，地方分成由最初的50%降至3%，且自2016年开始取消地方分成，由央地共享收入调整为中央固定收入。① 由此可知，地方政府税收收入法治化保障程度尤显不足，中央政府频繁调整共享收入所涉税种，央地分成比例的高权行为在一定程度上压制了地方政府的征税努力，地方政府被迫采取"藏富于民""卖地生财"等机会主义策略来消解共享税种分成比例下降对地方政府财政收入造成的消极影响。可以想象，地方政府在支出责任层层下压和财权配置、财力保障严重不足的约束条件下，采取相机而动的机会主义行为，寻求提高土地财政、行政收费等非税收入占财政收入的比重，理所当然地成为地方政府筹集承担支出责任所需的财政资源的理性选择。

（三）央地财政收支法治化的演进路径——《财政收支基本法》与单行税法地方授权条款

笔者认为，建立事权与支出责任相匹配以及支出责任与财权、财力相适应的现代政府间财政收支体制，有效实现中央政府与地方政府财政收支法治化的关键之处在于，依法划分央地各自专属事权和共同事权。一旦事权明晰则非经法定程序不得擅自调整更改，中央与地方在各自事权范围内承担相应的支出责任，将央地事权划分与财权配置、财力保障一并纳入法治轨道。具体而言，主要通过以下两条演进路径：一是出台《财政收支基本法》。首先，详细界定央地事权以及相应的支出责任，厘清中央政府专属事权及其支出责任、地方政府专属事权及其支出责任、央地共同事权及其各

① 参见《国务院关于调整证券交易印花税中央与地方分享比例的通知》（国发明电〔2015〕3号）。

自承担支出责任的比例三者之间的边界；其次，根据税种属性划定国税、地税以及共享税种类，依法设定共享税央地分享比例，防止中央政府随意调整税种归属和分享比例；最后，科学测度央地支出责任与财力保障之间的纵向财政缺口，完善中央与地方之间、地方各级政府之间的转移支付制度，逐步提高均衡性转移支付在一般性转移支付中所占比例，保障地方政府具有承担支出责任相适应的财力支持。二是在单行税法中增加地方政府的授权条款。按照《立法法》第 8 条规定，征税、税率确定以及征管属于全国人大及其常委会立法保留事项，只能制定为法律。如果对该条文作延伸解释，则意味着国务院发布的分税制决定中有关税种设置以及行政法规和部门规章确定不同税种之间的税率等规范性文件存在合法性瑕疵。虽然《立法法》第 9 条授予了国务院在全国人大及其常委会尚未对上述事项制定法律的前提下先行制定行政法规的权力，但《立法法》第 11 条也明确规定，全国人大及其常委会授权国务院的立法事项，制定为法律后，授权立法即告终止。有学者认为，立法机关制定单行税法，可以酌情考虑设置相应授权条款，赋予地方政府一定权限调整部分涉税要素，从而尊重和保障地方财政自主，①缓解和消弭中央税收征管法律“一刀切”地忽视各地税源税基差异的不利影响。目前，《车船税法》便采取的是这种中央立法和地方授权相结合的立法范式，即省级地方政府依据该法所列税目税额表和国务院确定的相应适用税额，可以决定车船税减征、免征事项。这种中央立法与地方授权相结合的立法范式具有良好的制度弹性，赋予了地方政府相应的税收征管自主权限，单行税法允许

---

① 参见熊伟：《税收法定原则与地方财政自主——关于地方税纵向授权立法的断想》，载《中国法律评论》2016 年第 1 期，第 41 页。

在立法许可范围内，地方政府在税基选择、税率设定等方面拥有一定自主空间，使之更加契合区域经济社会发展实际，最大限度地弥合了税收法律一统性与区域发展多样性之间的紧张关系。比较而言，笔者更加倾向于中央立法与地方授权相结合的立法范式，对中央与地方之间的财政收入分配关系进行局部改良。这种立法范式最大的优势在于渐进式改革，一方面能够使新出台的单行税法尽量兼顾国家整体利益与区域局部利益之间的平衡，另一方面通过出台单行税法逐步对税收行政法规予以调整和替代，可以实现由持续不断的局部制度建构向整体制度建构演进。不但降低了税法体系集中建构过程中授权立法原则与税收法定原则相抵牾的冲突烈度，消解了现行税制骤然改变的制度压力并使其应激反应不至于过度激化，而且税制改革的风险也被限定在特定场域中。

三、中央与地方争议解决法治化

尽管法律对央地权力分配、财政收支作出了原则性规定，囿于在法律规则稳定性与政策运行灵活性之间难以完全消弭的内在张力，在政治生活实践中，中央政府与地方政府不可避免地会产生争议。尤其是在央地权力分配法治化以及财政收支法治化制度建构尚不完善的约束条件下，中央与地方争议解决途径亦随着制度建构完善与否，呈现出规范与失范交替往返的钟摆运动。不仅如此，纵观各国中央与地方关系，不论是联邦制下两者共享主权的伙伴关系，亦或是单一制下两者有限分权的统属关系，均体现为中央政府代表的整体利益与地方政府代表的局部利益之间变动不居的权益分配、调节、平衡关系。在此意义上讲，中央与地方关系之实质属于利益分配的范畴，两者的价值诉求纵然在长期看来是同向的，但短期内亦存在冲突甚至对抗的可能性。因此，先进法域国家在央地关系法治化制度构建过程中，一方面通过立法规范央地两者权力分配，最大限度地减少央地争议产生的制度罅隙；另一方面则建立央地争议解决法治化途径，尽可能地消除立法制度罅隙隐含的央地争议，动态调整整体利益与局部利益并使之处于利益协调的衡平状态。

（一）央地争议解决法治化的制度模式

总体上看，西方国家央地争议解决制度模式主要有两种：其一，普通法院司法审查；其二，专门法院司法审查或特定机构裁决。第一种模式以美国、英国等海洋法系国家为代表，其特征是传统上公法私法不分，联邦政府（中央政府）与州政府（地方政府）之间的争议由普通法院通过司法审查的形式予以解决。其中，美国联邦政府与次级单位（州政府）之间的争议由联邦最高法院进行司法裁决，英国中央政府与地方政府之间的争议由高等法院进行裁决。①第二种模式以德国、法国等大陆法系国家为代表，其特征是公法私法界限分明，联邦政府（中央政府）与州政府（地方政府）之间的争议由专门法院或者特定机构予以裁决。具体地讲，德国设立了专门的宪法法院，对各州执行联邦法律以及联邦对各州监督产生的争议、联邦与各州以及各州之间和各州内部其他公法上的争议进行裁决。② 这意味着联邦宪法法院不仅可以对某一具体案件进行司法裁决，而且可以就抽象的法律规范进行司法裁决。此举大大扩展了德国联邦宪法法院的受案范围，使之成为平衡中央与地方关系的稳定器。法国则设立了宪法委员会，对中央与地方之间的争议予以

① 参见薛刚凌著：《中央与地方争议的法律解决机制解读》，中国法制出版社2013年版，第145~152页。

② 参见宣晓伟：《德国中央与地方关系：参与联邦制和协商民主模式》，载《中国发展观察》2015年第7期，第47页。

审查,但与德国联邦宪法法院不同的是,宪法委员会并不解决中央与地方争议的具体问题,只是在法律生效前审查法律规范的合宪性问题。这就意味着法国宪法委员会仅能在法律生效前解决其中可能隐含的合宪性问题,而中央与地方的具体争议事项则由行政法院予以司法审查,即中央政府与地方政府可以就争议事项提起行政诉讼。其中,中央政府认为地方政府之决定违法,且不能依据行政监督权予以撤销之时,得就上述事项向行政法院提起地方政府越权之诉;反之地方政府对中央政府行使行政监督权之决定不服,亦可就上述事项向行政法院提出中央政府越权之诉。无独有偶,同样作为单一制国家的日本,亦在中央政府设立了“中央地方争讼处理委员会”,专门解决中央政府和都道府县等地方政府之间发生的权限争议。从上述不同法域的央地争议解决法治化实践可以看出,不论是普通法院审查亦或是专门法院审查、特定机构裁决,都阐明了设立专司解决央地争议机构之必要性,一个具有独立法律地位且处于中立地位的权威机构乃为实现央地争议解决法治化之前提。

(二)我国央地争议解决的机构设置

就我国而言,采取何种形式的央地争议解决制度模式,应当在借鉴不同法域国家央地争议解决实践经验的基础上,充分考虑我国政制架构和央地权力配置的实际情况,进而构建高度契合我国国情的央地争议解决法治化途径。有学者建议,可以参照全国人大专门委员会的组织形式,在其内部设立“地方事务委员会”,该委员会由各省级人大代表团选举一到两名代表组成,专司研究、协调全国人大及其常委会审议事项中有关地方性事务的各项事宜;①也

① 参见吴国光、郑永年著:《论中央、地方关系:中国制度转型中的一个轴心问题》,牛津出版社1995年版,第162页。

有学者认为，可以在全国人大常委会之外设立一个独立的"中央与地方法律审查委员会"，该委员会由法律人士组成，专司处理中央与地方法律争议，该委员会与最高司法机关同级并立均向全国人大及其常委会负责并受其监督，①后者可以撤销前者对央地争议所作出的裁决或决定。2018年6月，第十三届全国人大常务委员会第三次会议通过了《全国人民代表大会常务委员会关于全国人民代表大会宪法和法律委员会职责问题的决定》，决定设立全国人大宪法和法律委员会，承担审议法律草案、推动宪法实施、开展宪法解释、推进合宪性审查、加强宪法监督、配合宪法宣传等六项工作职责。其中，通过合宪性审查的方式由宪法和法律委员会对法律、法规和行政命令等规范性文件和特定主体行为是否符合宪法进行审查并作出相应处理的法治纠错模式。有利于消除法律体系制定、实施过程中的矛盾冲突以及不和谐因素，从而保障我国社会主义法制体系协调统一。因此，笔者认为，由全国人大宪法和法律委员会对法律、行政法规以及地方性法规和规章、部门规章进行合宪性审查，有利于阻遏"部门立法""地方性立法"中局部谋利倾向，较好地契合了我国现行政制体制，对政治制度冲击影响最小且亦能达到推动央地争议解决法治化的目的。主要理由在于：其一，央地争议不仅仅是静止的、孤立的、二元分化的简单权力归属争议，而是涉及整个国家基础政制架构的核心问题。就当前而言，我国不同区域之间经济社会发展程度各异，地方性立法质量良莠不齐，立法过程中民意支撑多寡不均，实践中地方性立法与上位法抵牾冲突的情况时有发生。因此，将国家

① 参见张千帆著：《国家主权与地方自治——中央与地方关系的法治化》，中国民主法制出版社2012年版，第358页。

机关之间的权限争议纳入合宪性审查的范畴，关系到国家机关权力的运行。[①] 既有利于消弭中央立法与地方立法之间冲突抵牾的可能性，也有利于兼顾法制统一性和地方多样性，同时也为推动央地争议解决法治化提供了法理支撑。其二，我国是议行合一政制体制，全国人大是最高权力机关，宪法和法律委员会作为全国人大专门委员会本身就具有较高的法律地位，由其履行合宪性审查职能，能够保证足够的权威性。从当前制度顶层设计分析，我国合宪性审查采用的是最高权力机关立法审查模式，审查范围扩大到全国人大常委会制定的法律，这标志着立法监督由“合法”向“合宪”的质的飞跃。笔者认为，合宪性审查既着眼监督地方立法之合宪性，也强调中央立法之合宪性；既注重监督法律之合宪性，亦强调监督行政法规、地方性法规、部门规章及地方政府规章之合宪性。在一定意义上讲，中央政府、上级政府通过行政法规或者行政命令干预地方政府、下级政府局部利益的高权行为，受到了合宪性审查的有效监督，地方政府、下级政府凭借区域立法以及地方政策干犯中央政府、上级政府整体利益的策略行为亦受到合宪性审查的严格规制。

（三）我国央地争议解决法治化的制度建构——立法民主协商

笔者建议，在全国人大及其常委会制定法律之前，充分听取宪法和法律委员会有关地方利益的立法诉求，有效平衡中央与地方、地方与地方之间的利益关系。立法民主协商模式能够在充分尊重利益主体多元化、利益诉求差异化的现实基础上，通过沟通、协商、说理论证等多种形式强化争议解决过程的民主化和争议解

---

① 参见秦前红：《合宪性审查的意义、原则及推进》，载《比较法研究》2018年第2期，第66～77页。

决途径的法治化。其中,尤为值得重点强调的是,国务院制定的行政法规与地方人大及其常委会制定的地方性法规二者之间的争议解决途径。按照《立法法》第97条的规定,上位法律法规的制定机关有权改变或者撤销其认为与上位法律法规相抵触的下位法律法规。例如,上级立法机关能够撤销下级立法机关制定的法规,上级行政机关能够撤销下级行政机关制定的政府规章。《立法法》第87条、第88条规定了我国法律法规的效力等级,即从宪法和法律等金字塔顶端向行政法规和地方性法规、部门和地方政府规章金字塔底端延伸。诚然,上级立法机关和行政机关在各自权力作用场域内,撤销、改变下级立法机关和行政机关制定的法规、规章,乃为两者权力运行之题中应有之意。但仔细推敲,行政法规的制定主体是中央政府,地方性法规的制定主体是地方立法机关,前者是行政权力运行的结果,后者是立法权力运行的结果,不同类型的权力在纵向维度上不具有可比性。按照我国现行宪法体现的人民主权原则,地方人大制定的地方性法规是区域代议制机构承载民意的集中反映,其效力并不必然低于行政法规。因此,《立法法》条款中有关行政法规效力高于地方性法规的规定,难免让人产生中央政府行政权力高于区域立法机关立法权力之虞。鉴于此,笔者建议:一是在不改变《立法法》有关宪法、法律法规、规章效力的前提下,可将中央政府拟制定的行政法规一并纳入民主协商范畴。在行政法规立法过程中充分考量区域立法意愿和利益诉求,在双方无法通过民主协商达成立法共识之际,由宪法和法律委员会将争议事项提交全国人大常委会裁决。二是修订《立法法》有关行政法规与地方性法规效力等级的有关条款,当两者对同一事项规定不一致的情况下,由宪法和法律委员会提交全国人大常委会裁决,由其对两者争议事项作出最终裁决。前者的优点在于将央地争议化解在立法环节，降低了行政法规与地方性法规后续运行过程中相抵牾的概率，维护了法律法规效力等级的统一性；后者的优点在于能够在权力运行过程中相机而动地解决央地争议，明确了中央政府行政权力与区域代议制机关立法权力就同一规制事项立法冲突的解决途径，尊重和保障了区域立法意愿的多样性。

四、政府间转移支付法治化

政府间转移支付制度是分税制改革的重要制度保障，构建法治、规范、高效的转移支付制度能够有效地消除纵向政府间的财力保障缺口，妥善调整政府间财政资源的分配关系，充分实现基本公共服务保障均等化。我国现行政府间转移支付制度创始于上世纪 90 年代，较好地实现了调节中央政府与地方政府之间、地方各级政府之间的财政资源二次分配关系，保障了中央政府宏观调控政策的有效实施。因此，进一步优化政府间转移支付制度，充分发挥财政资源杠杆作用，能够弱化地方政府基于财政资源匮乏和财力保障不足引致的恶性税收竞争冲动，防止地方政府在攫取财政收入最大化的目标驱动下实施各种非理性竞争策略。

（一）构建法治化、科学化政府间转移支付制度的必要性

1. 现行转移支付制度法治化保障程度不足

分税制改革以后，虽然在现行《预算法》中体现了有关转移支付的制定安排，但法律条文原则性较强，诸如转移支付类型及其构成比例等均未予以准确表述，细致程度有待进一步强化。因此，我国现行法律法规体系中有关转移支付的制度安排主要体现为部门规章。例如，国家财政部历年制定的《均衡性转移支付办法》以及

2015年12月30日出台的《中央对地方专项转移支付管理办法》(财预〔2015〕230号)。虽然国务院曾在2012年底将制定《转移支付管理暂行条例》列入立法工作计划,但迄今为止仍未及时出台。由此可知,我国现行转移支付制度主要依托部门规章进行规制,转移支付制度法治化保障程度严重不足。

2. 一般性转移支付占比较低

分税制改革后,虽然中央政府高度关注运用一般性转移支付财政工具来解决政府纵向间财力保障不足的制度窠臼;但在现行转移支付制度结构中,能够直接增加地方政府可支配财力的一般性转移支付占比仍然偏低,且一般性转移支付中的民族地区转移支付、农村税费改革转移支付、调整工资转移支付等支出项目具有较强的政策作用目标,主要用于特定项目支出。因此,不能直接增加地方政府可自由支配财力,消解地方政府间纵向财力保障不足的政策效用有待进一步发挥。

3. 专项转移支付及税收返还比例较高

专项转移支付是中央政府实施国民经济宏观调控以及推动新兴产业发展的重要政策工具,有利于充分实现特定产业政策目标;但专项转移支付占比过高、规模过大,且往往需要地方政府匹配相应的财政资金,因此,地方政府不得不运用有限的自有财力资源。不仅如此,我国税收返还制度建立的初衷在于确保经济发达地区的既得利益,防止过高的税收抽取率损害经济发达地区地方政府的征税努力。因此,税收返还基数确定、增量收益返还等核心因素设定均体现了保护经济发达地区地方政府财政收入的制度设计初衷。这样一来,越是经济发达地区,越能够从中央政府税收返还制度中获得额外收益,越是经济落后地区越难以从中获取财政资源。区域经济发展不平衡加剧,转移支付制度实现基本公共服务均等化的政策效应难以有效彰显。①

(二)优化政府间转移支付制度,实现财政资源分配法治化

1. 中央与地方支出责任制度化

依据党的十八届四中全会“全面依法治国”的改革目标,严格按照《预算法》相应条款,综合考量公共服务职能下属化、基本公共服务均等化与公共物品供给效率等政策目标,切实推动央地之间、地方各级政府之间事权与相应的支出责任制度化、法治化。在清晰界定各级政府间事权划分与支出责任的基础上,加快推进政府间转移支付立法进程,最大限度地消除转移支付实施过程中存在的随意性和主观性,排除人为因素、权力因素等非法治化因素对转移支付制度正常运行的干扰。

2. 明确转移支付制度立法权

对于中央对地方转移支付和税收返还,在全国人大及其常委会尚未出台单行法律之前,由国务院统揽行政立法权,出台规范转移支付制度的行政法规,对转移支付和税收返还予以原则性规定。中央政府财政、税务部门在国务院出台的行政法规基础上制定部门规章,进一步细化转移支付和税收返还实施细则。对于地方政府间转移支付和税收返还,先由省级人大根据特定区域实际情况制定地方性法规,再由省级人民政府出台具体实施办法,细化省、市、县三级地方政府间转移支付和税收返还制度,努力实现中央、省、市、县四级转移支付和税收返还制度化,为下一步推动转移支付单行法律的出台奠定法制基础。

3. 及时完善转移支付立法体系

2014 年,中央政府相继出台了《国务院关于深化预算管理制度

① 参见景婉博著:《中日转移支付比较研究》,中国财富出版社 2015 年版,第 176~178 页。

改革的决定》(国发〔2014〕45 号)和《国务院关于改革和完善中央对地方转移支付的意见》(国发〔2014〕71 号)提出建立现代财政制度,规范中央对地方转移支付和税收返还,着力提高转移支付法治化保障程度。随着 2018 年国务院机构改革方案出台,中央政府组成部门的工作职能基本明确、事权基本清晰,具备出台转移支付单行法律的制度基础。可以考虑由全国人大常委会制定《转移支付法》对现行《预算法》中涉及转移支付的制度安排予以进一步细化,明确政府间转移支付和税收返还的实施主体、受体、资金比例及其相应额度、划拨方式、资金使用绩效评定等重要内容,从而构建依法理财与兼顾效率并重的政府间转移支付立法体系,充分发挥财政资源二次分配在消除区域经济发展不均衡、公共物品供给不平衡等方面的积极效应。

(三)改善政府间转移支付结构,实现财政资源分配高效化

1. 扩大一般性转移支付比例

肇始于分税制改革后建立的转移支付制度具有一定的过渡性,形成了税收返还、原体制补助、年终结算补助、专项补助以及公式化补助等多种转移支付形式。林林总总的各类转移支付各自为政,导致收入上解地区恰恰又是获得专项拨款最多的地区,①使一般性转移支付未能达到有效弥补经济欠发达地区纵向地方政府财力保障不足的政策目标。鉴于此,一方面,应当将一般性转移支付作为转移支付制度的主要组成部分,扩大一般性转移支付的比例和规模,均衡一般性转移支付与专项转移支付的支出比例;另一方面,应当逐步扩大均衡性转移支付在一般性转移支付中所占的比

① 参见景婉博著:《中日转移支付比较研究》,中国财富出版社 2015 年版,第 185 页。

例，增加地方各级政府能够因地制宜、因时制宜使用的均衡性转移支付拨款比例和规模，保障地方各级政府拥有充沛的财政资源履行公共物品供给职能，充分发挥均衡性转移支付弥补地方政府间纵向财力保障不足的制度窘境。

2. 优化专项转移支付结构

在明确界定中央政府事权、地方政府事权以及中央与地方共同事权的基础上，按照实现不同层级政府公共服务特定政策目标的原则，调整和优化专项转移支付结构。对于中央政府事权以及承担的支出责任，应当严格按照专项转移支付项目用途，坚决杜绝地方政府擅自改变财政拨款用途，从而保障中央政府的特定经济、社会政策目标得以有效实现；对于地方各级政府事权以及承担的支出责任，可以考虑将特定类型的专项转移支付合并到均衡性转移支付范畴，财政拨款到位后，由地方政府纳入当地年度预算统筹使用；对于中央与地方共同事权以及各自承担的支出责任，可以考虑予以地方政府一定程度的自主权限，只要符合中央政策特定目标，不再严格限定地方政府使用专项转移支付的具体项目，允许地方政府自主确定具体项目、使用比例及资金幅度，从而在一定程度上保障专项转移支付项目契合区域民众公共物品供给实际需要，提高专项转移支付资金的使用效率。

3. 完善转移支付资金使用绩效评价

建立和完善中央对地方转移支付以及地方政府间转移支付资金使用绩效评价机制，严格按照转移支付类型、资金比例和现实用途，优化绩效评价指标，充分发挥转移支付制度弥补政府间纵向财力保障不足、实现区域基本公共服务均等化的政策目标。诸如在均衡性转移支付中设置资金使用民众评价指标，由地方人大专门委员会对均衡性转移支付财政资金使用效率予以民主评价，弱化地方政府随意地将均衡性转移支付财政资金用于生产性支出项目从而攫取财政资源的逐利动机，保障地方政府积极运用均衡性转移支付财政资金满足区域民众公共物品供给的需求。

第二节　规范地方政府经济权力的边界——政府“归位”和市场“正位”

改革开放以来，从以计划经济为主到计划经济与市场调节相结合，再到确立和发展社会主义市场经济，中央政府经济政策制度演进路径不断彰显和强化市场在资源配置中的作用。如果以时间维度作为界分标准，市场在资源配置中的定位可以划分为两个阶段：一是1992年至2012年，即党的十四大至党的十八大期间，突出的是市场在资源配置中的“基础性作用”；二是2013年至今，即党的十八届三中全会以后，着重强调市场在资源配置中的“决定性作用”。市场配置资源从“基础性作用”到“决定性作用”演变，映射出政府与市场关系的再认识和再深化，意味着社会主义市场经济的进一步巩固和发展，绝不会走回头路重归计划经济或统制经济，我国未来经济发展必然沿着社会主义市场经济的道路持续演进。当然，强调市场在资源配置中的“决定性作用”并非排除政府干预对经济社会发展的正向作用，而是强调政府与市场各归其位、各尽其份。即政府通过法律法规和规制措施维护市场秩序，尊重和保障各类市场主体经营自主、公平竞争，市场通过价格信号和竞争机制有效实现资源配置的帕累托最优。

缘于此，笔者认为，重塑地方政府间竞争秩序的关键在于调适政府与市场的关系,促使政府"归位"和市场"正位"。政府特别是地方政府彻底摒弃基于工具理性看待市场机制的痼疾,进而上升到价值理性的高度将其视为一种"具有自身运行逻辑和自我调节机制的经济秩序",①进而尊重、维护和保障市场机制有效运行。在此基础上,笔者认为,重塑地方政府间竞争秩序,首先是将地方政府经济权力限缩到维护市场经济秩序的场域,推动市场规制由正面清单向负面清单演进,最大限度地保障各类市场主体经营自主和公平竞争的权利;其次是完善地方政府公共政策竞争评估机制,严格禁止地方政府基于局部利益运用各类政策工具实施限制和妨碍市场公平竞争的行为,从而保障市场公平竞争机制的建构与发展;最后是强化地方权力机关的民主监督机制,约束地方政府的财政支出,增强地方政府对区域公众意愿的回应程度,构建上级政府长期博弈与区域民众短期博弈相互嵌入的内恰机制,消除地方政府间激烈竞争触发的政绩彰显动机。

一、市场规制由正面清单向负面清单演进

(一)政府经济权力由具体经营向经济秩序维护转变

传统理论将政府的经济权力概括为两类:其一为具体经营权,其二为经济秩序维护权。② 前者系政府以市场主体的身份直接参与市场活动,此时政府权力全面介入市场经营活动,其追逐自身利益最大化的"经济人"属性被完全激活;后者系政府以经济秩序监督管理者的角色维护市场竞争秩序,此时政府权力完全从具体的

① 何显明:《政府转型与现代国家治理体系的建构——60 年来政府体制演变的内在逻辑》,载《浙江社会科学》2013 年第 6 期,第 8 页。

② 参见孙晋:《经济法视角下政府经济权力边界的审读》,载《武汉大学学报》(哲学社会科学版)2014 年第 2 期,第 70 页。

市场经营活动中退出，其维护市场竞争秩序的“裁判者”职能日趋凸显。只有将政府经济权力定位于后者而非前者，市场机制才能充分发挥资源配置帕累托最优的良好效能。基于目前现实状况分析，我国政府特别是地方各级政府存在运用行政权力频频干预市场机制正常运行的路径依赖，行政权力突破边界侵入资源配置场域的广度和深度均超越了本应发挥决定性作用的市场机制。最为典型的例子就是全社会固定资产投资中的国有部门占比居高不下，2013 年国有部门所占比例高达 30% 左右。[①] 近年来，国有部门占全社会固定资产投资的比例有所下降，但仍然高位运行。以 2016 年为例，全社会固定资产投资实际到位资金总额为 616, 933. 5 亿元，其中国家预算资金 36, 211. 7 亿元，国内贷款为 67, 200. 3 亿元，利用外资 2270. 3 亿元，自筹和其他资金 511, 251. 2 亿元，来自国有部门的投资比例仍然高达 17. 13% 。[②] 再以武汉市“十二五”规划期间国有企业主要经营指标为例，2010 年武汉市国资委出资的国有企业资产总额为 2862 亿元，国有企业净资产为 630 亿元；截至 2015 年底，该市国资委出资的国有企业资产总额增致 7195 亿元，国有企业净资产高达 2159 亿元，分别为 2010 年国有企业资产总额和净资产额的 2. 5 倍和 3. 4 倍；同期国有企业营业收入由 545 亿元增长至 987 亿元，利润总额由 28 亿元上升至 67 亿元，分别为 2010 年国企营业收入和利润总额的 1. 8 倍和 2. 4 倍，国有企业资本投入和经济产出呈现出规模不经济的态势，经济产出增幅远低于资本投入增幅，如图 6 – 1 所示。

① 参见胡家勇：《论政府职能的根本转变》，载《中州学刊》2015 年第 10 期，第 26 页。

② 数据源自《中国财政年鉴 2017》整理而成。

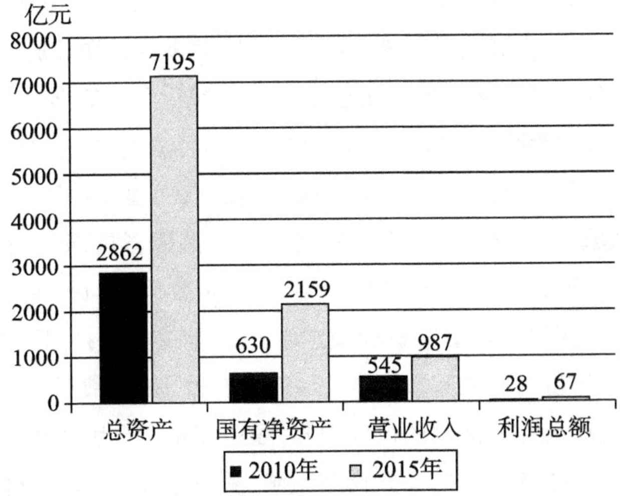

图6－1　“十二五”规划期间武汉市国有企业主要经营指标①

由此可知，政府及其国有部门仍旧对全社会生产性资源保持高度控制，政府部门经济权力配置仍然向具体经营权倾斜，存在过度干预市场机制运行甚至替代微观市场主体直接参与市场经济活动的历史惯性，市场主体经营自主的空间尤显不足。党的十八届三中全会以后，李克强总理在国务院常务会议上强调，“运用财政政策和货币政策进行‘强刺激’推动经济发展不能过度依赖，要通过简政放权、放管结合等行政体制改革进行‘强推动’，市场活力才能更大激发，改革红利才能更大释放”。② 因此，笔者认为，发挥市场配置资源决定性作用的关键之处在于优化政府经济权力配置。促使政府经济权力配置的重心由具体经营向经济秩序维护转变，

① 数据源自《武汉市国资国企改革发展“十三五”规划》整理而成。

② 参见王浦劬：《论转变政府职能的若干理论问题》，载《国家行政学院学报》2015年第1期，第32页。

不断拓展和深化各类市场主体参与市场经济活动的广度与深度，进而扭转我国经济发展依赖“双驱模式”（要素驱动和政府投资驱动）造成的要素价格与要素市场扭曲、产业优化和升级难以为继以及宏观调控频频失灵等负面效应，防止我国经济发展陷入“中等收入陷阱”。具体而言，一是将政府部门经济权力边界收敛于“市场失灵”领域中，消解不当干预对市场运行的消极影响，促使政府部门从全面干预向有限干预过渡，由经济发展型政府向民生保障型政府转变，保障市场配置资源决定性作用得以实现；二是弱化政府部门经济权力中的具体经营权，将政府部门替代微观市场主体直接参与市场经济活动的行为边界，限定在其他市场主体无力保障亦或是不愿意供给的公共物品场域，从而为各类市场主体经营自主和公平竞争预留广阔的活动空间，激发市场机制和市场主体的旺盛活力；三是强化政府部门经济权力中的市场规制权，惩戒各类微观市场主体实施垄断、独占等反竞争行为，整饬和维护市场公平竞争秩序，保障各类市场主体交易自由、经营自主、公平竞争等基本经济权利。通过“放管结合”，引导政府部门逐步退出微观市场经济活动，强调政府部门矫正和维护市场公平竞争秩序，奠定市场机制发挥资源配置“决定性作用”的制度基础和法治保障。

（二）市场规制的程度与经济运行的状况保持一定的同步性

“理智指导的社会”和“爱好指导的社会”是西方学者根据制度建构基于人为设计亦或是自发生成而分类的社会形态。① 前者表现为政府对经济活动和市场运行进行理性的、有计划的设计，期望

① 参见[美]莫里斯·博恩斯编：《东西方的经济计划》，朱泱等译，商务印书馆1995年版，第38页。

经济活动和市场运行沿着建构理性的道路规范运行。虽然“理智指导的社会”在生成之初秉承了设计者基于特定经济社会发展客观情势判断而人为建构的“理性空间”，但由于经济波动和市场活动的不可预见性以及复杂易变性，经济社会运行往往会脱离设计者预先建构的“理性空间”。所以说，这种社会形态的设计也许是理性的，但运行效果往往是无效的。后者表现为政府尊重经济活动和市场运行的自我调适规律，市场主体自主决定行为方式并承担相应后果，经济活动和市场运行沿着自发生成、发展的道路持续演进。虽然“爱好指导的社会”并未像“理智指导的社会”那样预留“理性空间”，但市场主体之间、市场主体与市场之间往返互动的自我调适机制得以对经济社会运行予以动态修正。所以说，这种社会形态的设计未必是“理性的”，但运行效果常常是有效的。整体上讲，计划经济国家属于“理智指导的社会”，市场经济国家属于“爱好指导的社会”。① 不可否认，即使在“爱好指导的社会”中，市场规制以及必要的制度建构依然是必要的，这也为“理智指导的社会”部分嵌入“爱好指导的社会”提供了正当性来源。纵观历史，在20世纪30年代经济大萧条之前，西方各国政府均秉持“守夜人”理念，认为管得最少的政府就是最好的政府，这一时期经营自主的范围扩张到极致；罗斯福新政实施后直至20世纪70年代初，凯恩斯主义在西方各国大行其道，“全能型政府”的出现和发展导致政府的经济职能日益增多，这一时期市场规制的范围极大扩展；20世纪70年代到2008年国际金融危机爆发前，“全能型政府”弊端逐渐显露，西方各国先后出现经济停滞与通货膨

① 参见张淑芳：《负面清单管理模式的法治精神解读》，载《政治与法律》2014年第2期，第15页。

胀并存的"滞涨"现象,新公共管理理论和新自由主义的兴起,迅速取代凯恩斯主义,英、美、日、韩相继兴起的"规制改革"运动使经营自主的范围再次扩张;2008年次贷危机极大地冲击了自由市场,西方各国经济均受到了不同程度的影响和波动,加强市场规制再次成为主流思想。上述历史事实说明了市场规制的程度与经济运行的状况保持了一定的同步性,市场规制的广度和深度与市场主体的经营自主之间存在此消彼长的内在张力。因此,寻找二者作用边界的最优规模便成为市场经济条件下有效衡平市场规制与经营自主的均衡点。

(三)市场规制由正面清单向负面清单演进

英国学者安东尼根据规制措施对市场自由限制的严重程度将其分为准入规制、标准规制和信息规制三类。其中,信息规制对市场自由干预程度最为轻微,仅要求市场主体披露特定信息即可,不限制市场主体的经营行为;标准规制对市场自由干预程度居中,其为市场主体的经营行为设定了若干标准;准入规制对市场自由干预程度最高,其要求市场主体须得事先获得审批方能实施相应的经营行为。① 从中可知,准入规制作为对市场自由干预程度最高的市场规制措施,审批制度的存在构成了市场主体能否进入市场从事相应经营活动的必要条件。与此相对,在准入规制决定市场主体能否自由进入市场方面,也存在正面清单与负面清单两种差异巨大的制度建构。在正面清单模式下,经过法律、法规以及相应的政策批准认可的特定市场主体才能进入市场实施相应的经营行为;在负面清单模式下,法律法规以及相应的政策列明了须得由特

---

① See Anthony I. Ogus, *Regulation: Legal Form and Economic Theory*, Oxford, Hart Publishing, 2004, pp. 150 - 151.

定市场主体实施的相应经营行为，负面清单列举之外的其余各类经营行为可由市场主体自由实施。通过对比两者可以清晰感知，在正面清单模式下，市场主体进入市场从事经营活动的机会受到行政审批和许可制度的逼仄；而在负面清单模式下，市场主体进入市场从事经营活动的机会较之前者尤显宽泛和丰富。20 世纪 70 年代兴起的“规制改革”运动，英国、美国基于经济自由的制度传统，市场规制改革表现出回归自由市场的明显趋势；日本、韩国虽然在一定程度上延续了政府主导与市场规制并重的经济发展模式，但也表现出缓和市场规制，放权于市场的改良主义倾向。简言之，上述发达市场经济国家“规制改革”运动，均表现出放宽乃至消除准入规制的立法意图。以美国和日本为例，1976 年至 1980 年间，美国相继制定了《规制改革法》《客运航空业放松控制法》《放松存款金融机关管制、通货管制法》；①日本在 1995 年至 2010 年期间，先后 5 次制定了规制改革计划，分地域分行业逐步推进规制缓和。②

我国改革开放起步于计划经济年代，市场经济制度的孕育、生成和发展在很大程度上导源于政府的“理性建构”，此中不可避免地留下了政府经济权力全面深入干预的印迹和路径依赖。尤其是在市场规制方面，依靠行政审批强化准入规制进而规范市场秩序的惯性思维，仍然主导着市场规制的模式选择。令人可喜的是，随着市场经济制度的自我调适机制不断完善以及政府经济权力逐步规范，市场规制单纯依赖行政审批的痼疾得以逐步消解，《行政许

① 参见宋世明著：《美国行政改革研究》，国家行政学院出版社 1999 年版，第 72～77 页。

② 参见王叶臣：《行政法视野下政府规制改革的比较研究》，载《河北大学学报》（哲学社会科学版）2014 年第 4 期，第 22 页。

可法》的出台对政府利用行政审批实施准入规制的行为予以了严格限制。例如,《行政许可法》第13条规定,市场主体能够自主决定、市场竞争能够有效调节、自律机构能够自我监管、事后监督能够解决等事项可以不设行政许可。不仅如此,各地如火如荼地开展的区域法治建设更是立足规范政府经济权力和削减市场准入规制,以期进一步扩大市场主体进入市场的权利和机会。例如,湖南省开全国风气之先河率先以政府规章的形式制定了《行政程序规定》,清理和废止规范性文件10.2万件,下放审批权限以及精减、取消年检、年审项目共计106项。随之而来的,便是准入规制放松产生的巨大改革红利。2006年至2010年期间,该省实际利用外资平均增幅达16%,累计总额为195亿美元,在“十一五”规划收官之年,该省实际利用外资总量已居中部地区“榜眼”。[①] 笔者认为,不论是《行政许可法》还是《湖南省行政程序规定》亦或是各地方兴未艾的法治建设,其立足点均停留在正面清单模式。虽然从客观效果看来下放、精减、取消行政审批事项对于放宽准入规制大有裨益,但较之负面清单模式下市场主体自由进入市场的权利和机会而言,仍有一定差距。笔者认为,2013年上海市以地方政府规章形式出台的《中国(上海)自贸试验区管理办法》(以下简称《自贸区管理办法》)[②]中针对外商投资实施的准入特别管理措施(负面清单)更为可取。《自贸区管理办法》第10条、第11条规定,在金融服务、航运服务、商贸服务等六个领域暂停或者取消准入限制,上述领域之外的外商投资项目除国务院明令采取核准制的以外,一

① 参见王晓红、张旌:《法治湖南“软环境”也是生产力》,载新浪财经频道,http://finance.sina.com.cn/roll/20110111/15159234932.shtml,2018年5月22日访问。

② 参见《中国(上海)自由贸易试验区管理办法》(上海市人民政府令第7号)。

律采取备案制。通过解读《自贸区管理办法》相应条款可知,该办法之立法初衷在于降低准入规制对市场自由的限制程度,保障市场主体进入市场从事经营活动的自由和机会,实现市场主体法律地位平等化,营造各类市场主体公平竞争的市场秩序。据此,笔者认为,《自贸区管理办法》创制的外商投资项目负面清单模式,可谓我国市场规制与行政审批、许可制度的破冰之旅。其消除了两者之间一体两面、互为依托的依附关系,弥合了准入规制与市场自由之间二元分裂对立的制度罅隙,使信息规制与标准规制等对市场自由干预程度较低的规制措施得以实施,市场主体经营自主的空间得到有效保障。2017 年 3 月国务院决定,在辽、浙、豫、鄂、渝、川、陕等省、直辖市再建七个自由贸易试验区,笔者期望能够在上海市《自贸区管理办法》基础上进一步推动准入规制和区域法治建设制度创新,最大限度地保障各类市场主体经营自主和公平竞争的权利,从局部制度创新向整体制度变迁演进,①奠定和完善充分发挥市场配置资源决定性作用的制度基础。

二、完善地方政府公共政策竞争评估机制

(一)构建地方政府公共政策竞争评估机制的必要性

改革开放至今,我国政府特别是地方各级政府习惯和依赖利用包括产业政策、财政政策等公共政策的杠杆效应以干预市场运

① 2018 年 7 月,国务院下发《关于成立国务院推进政府职能转变和“放管服”协调小组的通知》(国办发〔2018〕65 号),明确其作为国务院议事协调机构,由副总理韩正任组长,国务委员王勇、国务院秘书长肖捷任副组长,下设精简行政审批、优化营商环境、激励创业创新、深化商事制度改革、改善社会服务等五个专题小组,其中优化营商环境小组负责推进全国全面实行统一的市场准入负面清单制度,清理和废除妨碍全国统一市场和公平竞争的各类规定。

行,以期实现产业优化升级、区域经济发展的政策初衷。以产业政策为例,在金融危机之后,受到经济下行压力的逼仄,出口锐减与产业衰退二重阻力成为经济增速放缓的重要诱因,以产业优化升级、产业结构调整为目标的产业政策大行其道,“分层次、抓重点”①(从省到县都有各自的重点产业和重点扶持企业)被地方政府视为实现区域经济增长止跌回升的“灵丹妙药”。虽然归属于“软法”的公共政策与“硬法”通过国家强制力追究违法责任的强制程度有所区别,但其本质仍然是公权力在资源要素分配场域中真实映射。即使公共政策并不具备“硬法”那样以国家强制力为支撑的法律表象,但其对市场主体、特定产业(行业)等政策调控对象而言,仍然具有相当程度的约束力。在很大程度上,特定的公共政策与行政许可和审批、行政命令直接勾连,政策调控对象取得经济利益须得以政府批准或认可为前提,体现了强烈的政府意愿和政策目标。这种行政权力主导下的公共政策,往往忽视市场机制在资源分配中的作用。例如,政府对特定产业或者特定产业中的重点企业予以土地批租优惠、税收减免以及政府补贴等政策支持,人为地造成了不同产业之间、相同产业中受政策扶持企业与不受政策扶持企业之间竞争优势的差异,人为地阻碍甚至扭曲了公平竞争的市场秩序。由此观之,上述公共政策与地方政府利用行政权力排除、限制竞争别无二致。对政府限制竞争行为的规制范围,不应当仅限于《反垄断法》第33条所列举的五类妨碍商品自由流动的行为,只要政府运用公权力的行为对市场竞争造成或者可能造

① 参见刘桂清:《产业政策失效法律治理的优先路径——“产业政策内容法律化”路径反思》,载《法商研究》2015年第2期,第123页。

成严重影响都有必要受到法律的严格规制。从域外司法辖区先进经验分析,通过竞争评估减少不合理限制竞争的制度安排、阻却限制竞争的规则发生效力是规制政府利用行政权力排除、限制竞争的制度基础。因此,对地方政府运用公共政策实施反竞争行为进行规制的有效形式,主要表现为通过竞争评估事前阻却不具备正当性和合理性的制度安排发生效力。

(二)完善内部审查和外部审查相结合的竞争评估制度

按照对产业政策、财政政策等公共政策是否影响市场公平竞争进行审查的不同主体为界分标准,存在两种不同的竞争评估模式:一是内部审查模式,二是外部审查模式。内部审查模式以我国和新加坡为典型,其特点是竞争主管机构通过发布竞争指南、提供竞争咨询等形式指导公共政策的制定主体自行审查现存的和拟制的政策是否存在限制竞争的情形;外部审查模式以欧盟、日本、韩国为代表,其特点是竞争主管机构对政策是否存在限制竞争进行审查。以欧盟为例,成员国国家援助均须得接受欧盟委员会审查,未经该机构批准,成员国不得擅自实施国家援助。由于产业政策在内的公共政策,往往会对相关市场主体的竞争烈度造成不同程度影响,导致竞争评估效果受到经济周期、市场运行等多种不可测因素的牵制,政策制定主体较之竞争主管机构在专业分工、信息获取等方面更具优势。但是竞争评估亦不可避免地存在价值判断;竞争主管机构在界定公共政策是否具备限制竞争合法性、合理性方面积累了丰富的执法经验,竞争主管机构较之政策制定主体在相关市场界定、垄断行为甄别等方面更胜一筹,在此意义上讲内部审查模式与外部审查模式各有利弊,互为补充。

2016 年 6 月,国务院下发《国务院关于在市场体系建设中建立公平竞争审查制度的意见》(国发〔2016〕34号)(以下简称《意见》),要求地方各级政府对有关市场主体经济活动六大方面的规范性文件进行公平竞争审查。其内容包括反垄断、行政审批和行政许可以及价格监管等多部单行法律和行政法规,涉及从市场准入到产业发展以及资质标准等诸多方面,审查内容涵盖准入限制、要素流动、经营成本、经营行为等4大类18个子项。《意见》的出台与我国现行《反垄断法》规制地方政府利用行政权力排除、限制竞争行为的立法旨意形成正向耦合。这不仅是我国市场经济法制建设中极为关键的一步,当然也极大地凸显了中央政府最高决策层面对政府有限干预与市场公平竞争关系认识的重构和逆转。如果仔细解读《意见》,不难发现公平竞争审查制度仍然沿用了政策制定主体与政策审查主体同为一体的内部审查制度,可以看做是同一主体对自身制定之政策的主观审视与自我查纠。从内部审查制度运行的逻辑维度切入,公平竞争审查制度映射出两个价值取向严重背离的逻辑假设。一是政策制定主体存在排除限制竞争的利益取向,故而有必要对自身制定的政策进行主观审视;二是政策制定主体蕴含推动竞争的公正动机,存在对自身制定的政策进行自我查纠和动态矫正的可能性。申言之,在逻辑假设存在严重背离的情况下,公平竞争审查制度便陷入了"罗生门"式的多重悖论迷局:如果推定政策制定主体存在排除限制竞争的逐利动机,必然导出其制定的政策具有排除限制竞争的利益取向,那么要求政策制定主体对其政策进行审视和矫正的效果可能是不真实的;如果假设政策制定主体具有推动竞争的公正目的,同样可以导出其制定的政策应当隐含维护和促进竞争的价值取向,那么要求政策制定主体对其政策进行审视和矫正似乎又是不必要的;如果假定政策制定主体不具备客观智识和评估能力,以至于难以对自身制定政策是否排除限制竞争亦或是维护促进竞争予以准确判断,那么要求政策制定主体对其政策进行审视和矫正几乎是毫无意义的。客观审视我国当前经济发展处于转型升级关键节点的现实状况,如何正确处理政府有限干预与市场配置资源之间的紧张关系面临两难选择:一是全面深化改革要求消除政府对微观市场经济活动的不当干预,最大限度地激活各类市场主体公平竞争的旺盛活力,拓展和深化全国统一大市场的广度与深度,充分发挥市场配置资源的决定性作用,当然这可能需要承受一定时间内宏观经济下行的改革阵痛;二是经济下行现实压力为政府频频干预市场运行提供了正当性支撑,综合运用产业政策、财政政策、货币政策等各类公共政策能够在较短时间内刺激经济发展,当然这也可能以虚置以市场为中心的经济改革路径、弱化市场机制资源配置功能为高昂代价。正如笔者前文所述,地方政府在经济激励和人事激励双重制度的约束下,更有动力利用行政权力排除限制竞争,假以区域利益之名,通过各类公共政策行政府干预市场之实,使限制竞争行为披上了"正当性"的外衣。鉴于此,笔者认为,如果公平竞争审查制度仅仅依托政策制定主体通过主观审视与自我查纠来剔除政策中隐含限制竞争因素的规制模式,很难保障公平竞争审查制度蕴含公平、公正、客观的识别标准得以有效实施。这便犹如个体自说自语左手,制定政策右手审查政策,其总能为具有限制竞争效果的公共政策找到正当性与合理性俱在的现实注解。

通过上述分析,公平竞争审查制度仅仅依赖政策制定主体自我审查为主的内部评估模式,难以保证竞争评估的客观性和公正性，难以发挥公平竞争审查制度阻却地方政府通过公共政策排除、限制竞争的制度安排初衷。鉴于此，笔者建议：针对存量政策和增量政策，实施内部审查与外部审查互为补充的竞争评估制度，由政策制定主体和竞争主管机构分别主导内部审查和外部审查。充分发挥公平竞争审查制度在构建全国统一大市场中的法治保障作用，最大限度地维护和促进各类市场主体公平竞争，阻断地方政府通过制定公共政策排除限制竞争，扭曲市场公平竞争秩序的权力回路。具体地讲，对于存量政策，仍然沿用内部审查制度，按照“谁制定，谁审查，谁清理”的原则，由政策制定主体对业已实施生效的现行公共政策进行全面审查，分阶段分步骤地清理、废止妨碍国内统一大市场建构和扭曲市场公平竞争秩序的各类规范性文件。对于增量政策，则适用竞争主管机构外部审查制度，政策制定主体拟制的各类规范性文件须得接受竞争主管机构的严格审查，甄别判断尚未实施生效的公共政策是否隐含排除限制竞争因素、是否扭曲市场公平竞争秩序。如果其不具有排除限制竞争的效果或排除限制竞争兼具正当性与合理性，拟制的公共政策方得实施；如果其具有排除限制竞争的效果且无法证成正当性与合理性，拟制的公共政策不得实施。按照《反垄断法》第9条相关规定，国务院反垄断委员会具有研究拟定竞争政策、发布评估报告等5个方面的职责，该条文实质上赋予了国务院反垄断委员会对有关市场公平竞争的规范性文件进行审查评估的总括性权力。2018年3月，国务院机构改革方案出炉，国务院反垄断委员会办公室的工作职责整合到新组建的国家市场监督管理总局，由其承担具体工作。虽然当前国家市场监督管理总局“三定”方案尚未最终敲定，但从该机构成立以来首次工作会发布的内容分析，由国家市场监督管理总局自然承继《反垄断法》第 9 条有关国务院反垄断委员会研究拟定竞争政策、发布评估报告等事关公平竞争审查之权能实为题中应有之意。① 笔者认为，有必要赋予国家市场监督管理总局以审查省级地方政府拟制的公共政策是否排除、限制竞争的总括性权力，进而构建以竞争主管机构为主体的公平竞争外部审查制度。就具体操作层面而言，可以大致分为以下四步：一是发布竞争指南，即国家市场监督管理总局在《关于在市场体系建设中建立公平竞争审查制度的意见》基础上，完善推动市场公平竞争的指导性文件，进一步细化和列举排除、限制竞争的情形，指导省级地方政府在公共政策制定过程中最大限度地保障市场公平竞争。二是竞争咨询，即省级地方政府拟制公共政策应当事先征求国家市场监督管理总局意见，尽可能地保障拟制中的公共政策不会对市场公平竞争秩序造成显性不当影响。三是初步审查，即国家市场监督管理总局对省级地方政府拟制的公共政策是否隐含排除限制竞争因素进行迅速甄别，初步审查阶段可以借助经济合作与发展组织发布的“应用于识别限制竞争法律的核对清单”。② 如果未发现地方政府拟制的公共政策包含核对清单

---

① 2018 年 7 月 5 日，国家市场监督管理总局局长张茅在全国市场监管工作座谈会上的讲话明确指出，市场监督管理部门的重要职责是营造公平竞争的市场环境，要着力强化竞争政策，全面实施公平竞争审查；张茅强调，市场监督管理部门要认真贯彻落实公平竞争审查制度及实施细则，督促指导各地区、各部门落实审查机制，夯实审查责任，要坚持清理存量与规范增量并重，提高公平竞争审查的质量和实效，不断完善公平竞争审查制度顶层设计，研究制定第三方评估、适用例外规定等方面的配套规则。同年 7 月 19 日，国务院办公厅发布《关于调整国务院反垄断委员会组成人员的通知》（国办发〔2018〕51 号），国务委员王勇、国家市场监督管理总局局长张茅、国务院副秘书长孟扬分别担任国务院反垄断委员会主任、副主任，同时明确将国务院反垄断委员会办公室设置在国家市场监督管理总局，由其承担日常工作。

② OECD, *Competition Assessment Principles*, 2010, pp. 8 – 9.

列明的禁止性内容，则意味该公共政策不会产生排除限制竞争的效果，无需进一步审查；如果发现地方政府拟制的公共政策具有核对清单列明的禁止性内容，则说明该公共政策具有排除限制竞争的可能性，会对竞争秩序造成不当影响，须得进行深入审查。四是深入审查，即国家市场监督管理总局对省级地方政府拟制可能排除、限制竞争的公共政策之正当性与合理性进行审查。此时省级地方政府须得提交政策评估报告，证成排除、限制竞争在特定场域具有正当性理由，排除、限制竞争与政策目标实现具有因果关系，排除、限制竞争的成本与收益符合比例原则等三个方面的内容。如果国家市场监督管理总局审查认为省级地方政府拟制的公共政策虽然存在排除限制竞争的因素，但具备正当性与合理性，则公共政策方得实施；倘若审查认为省级地方政府拟制的公共政策不仅存在排除限制竞争的因素，而且不具备正当性与合理性，则由国家市场监督管理总局向拟制该公共政策的省级地方政府提出修改意见。与此同时，省级地方政府也可以比照上述公平竞争审查制度，建立区域公共政策外部审查制度，授权相应机构（省级市场监督管理部门）对区域内市、县地方政府拟制的公共政策进行公平竞争审查，保障地方各级政府拟制的公共政策不会隐含排除、限制竞争以及扭曲市场竞争秩序的效果。

三、强化地方权力机关民主监督机制

（一）通过地方权力机关增强地方政府回应公众意愿敏感程度

我国改革开放和经济转型过程中，地方政府间竞争失范的一个重要诱因就是缺少约束地方政府市场干预和经济行为横向制约力量的阙如，社会公众和市场主体无法通过代议制机关规制地方政府的利益驱动和逐利行为。虽然中央政府自上而下的高权行为能够在一定程度上约束地方政府的利益驱动和逐利行为，但由于信息不对称、信息反馈回路梗阻等客观因素，难以达到理想的规制效果，中央政府与地方政府博弈活动过程中“猫鼠游戏”成为常态。在此情况下，通过强化地方权力机关横向监督，弥补中央政府纵向监督的不足，成为规制地方政府利益驱动和逐利行为的更优途径。区域民众和市场主体通过地方权力机关表达意愿诉求，在社会公众需求与地方政府决策之间构建沟通渠道，促使地方政府能够及时回应社会主体意愿。但现实中地方权力机关横向监督作用阙如，地方政府在区域社会治理中占据强势主导地位，特别是在地方性法规、政府规章起草过程中，地方权力机关基本上沦为橡皮图章。例如，上海市 2012 年至 2016 年计划出台地方性法规 133 件，其中由政府及其部门起草的地方性法规达到 110 件，占到总数的 82.7%，由人大常委会及其内设机构起草的地方性法规只有 23 件，仅占上海市地方性法规总数的 17.3%，如图 6－2 所示，地方权力机关作为区域内民意集中机构的优势没有充分体现。不仅如此，地方政府还频频绕开地方权力机关，大量制定具有约束力的规范性文件从而实施市场干预和社会治理。截至 2016 年底，地方各级政府制定的规范性文件达到 939，387 件。与此同时，经过立法程序出台的地方性法规和地方政府规章分别为 12，670 件、12，471 件，在“广义的法中”所占权重仅为 1.34% 和 1.33%。① 数量惊人的规范性文件表现出行政部门极强的科层制特征，地方政府行政化、官僚化倾向严重，其制定的规范性文件之合法性与正当性存在巨大瑕疵。

① 参见黄兰松、汪全胜：《立法中的地方利益本位问题及应对之策》，载《北方法学》2017 年第 6 期，第 123 页。

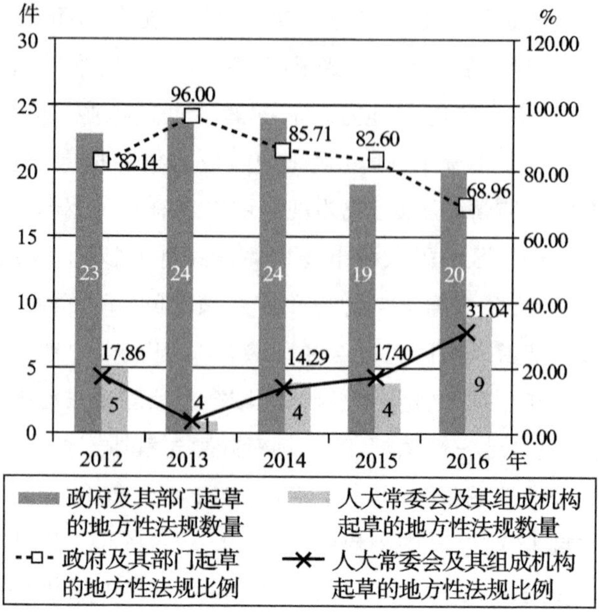

图 6-2　2012 年至 2016 年上海市计划出台地方性法规起草主体拟文数量及比例①

笔者建议：首先是建立区域公众参与地方政府公共政策的制定程序，推行公共政策制定公开听证，并将区域重大公共事务切实纳入到地方权力机关的决策范畴，健全民意表达机制，增强区域公众“议价”能力，限制地方政府通过制定规范性文件规避地方人大对重大公共事务审查批准的空间，使地方公共治理从以地方政府为主体的行政性集中向以地方人大为主体的民主性集中转变，有效防止地方政府向区域公众和市场主体转嫁竞争失范产生的经济发展成本。其次是完善地方人大选举制度，改变现行地方人大代表选举中组织色彩

① 数据源自上海市人大常委会 2012 年至 2016 年立法工作计划整理而成。

浓厚、党政领导干部和国家工作人员比例过高①的现状，适度增加体制外人大代表和公司企业人大代表的比例，均衡各阶层、各领域人大代表比例，保障各利益攸关方都有一定比例的人大代表；同时，引入人大代表选举竞争机制，使选举制度真正成为汇集公众意愿、承载公众诉求、平衡公众利益的民主机制，确保选举产生的人大代表对区域民众负责。最后是实现代议制民主与协商式民主有效结合，一方面，坚持人民代表大会制度主体地位，保持现行政制结构稳定，发挥地方人大在地方治理中的支柱作用；另一方面，引入协商式民主，通过不同群体、不同领域的利益攸关方参与地方治理民主协商，弥合不同利益群体之间的纠纷与冲突，实现代议制民主结果理性与协商式民主过程理性的良性耦合，最大限度地保障各个利益攸关方意愿诉求在地方公共治理和公共政策制定中得以体现。

（二）地方权力机关预算监督约束地方政府财政支出行为

现代国家是租税国家，任何层级的政府不论是中央政府亦或是地方各级政府，都必须掌握与履行职能相匹配的财力。在此意义上讲，社会治理活动中任何一个问题，说到底都是财政问题，任何政府行为均与财政息息相关。所以说，控制了财政收入和支出就控制了政府，能够有效地约束政府行为。预算制度是财政制度的核心，既是联系社会主体与政府组织之间的纽带，同样也是连接财政收入与财政支出的桥梁。因此，现代民主国家一般将批准和修正预算的权力交由代议制机关行使，通过预算制度导引政府施政行为，从而彰显主权在民的民主原则。在财政收入与财政支出二维互动过程中，财政

① 深圳市福田区四届人大共有代表174名，其中党政领导干部和国家工作人员代表为84人，占代表比例高达48.2%。参见杨云彪：《从议案建议透视人大代表的结构比例》，载《人大研究》2006年第11期，第7～8页。

支出与政府施政行为发生直接勾连，财政支出的范围、种类、多寡直接体现了政府施政行为的特定目标，是服务型政府还是发展型政府，施政行为的目标是促进公众福利还是注重经济发展，这些答案都隐藏在财政支出背后。因此，控制了财政支出就等于圈定了政府施政行为的方向。《预算法》第 21 条明确将审查批准县级以上地方政府预算草案和监督预算执行的权力赋予了同级人大及其常委会。这意味着地方政府预算支出项目必须契合地方人大，即地方民意偏好，只有契合地方人大多数成员利益（地方大多数公众利益偏好）的预算草案才能通过，这就相当于圈定了地方政府财政支出的范围、种类，决定了地方政府履行区域公共治理职能的轻重缓急。不仅如此，《预算法》第 13 条明确规定经批准后的预算非经法定程序不能调整，政府支出未列入预算不得支出；第 67 条、第 69 条分别规定了确有必要调整预算的情形以及预算调整程序，进一步强化了预算的硬约束。这样一来，地方人大及其常委会得以通过预算草案审查批准和预算执行监督有效地约束和控制公共预算资金的使用，从而影响和导引地方政府施政行为达到满足区域公众意愿的目的。因此，笔者认为发挥地方人大预算监督职能约束地方政府财政支出，能够最大限度地弱化地方政府通过实施财政补贴、倾斜性产业政策以及重复性基础设施建设等措施过度追求区域经济发展的行为能力，促使其收敛“发展型地方政府”注重经济增速而轻视民生服务诱发的投资冲动，引导地方政府财政支出向提供公共物品、完善社会保障、消除城乡差距等方面倾斜，为实现公共服务均等化奠定基础。在此，笔者建议可以将预算分项审查制度作为《预算法》第 21 条规定的预算整体表决制度的前置程序；同时，根据《预算法》第 22 条关于地（市）级以上人民代表大会有关专门委员会对本级预算进行初步审查，并提出初审意见的规定，可以考虑在地方人大内部增设专门委员会（预算审查委员会）,由其对地方政府编制的预算草案予以分项审查。预算审查委员会可以采取听证会的形式邀请本级人大代表、区域民众代表以及财政领域专家学者参与预算草案分项审查,对于预算审查委员会提出异议的具体分项支出项目,地方政府预算编制部门应就支出项目的合理性予以解释说明,充分论证具体分项支出项目的必要性以及预期达致的经济效益和社会效益,预算草案分项审查通过后方得提请地方人大进行整体表决。采取预算草案分项审查能够进一步细化预算草案的审查内容,既有利于加强地方权力机关对地方行政机关预算支出项目合理性审查的精确度,使地方政府财政支出更加符合区域公众的整体利益;而且有助于地方权力机关与地方行政机关及其部门就区域公共社会事务治理的轻重缓急以及区域公共物品供给等方面进行充分沟通,保障财政支出的合法性与合理性,增强地方性知识在区域财政资源配置中的智力支持和制度供给。

（三）构建双重博弈内恰机制矫正地方官员政绩考核策略行为

在诠释制度变迁与理性个体行为选择的互动关联过程中,理性选择主义建构了一个二律相悖的理论框架即"理性的个体设计着制度,但先前的制度选择又影响着他们的决策"。① 改革开放以来,推动经济加速发展是制度变迁依循的核心路径,以 GDP 增速为核心的职务晋升政治激励,诱发了地方政府官员的利益觉醒和自利倾向,他们逐渐成为地方政府间竞争的主导力量,同时也是分析地方政府间竞争失范的关键因素。前文中,笔者借助吴元元教授提出的双重博弈分析范式,对地方政府官员在实现上级政府目标和区域公众目标过程中的策略行为进行了博弈论演绎。如果上级政府目标契

① See R. Grafstein, *Institutional Realism. New Haven*, Yale University Press, 1992.

合区域民众目标，两者利益取向高度一致，在此情况下地方政府官员唯一的最优行动策略就是均实施合作策略，地方政府官员施政行为由此成为串联上级政府和区域民众共同利益的主轴，三者追求自身效用最大化的目标均能有效达致。倘若上级政府目标背离区域民众目标，两者利益取向严重相悖，在此情况下地方政府官员最优行动策略就是采取机会主义策略，在与上级政府和区域民众长短互嵌的双重博弈中，分别采取合作策略和非合作策略，以长期博弈未来产生的更大收益弥补短期博弈当期减损的较少收益，从而实现净收益最大化。因此，实现上级政府目标与区域民众目标正向勾连，亦或是将区域民众目标嵌入上级政府目标，构建上级政府长期博弈与区域公众短期博弈内恰机制，能够有效约束和及时矫正地方政府官员在政绩考核中的策略行为，避免其对上级政府目标的选择性关注以及对区域民众目标的选择性忽视。近年来，中央政府逐步改变了政绩考核唯 GDP 论的导向，倡导包容性发展的价值取向，提出领导干部选拔任用不能单纯以 GDP 论英雄。既要看发展的成果，也要看成本和代价。要将经济发展和民生改善、社会和谐进步、生态文明建设等五个方面纳入政绩考核范畴，作为考核评价的重要内容。此举对于规范地方政府官员政绩观确实起到了一定的引导作用。但是，由于缺乏考核指标分类、指标权重以及奖惩措施等影响政绩考核精度的配套措施，在地方政府官员潜意识中，区域 GDP 增幅以及经济总量、财政收入规模和增长速度仍然是其关注的核心因素，多年来以经济增长为考核内容形成的路径依赖与思维定式，很难在朝夕之间迅速逆转。笔者建议：首先是逐步将民生指标、环境生态指标以及区域经济增长成本收益指标纳入地方政府及其官员的政绩考核评价体系，渐次增加上述指标在政绩考核中的权重，将其作为衡量政绩的重要标尺；其次是基于经济考核指标仍在地方政府及其官员政绩考核评价体系中占据较大权重的现实境况，可以考虑降低地方 GDP 增幅、区域经济总量等指标所占权重，同时大幅度增加城乡人均可支配收入、社会保障和教育支出占比等民生类指标所占权重，将区域公众追求二次分配公平的价值取向嵌入地方政府追求区域经济发展的利益架构中，实现民生保障与经济增长二重目标正向勾连、良性耦合；最后是构建上级政府目标考核与地方人大民主评议互为补充的政绩考核机制，发挥地方人大作为区域民意承载主体的优势，将地方人大对当地政府及其官员的民主评议结果嵌入到上级政府目标考核体系之中，使其成为上级政府目标考核的重要分项，形成上级政府长期博弈与区域公众短期博弈自恰机制。如此一来，区域民众能够通过代议制民主对地方政府及其官员施政行为予以有效监督，增强了区域民众抵御地方政府自利行为的议价能力，使地方政府官员作为同一博弈主体，只得在长期博弈与短期博弈自恰的双重博弈架构中均采取合作策略，最大限度地消解地方政府官员在政绩考核中采取相机而动的机会主义策略追求自身利益最大化的逐利动机。

第三节　完善地方政府排除、限制竞争矫正机制

统一的全国大市场能够全面提高整个社会的资源配置效率，有利于提高全国整体利益和社会公众福利，但是基于各个地方在区域经济发展、地区资源禀赋、地理区位等诸多方面存在差异，地区之间发展程度呈现不均衡分布的特点。有的地区得以在统一、开放的市场体系中脱颖而出，不断汲取和积累资金、技术、劳动力等方面的优势；有的地区则可能在统一、开放的市场体系中竞争失败，导致经济发展滞后、产业凋敝、失业率上升等不利局面。理论上虽然可以通过建立现代转移支付制度，运用财政资源补贴那些

在竞争中失败的地区，但要准确计算出补偿的总额以及竞争失败的地区能够领受的精确比例，却存在相当的困难。现实政治生活中，地方政府运用行政权力排除、限制竞争成为地方政府维护区域经济利益的理性策略，同时表现出"排外"和"媚外"两种看似彼此矛盾、不可调和的行为取向。一方面，运用行政权力限制、削弱外地市场主体对本地市场主体的竞争优势，明里暗里地设置种种针对外地市场主体的歧视、排斥政策，想方设法扶持本地市场主体，以期让潜在财政资源尽量在区域内循环；另一方面，又运用行政权力采取补贴、返税、提供廉价土地等招商引资优惠吸引外地市场主体入驻本地，尽可能地将汲取的外地资源要素转化为本地增量财源。另外，地方政府排除、限制竞争还受到了"晋升锦标赛"的利益驱动，地方政府官员在政治晋升强激励下为了在任期内交出理想的区域经济发展政绩，也往往倾向于采取市场分割、区域封锁等具有排除、限制竞争效果的行政行为。① 由此可知，地方政府排除、限制竞争，既具有发展区域经济、造福治下百姓这种父爱主义倾向，也具有谋取自身及其官员利益最大化的自利心态。

规制地方政府运用行政权力排除、限制竞争，需要深刻考量我国内在经济制度和法律制度的特殊性、历史惯性，从而梳理出符合我国市场经济转型国家现实近况的规制路径。竞争法规制地方政府运用行政权力排除、限制竞争，关注从市场机制运行层面寻求解决途径，重点考量通过拟定和实施竞争政策影响其他经济政策，制约地方政府对区域市场实施不当干预，矫正"政府失灵"。但竞争法对地方政府制定的规范性文件进行审查的力度和效果却不甚理

① 参见李俊峰：《公平竞争自我审查的困局及其破解》，载《华东政法大学学报》2017年第1期，第122页。

想，导致了行政机关得以通过制定各种行政规定对市场实施不当干预，甚至以此为依据理直气壮地排除、限制竞争。行政法规制地方政府运用行政权力排除、限制竞争，关注各级政府权力配置、运行监督，是着重强调控制地方政府权力的行政法律规范。但行政机关内部科层式自我审视和自我查纠模式的封闭性（实际上是上级政府与下级政府之间硬对硬地权力冲突与碰撞）很难起到有效的规制效果，即使能够起到一定的制约作用也很容易导致政府愈发强大而市场日趋弱小，反而加重了政府不当干预市场的深度与广度。申言之，竞争法与行政法均具有限制行政机关不当干预市场机制的控权功能，但两者立法目标以及规制重点却不尽相同。竞争法更加关注市场竞争之结果，注重经济自由、干预效率以及公平竞争多元价值取向，体现出较强的"结果理性"；行政法更加强调权力运行之程序，注重对行政权力运行的程序控制从而防范其对私主体权益的侵犯，表现了严谨的"程序理性"。在此意义上讲，竞争法与行政法对地方政府排除、限制竞争的规制路径，既有重合亦各有侧重。因此，须得二者同向发力，构建起以竞争法行政执法为主、行政法司法审查为辅的二元规制路径，动态矫正地方政府不当干预市场公平竞争秩序的利己行为。

一、健全地方政府排除、限制竞争行政执法机制——竞争法规制路径

（一）建立以国家市场监督管理总局为主体的矫正地方政府排除、限制竞争的执法架构

反垄断机构行政执法是矫正地方政府排除、限制竞争行为的重要规制手段，目的在于通过执法活动追究地方行政机关反垄断法律责任，救济经济权益受到不当侵害的市场主体，宣示反垄断法惩戒作

用从而排除地方政府不当干预市场竞争机制的消极影响。这是反垄断机构对地方政府排除、限制竞争行为的事后惩戒,也是反垄断法动态实施过程中最具有威慑效果的制裁方式。我国《反垄断法》第9条、第10条规定,国务院反垄断委员会组织、协调反垄断工作,具体的反垄断行政执法权能由国家发改委、商务部、国家工商总局分担。此后,在国务院"三定"方案中明确上述机构分别负责价格垄断、经营者集中、垄断协议以及滥用市场支配地位和行政垄断。由此可知,我国反垄断执法权能是分散的,三个反垄断行政法机构规制重点既有区别又有重合。就地方政府滥用行政权力排除、限制竞争而言,国家发改委和国家工商总局均有权力对其予以规制。源于此,学界普遍认为在多机构执法模式下,执法力量分散,各个执法机构各自为战,很难形成规制合力,而且多头执法导致执法层级偏低,反垄断执法机构缺乏独立性保障,难以对地方政府不当干预市场竞争的行为起到理想的规制效果。因此,有学者建议,参照欧盟、韩国、日本、俄罗斯等先进法域经验,建立独立的、强大的、高层次的竞争主管机构,将国务院反垄断委员会改造为统合竞争政策拟定、竞争评估、竞争执法多种竞争法权能于一体的监管机构,从而更好地规制公权力主体和私权利主体反市场竞争行为。① 也有学者从规制行政垄断的角度切

① 参见朱宏文、王健:《从"两权合一"走向"三权合一"——我国反垄断执法机关导入准司法权的理论、路径和内容》,载《法学评论》2012年第5期;曹海晶、李怖:《区域性行政垄断的危害及其规制》,载《中州学刊》2013年第1期;徐士英:《竞争政策视野下行政性垄断行为规制路径探析》,载《华东政法大学学报》2015年第4期;张占江:《反垄断机构规制政府反竞争行为能力建设研究》,载《竞争政策研究》2016年第1期;汪玉涛:《抽象行政行为的反垄断机构竞争审查》,载《湖南科技大学学报(社会科学版)》2016年第2期;孙晋、王贵:《论政府反竞争行为综合规制的路径建构》,载《中南大学学报》2017年第1期;丁茂中:《行政行为的竞争合规制度研究》,载《现代法学》2017年第2期。

入,认为现阶段最为可行的路径是将国家发改委改造为国家反垄断委员会[①],从而有效矫正地方政府的排除、限制竞争行为。无论如何,实务界和理论界都强烈呼吁构建高层级的、独立的、统一的反垄断执法机构,从而实现对市场主体垄断行为和政府部门及其授权组织排除、限制竞争行为的严厉规制。2018 年 3 月,新一轮国务院机构改革方案出炉,其中,反垄断执法权能归属于新组建的国家市场监督管理总局。至此,实务界和学界呼吁多年建构统一反垄断执法机构的制度诉求得到了观照与回应,国家市场监督管理总局的横空出世,破除了长期以来国家发改委、商务部、国家工商总局"三龙治水"、"三驾马车"分割反垄断执法权能的执法窘境,反垄断执法三项权能终于归于一统。2018 年 6 月,新组建的国家市场监督管理总局打响了反击地方政府排除、限制竞争行为的第一枪。[②] 笔

---

① 参见张曙光、张弛:《扩大开放与反行政垄断并重》,载《决策与信息》2007 年第 4 期。实践中仅 2008 年至 2015 年,国家发改委先后查处了河北、山东、云南、安徽、四川、浙江等地省、市级政府部门行政垄断案件,其中河北省交通运输厅收费歧视案、山东省交通运输厅限定交易案最为典型。经国家发改委调查认定,河北省交通运输厅针对区域内经营主体实施通行费优惠,妨碍区域内外同一线路经营主体公平竞争的行为和山东省交通运输厅要求全省"两客一危"车辆接入指定的技术平台,限制技术平台和车载终端市场竞争的行为分别违反了《反垄断法》第 8 条、第 33 条、第 37 条有关规定,属于滥用行政权力排除、限制竞争有关行为,国家发改委分别向河北省、山东省政府发出执法建议函要求有关部门及时整改。

② 2018 年 6 月 27 日,国家市场监督管理总局就北京市公安局交通管理局涉嫌违反《反垄断法》有关规定,滥用行政权力排除、限制竞争的行为进行了通报处理,认为北京市公安局交通管理局未经公开招投标等竞争性程序确定工商银行北京市分行作为交通违章罚款唯一代收银行、交通违章罚款只能到该市工商银行网点缴纳或办理工商银行卡缴纳以及未向社会公示不再强制将工商银行发行的牡丹交通卡作为驾驶人信息卡使用等行为排除、限制了其他具有合法资质和服务能力的金融机构参与代收交通违章罚款业务竞争,责令北京市公安局交通管理局尽快整改到位。参见许雯:《国家市场监管总局点名北京交管局 罚款只交工行涉垄断》,载新浪网,https://news.sina.com.cn/c/2018-06-27/doc-ihencxtv3370686.shtml,2018 年 7 月 2 日访问。

者认为，建立国家市场监督管理总局，实现价格监督检查、经营者集中和反垄断执法三权合一，表明了中央政府制度建构顶层设计对凸显市场配置资源决定性作用的进一步深化，但更为关键之处在于及时完善国家市场监督管理总局统一监管下的央地多层次反垄断执法体系。因此，笔者建议尽快对现行《反垄断法》进行修改，明确国家市场监督管理总局的执法权限和相应依据；同时参照国家发改委《反价格垄断行政执法程序规定》有关条款，①及时制定行政法规和部门规章，指导各地市场监管部门完善行政执法程序。例如，涉及多个省级区域的行政垄断案件，国家市场监督管理总局可以指定有关省级市场监管部门查处，重大案件由国家市场监督管理总局组织查处；省级市场监管部门可以委托下一级市场监管部门查处行政垄断案件。如此一来，地方各级政府及其授权组织运用行政权力实施排除、限制竞争的行为被纳入中央、地方多层次规制框架中，分层设置的执法体系也有利于央地之间、同一层级地方之间以及同一地方不同层级之间的执法机构协调。不仅如此，自上而下的行政执法模式，有助于及时发现和公正查处下级政府不当干预市场竞争的违法行为。

(二)调试反垄断法规制地方政府排除、限制竞争违法行为的识别标准

有“经济基本法”之称的《反垄断法》采取总括加列举的方式对地方政府排除、限制竞争行为予以规制，其中第 8 条原则性地规定了政府及其授权组织不得滥用行政权力排除、限制竞争；第 32 条至第 37 条分别列举了行政强制交易，地区封锁和市场分

① 参见《反价格垄断行政执法程序规定》(国家发改委令第 8 号)。

割，排斥限制外地经营者参加本地招投标、投资和设立分支机构，强制经营者垄断以及制定具有反竞争内容的规定等排除、限制市场竞争的行为。从《反垄断法》上述关于规制政府不当干预市场竞争的立法意旨来看，其目的在于禁止非市场力量的生成与滥觞，矫正和抵制政府人为地赋予某些特定市场经营主体优势地位，排除政府对市场竞争秩序的不当干预，从而保障国内统一市场竞争机制得以良好运行。在认定政府排除、限制竞争行为的识别标准方面，学界存在两种不同意见：第一种认为，政府只有超越了法律法规的规定实施市场干预（具有行政违法性）才能被认定为排除、限制竞争；①另一种则认为，只要政府干预市场的行为具有排除或者限制竞争的效果（市场机制受到损害）即可。② 从我国《反垄断法》第 8 条以及第 32 条至第 37 条法律文本分析来看，关于认定政府排除、限制竞争行为的识别标准，采取的是第一种意见，即政府和授权组织“滥用行政权力”（具有行政违法性）。由此可知，我国《反垄断法》有关认定政府排除、限制竞争行为的识别标准仍然是纳入行政法规制路径的，只有满足“滥用行政权力”这个前提条件的排除、限制竞争行为才能受到《反垄断法》的规制。笔者认为，如果将“滥用行政权力”作为识别地方政府排除、限制竞争行为的前提条件，将很容易陷入仅仅以行政合法性衡量地方政府市场干预行为的窠臼之中，直接将干预行为合法性等同于正当性，导出只要政府干预行为有法可依（此处的法作扩张解释，将政府制定的具有一定拘束力

① 全国人大常委会法制工作委员会经济法室编：《中华人民共和国反垄断法条文说明、立法理由及相关规定》，北京大学出版社 2007 年版，第 212 页。

② 参见徐士英：《竞争政策视野下行政性垄断行为规制路径探析》，载《华东政法大学学报》2015 年第 4 期，第 37 页。

的规范性文件亦包含其中)就具有正当性的武断结论。这种以行政违法性作为前提的识别标准,往往导致对市场机制实施不当干预的地方政府假"程序理性"之名否定"结果理性",只要其排除、限制竞争之行为与"法"有据,即使客观上造成了扭曲市场机制的效果,亦具有合法的抗辩理由,从而将实质上排除、限制竞争的不当干预行为阻挡在反垄断法规制之外。进一步讲,"滥用行政权力"体现为政府及其授权组织实施排除、限制竞争行为时必须持主观故意,否定了上述主体基于过失实施排除、限制竞争行为的可归责性。在实践中,地方政府及其授权组织实施不当干预市场竞争的行为,未必总是处于狭隘的地方利益保护立场而故意为之,也有可能是对自身行政行为影响市场竞争的后果存在误判,亦或是对制定的经济政策扭曲市场竞争的现实性、潜在性认知不足。这就导致部分虽然没有滥用行政权力之故意却又客观上具有排除、限制竞争效果的市场干预行为游离于《反垄断法》规制之外。与之相反,在竞争法视野下,只要政府市场干预行为已经或者可能对市场竞争秩序产生消极影响,即具有排除、限制竞争的效果,均应当受到《反垄断法》严格规制。因此,笔者认为,将"滥用行政权力"作为认定地方政府排除、限制竞争行为的识别标准有待商榷。竞争法体现的立法价值是"经济民主"与"竞争自由",强调为市场主体营造公平、自由的竞争环境。在此意义上讲,从公权力主体不当干预市场机制的角度分析,只要客观上产生或者可能产生排除、限制竞争的效果,这种不当干预行为本身就具有了竞争法规制意义上的违法性,而无须建立在"滥用行政权力"基础之上。正如有学者所言,如果仅仅依照"合法性"作为标准,从行政程序和行政效率出发,判断政府市场干预行为是否正当而缺乏对市场竞争机制效率因素的考量，很难确定政府排除、限制竞争行为的正当性。[①] 因此，笔者建议：调试《反垄断法》规制地方政府排除、限制竞争违法行为的识别标准，在保留行政法对政府干预市场行为合法性标准的基础上，导入竞争法强调的自由竞争、公平竞争标准，更加凸显反垄断法对政府干预市场行为合理性的审查内容，强调以市场机制是否受到政府不当干预而扭曲、损害为重点，从而用量化的、市场化的工具测度衡量政府排除、限制竞争行为的正当性。这样一来，一是所有扭曲或者可能扭曲市场机制的政府干预行为都将受到《反垄断法》的严格规制，大大地拓展了反垄断法打击政府排除、限制竞争的适用范围；二是避免了“滥用行政权力”在学理以及实践中的模糊界定，反垄断执法机构在行政执法过程中得以迅速识别政府的不当干预行为，及时矫正的政府排除、限制竞争行为，增强了《反垄断法》破除地方保护、市场分割等反竞争行为的可适用性。

（三）完善反垄断法追究地方政府排除、限制竞争的责任种类

科斯所著的《社会成本问题》和波斯纳所著的《法律的经济分析》深刻地阐述了违法成本与违法行为之间的关系，倘若违法成本较低，违法行为通常比较容易发生。同理，在规制地方政府不当干预市场机制的竞争法领域，倘若地方政府及其授权组织实施排除、限制竞争行为的违法成本较低，就很难遏制他们基于地方局部利益实施反竞争行为的违法冲动。当前，我国《反垄断法》第51条构建了反垄断执法机构提出依法处理建议和上级机关责令改正、对责任人员予以处分等两部分构成的地方政府排除、限制竞争行为

① 参见徐士英：《竞争政策视野下行政性垄断行为规制路径探析》，载《华东政法大学学报》2015年第4期，第30页。

责任架构。由于《反垄断法》规定行政机关及其授权组织实施排除、限制竞争行为承担的违法责任种类单一，仅限于行政责任，且惩戒力度显著偏轻，加之反垄断执法机构只具有向上级机关提出处理建议这种强制力明显不足的行政执法措施，导致《反垄断法》在规制地方政府不当干预市场机制方面，缺乏足够的威慑力，如同一只没有尖牙利齿的老虎。[①] 从严格意义上讲，上级政府责令下级政府改正其已经实施或正在实施的排除、限制竞争行为并非法律责任，其只是行政机关科层制系统内部对已发现的违法行为的事后自我纠正。即使排除上下级政府之间姑息包容的可能性，充分信任上级政府纠正下级政府违法行为的客观性和公正性，上级政府反垄断执法的专业性亦值得商榷，这使《反垄断法》在规制地方政府排除、限制竞争方面大打折扣。[②] 因此，笔者认为，在《反垄断法》的规制场域中，地方政府排除、限制竞争违法行为的法律责任不应仅限于政府系统内部的行政责任，应当建立起政府行政责任、受益企业反垄断责任并重的法律责任体系，增加地方政府实施反竞争行为的违法成本，从而抑制和减轻其基于地方局部利益对市场机制实施不当干预的违法冲动。首先是政府行政责任。一方面，在坚持上级政府责令下级政府改正排除、限制竞争行为和对责任人员予以行政处分的基础上，对责任人员予以一定的经济处罚，增强《反垄断法》对政府机构人员实施排除、限制竞争行为的惩戒、威慑作用。例如，俄罗斯《保护竞争法》规定，政府机构人员违法限制俄联邦其他地区商品在本地区销售或者本地区商品在俄联邦其

① 参见王晓晔：《行政垄断问题的再思考》，载《中国社会科学院研究生院学报》2009 年第 4 期，第 51 页。

② 参见张占江：《反垄断机构规制政府反竞争行为能力建设研究》，载《竞争政策研究》2016 年第 1 期，第 72 页。

他地区销售的，处以最低工资标准40倍以上至50倍以下罚金。① 另一方面，明确政府排除、限制竞争行为对市场主体造成的经济损失，如果不能及时通过纠正违法行为得以有效补救，市场主体可以依据《国家赔偿法》第2条享有申请国家赔偿的权利，从而最大限度地消弭政府不当干预对市场主体产生的消极影响。其次是受益企业反垄断责任。地方政府排除、限制竞争源于扶持本地市场主体从而有利于扩大税基、增加地方财政收入的现实需要，但更多情况下表现为企业为攫取超额利润主动寻求行政权力庇佑，在很大程度上讲，是地方政府与受益企业两者"合谋"的结果。据笔者统计，2017年我国省级地方政府发改部门共查处下级地方政府及其部门、授权组织排除、限制竞争案件13起，其中9起均表现为上述公权力主体通过不当干预市场从而赋予特定企业竞争优势。② 通过上述案例可知，《反垄断法》规制地方政府排除、限制竞争行为，追究受益企业反垄断责任和追究政府行政责任同样重要。目前，《反垄断法》第47条只规定了经营者这一单一主体基于自身因素滥用市场支配地位的反垄断责任，没有涉及经营者在行政权力庇佑下滥用市场支配地位应当承担的相应责任，涉案企业往往以此规避《反垄断法》处罚。因此，笔者建议对上述条款予以修改，反垄断执法机构一旦发现涉案企业滥用市场支配地位来源于政府及其部门、授权组织排除、限制竞争行为，一方面，向上级机关提出处理建议，另一方面，对涉案企业予以没收违法所得并处罚款的反垄断行政处罚。如此一来，追究政府机构行政

① 参见李小明、罗成忠：《俄罗斯行政垄断规制问题比较研究》，载《财经理论与实践》2016年第3期，第142页。

② 数据来源自国家发改委网站整理而成，http://jjs.ndrc.gov.cn/，2018年7月12日访问。

责任与受益企业反垄断责任形成双重规制,既对政府排除、限制竞争行为予以了及时矫正,又对行政权力庇佑下的受益企业给予了严厉制裁。

二、强化地方政府排除、限制竞争司法审查机制——行政法规制路径

(一)行政诉讼受案范围的扩张能够有效地保障市场主体寻求司法救济的权利

由于市场经济本身隐含市场失灵之窠臼,所以政府干预成为消弭市场经济内生缺陷、维护市场机制正常运行的必要途径。正如市场失灵内生于市场经济一样,政府失灵亦同样不可避免地内生于政府干预,关键是在市场自身调节和政府有限干预中寻求均衡点。就我国当前经济发展的现实情况而言,政府干预的广度和深度都逾越了市场自身调节的行动边界,扭曲了市场经济公平竞争的制度环境。作为一个正在经历经济转型阵痛的发展中国家,我国政府对经济的不当干预催生出阻碍市场经济良性发展的巨大体制性障碍。要打破这一体制性障碍不仅应该客观考量不同制度建构下政府干预的广度与深度,而且需要认真审视我国与他国既存在区别又具有相似的经济发展演进路径,从而判定是否具有制度移植的土壤和基础。就不同法域规制行政权力排除、限制竞争而言,大致可以分为事前规制与事后规制两种类型。前者主要通过对政府运用行政权力干预市场的行为是否妨碍甚至扭曲市场公平竞争进行评估,事前阻却排除、限制竞争行为的发生,起到防患于未然的效果;后者主要通过竞争执法和司法审查对政府排除、限制竞争行为予以惩戒,并在妨碍竞争的严重后果产生时给予相关市场主体司法救济,达到纠错于既然的目的。在此意义上讲,事前

规制与事后规制相辅相成、互为依托。虽然竞争执法与司法审查均从属于事后规制的范畴，反垄断执法机关与上级政府可以在一定程度上规制地方政府排除、限制竞争行为，但由于排除、限制竞争行为其本身就是行政机关滥用行政权力干预市场的结果，加之行政机关自身利益之驱动，导源于行政系统内部的自我纠正机制演化生成的竞争执法，难以摆脱父爱主义温情外衣下的宽纵嫌隙，规制效果恐难达致合理预期。相比之下，来自外部的司法审查机制在规制地方政府排除、限制竞争行为方面甚为可取，这不仅符合公权力机关以权力制衡权力的政制架构，亦满足了私权利主体有权利就有救济的诉愿请求。在此意义上讲，通过司法审查控制和规范地方政府行政权力，消弭排除、限制竞争等反市场机制行为的消极后果，乃为行政诉讼之题中应有之意。其不仅是市场主体合法权益之保障者，也是地方政府行政权力的矫正器。2014 年 11 月全国人大常委会修订的《行政诉讼法》是党的十八届三中全会启动全面深化改革后修订的第一部基本法律，体现了限制行政权力和保障公民权利并重的立法意愿。将《行政诉讼法》新旧版本对比，政府行政权力享有司法豁免的事项基本相同，仍然为国防外交、行政系统内部奖惩任免决定等 4 类事项；作为对比的公民合法权益保障事项由 8 类扩展至 12 类。本次《行政诉讼法》修订，受案范围的扩张引起了广泛关注，这意味着公民合法权益受到司法保护和救济的场域得到有效拓展，政府行政权力享有司法豁免场域的限缩，公民合法权益与政府行政权力两者之间博弈的均衡点越发向有益于前者的场域位移。如果将公民合法权益映射到市场经济场域，本次《行政诉讼法》受案范围扩张的最大突破表现为对市场主体公平竞争权利的司法保障，即该法第 12 条第 8 项“认为行政机关滥用行政权力排除或者限制竞争的”。通过法律文本分析，该法第12条第8项内容与《反垄断法》第32条至第37条规制行政机关和具有公共事务管理职能的授权组织滥用行政权力排除、限制竞争违法行为的条款形成良性耦合与无缝对接。这意味着《反垄断法》所禁止“限定或变相限定购买”“妨碍商品自由流通”“排斥或限制外地经营者参加招投标”“不平等待遇”等反市场竞争行为纳入行政诉讼范畴，市场主体的公平竞争权利受到司法保护和救济，扭转了《反垄断法》单纯依赖上级行政机关纠正下级行政机关排除、限制竞争行为的窘境，地方政府基于自身利益凭借行政权力分割市场、阻碍国内统一市场商品自由流动的行为受到严格规制。

（二）规范性文件附带审查制度能够动态矫正地方政府阻碍市场竞争秩序的自利行为

规范性文件是我国行政法学一个独有概念，指的是行政机关以及具有公共事务管理职能的授权组织制定的除行政法规、规章之外，涉及不特定行政相对人的权利义务，具有普遍约束力且在一定时限内能够重复适用的各类文件。① 在行政立法不完善的制度环境下，囿于法律、行政法规以及规章对某一经济社会事务未明确规定或虽有相应规定但不具体、缺乏可实施性的现实状况，特定地区或部门为有效实施经济社会事务管理，通常在权限范围内通过制定规范性文件的方式弥合上位法规缺失与经济社会事务管理之间的间隙，这样能够极大地提升管理效率。事实上，名目繁多、数量庞杂的规范性文件广泛存在于我国经济社会事务管理以及市场规制场域中，它们虽然被排除在法律、行政法

---

① 参见程琥：《行政诉讼法中规范性文件附带审查制度研究》，载《法律适用》2015年第7期，第88页。

律、规章之外,①不属于狭义的"法"的范畴,但在事实上却发挥着广义的"法"的作用。这类规范性文件制定主体繁杂、文本数量众多且程序法治普遍缺失,在民主论证、民意表达、利益体现、合法合规等众多方面存在诸多缺陷,尤其在合法性与合理性方面饱受诟病和诘难。最为典型的就是地方政府假以规范性文件之名排除限制竞争,大张旗鼓地实施市场分割与地方保护,违法设置行政处罚、行政收费以及行政许可限制外地商品本地销售、强制购买地方政府指定机构商品和服务以及对不同区域的市场主体予以区别对待。例如,江西省戈阳县政府在 2013 年 9 月出台加强猪肉类产品监督管理的规范性文件,限制外地猪肉进入该县销售。② 不仅如此,还存在地方政府出台规范性文件以政府补贴的形式对本地企业产品和外地企业产品实施区别对待,人为地增强本地企业产品的竞争优势的情况,例如,前文所述北京、上海新能源汽车差异性政府补贴。如果不能将具有越权和侵权之嫌的规范性文件纳入司法审查的范畴,不仅有损于市场公平竞争机制,亦不利于市场主体寻求司法救济。针对规范性文件游离于司法机关合法性审查范畴之外的制度罅隙,《行政诉讼法》第 53 条、第 64 条创设了规范性文件附带审查制度,允许私主体就行政行为提起行政诉讼时,认为据以作出行政行为依据的规范性文件不合法的,得以在行政诉讼中一并请求受诉法院对其进行合法性审查;受诉法院审查认为据以

① 广东省政府、上海市政府分别于 2004 年 12 月和 2010 年 1 月出台有关规范性文件管理规定,均将规范性文件界定为政府规章之外,对不特定主体权利义务具有约束力,且在一定时限内得以反复适用的文件。参见孙首灿:《论行政规范性文件的司法审查标准》,载《清华法学》2017 年第 2 期,第 141 页。

② 《央视曝双汇店被砸内幕 弋阳不许卖外地肉》,载搜狐网,http://business.sohu.com/20131104/n389494623.shtml,2018 年 7 月 22 日访问。

作出行政行为依据的规范性文件存在合法性瑕疵，不得将其作为认定行政行为合法之裁判依据，且须得向制定机关提出处理建议。不仅如此，最新颁布的《行政诉讼法司法解释》对规范性文件制定机关收到司法建议后答复时限予以了制度化规定，①这样有利于充分发挥司法建议在行政诉讼中的“纠纷预防”②功能。由此可知，地方政府通过创制规范性文件，采取同体授权、干犯立法等方式，利用行政权力排除限制竞争，侵犯微观市场主体经营自主权利，不当干预市场经济活动，破坏市场公平竞争秩序的机会主义行为受到司法审查的严格规制，长期游离于司法审查之外的规范性文件终于套上了合法性审查这个“紧箍咒”，地方政府行政权力自我扩张的边界或难再逾越司法机关合法性审查的制度樊篱。为进一步发挥规范性文件附带审查制度规制地方政府排除限制竞争行为的实际效果，笔者建议司法机关可依据制定主体的适格性、文件内容的合法性、拟制程序的民主性等三个方面对其进行司法审查。首先是对规范性文件的制定主体是否适格进行甄别判断，重点审查其制定主体是否系国务院及其部门、地方政府及其部门以及授权组织；其次是对规范性文件的制定内容是否违反法律法规以及上位规范性文件进行重点审查，其目的在于剔除违规设定处罚、强制、许可以及收费等行政事项；最后是对规范性文件制定程序的民主性予以识别，包括规范性文件是否经过公开听证或者专家论证、是否经过政府法制部门审核、是否经过

① 《行政诉讼法》司法解释第149条规定，规范性文件的制定机关在收到司法建议后60日内予以书面答复，紧急情况下，法院可以建议制定机关或上级行政机关停止执行该规范性文件。

② 学者章志远将行政诉讼司法建议分为“裁判引导”“裁判补充”“纠纷预防”“裁判执行”等四类功能。参见章志远：《我国行政诉讼司法建议制度之研究》，载《法商研究》2011年第2期，第73～75页。

各级政府常务会议或部门行政长官办公会议审议等程序。笔者认为,《行政诉讼法》及其司法解释创制的规范性文件附带审查制度,不仅能够有效规制地方政府排除限制竞争的行为,从而为各类市场主体公平竞争提供司法保障;更为难能可贵的是赋予了市场主体针对地方政府排除限制竞争行为寻求二次救济的宝贵契机。具体而言,各类市场主体不仅能够依据《行政复议法》第7条的规定,在申请对具体行政行为复议期间向行政复议机关提出对规范性文件的审查申请;而且可以在对行政行为提起行政诉讼时向司法机关申请对规范性文件进行司法审查。因此,规范性文件附带审查制度实现了规范性文件的合法性审查由复议阶段的同体行政审查向诉讼阶段的异体司法审查延伸,复议阶段和诉讼阶段对规范性文件的合法性审查形成双向规制回路,各类市场主体经营自主和公平竞争的权利受到上级行政机关和司法机关的双重保障。

(三)跨区域司法管辖和巡回法庭的设立能够有效阻断地方政府干预司法的权力链条

地方政府间日趋激烈的竞争延伸至司法场域,演化为地方法院为区域经济发展服务,已然成为不争的事实,为"经济建设保驾护航"一度成为地方法院中心工作。诚然,政治力量的支撑和保障是司法权有效运转的基础,如果司法不能发挥政治功能,其作用难以彰显。[①] 现行司法体制下,地方法院高度依附于地方党政机关,地方党委、人大常委会能够对地方法院施加人事控制,地方政府能够对地方法院施加财政控制。地方法院在区域利益裹挟和自身利益倾向的二重约束下,审判职能独立性和公正性不甚理想,为"经

① 参见江必新:《正确认识司法与政治的关系》,载《求是》2009年第24期,第51页。

济建设保驾护航”异化为“为地方经济发展保驾护航”，违背了裁判者不应从裁判结果中享有利益的基本司法伦理，亦有悖于法院克制谦抑的司法品性以及维护司法公正统一的法制环境和价值理性。因此，地方法院受到地方政府干预的程度越深，其参与地方政府间竞争的动机越强，地方法院偏离保障国内统一市场建设和维护市场竞争秩序的司法职责越远。党的十八大以来，十八届三中、四中全会相继启动“司法中央化”①改革，逐步建立起省级以下司法机关人财物统管、行政区划与司法辖区适度分离、党政领导干部干预司法责任追究等配套制度，旨在逐步消解地方政府对地方法院的影响力，奠定地方司法机关通过公正司法、公正裁判，平等适用法律调节利益纠纷，平等保护各类市场主体合法权益，从而遏制地方政府各类排除限制竞争行为，构建全国统一大市场的制度基础。2015年初，最高人民法院第一、第二巡回法庭的率先设立②更是成为巩固“司法中央化”改革成果的胜负平衡手，既有利于保障跨省级行政区划重大行政诉讼案件和民商事案件裁判的公正，又有助于弥合地方司法机关人财物未能实现中央统管的制度缺陷，③能够

① “司法权是一种中央权力，地方各级法院都是国家设立在地方的法院，他们代表国家行使司法权，虽然他们审判级别和司法管辖存在差异，但地方各级法院都应当适用统一的法律规范，平等保护各方当事人，从而实现国家法制统一，国家性是司法权的根本特征。”参见王旭：《论司法权的中央化》，载《战略与管理》2001年第5期。

② 《中共中央关于全面推进依法治国若干重大问题的决定》明确提出设立最高人民法院巡回法庭，由其审理跨行政区域重大行政和民商事案件；2014年12月中央深改工作领导小组审议了《最高人民法院设立巡回法庭试点方案》；2015年1月5日，《最高人民法院关于巡回法庭审理案件若干问题的规定》出台，同年1月28日、31日最高人民法院第一巡回法庭、第二巡回法庭分别落户深圳、沈阳。

③ 时任中央政法委书记孟建柱谈到：“将司法机关的人财物由中央统一管理尚有一定困难，先将省以下司法机关人财物由省级统管”参见孟建柱：《深化司法体制改革》，载《人民日报》2013年11月25日，第6版。

有效地阻遏省级法院为维护地方利益而不当行使审判职能以及干预下级法院的审判工作，此举被认为是地方司法机关人财物省级统管制度的再深化。① 因此，笔者认为，无论是人财物省级统管、行政区划与司法辖区适度分离还是设置最高人民法院巡回法庭，从制度建构的维度解析均着重强调阻断地方政府干预司法机关裁判公正和干犯司法公正统一的权力链条，以期消解地方政府凭借财政、人事二重控制对地方司法机关及其司法官员施加之不当影响和控制，从而达致司法中央化的改革目的。从制度建构的实用主义切入，人财物省级统管、行政区划与司法辖区适度分离主要解决省级行政辖区内地（市）、县（市）两级政府之间存在的地方保护主义，而设立最高人民法院巡回法庭的着力点在于遏制省级政府之间存在的地方保护主义，规制重心在于消除高级法院在省级政府行政权力钳制下衍生出的裁判不公问题，从而平等保护区域内外各类市场主体的合法权益，为构建全国统一大市场提供司法保障。但是，从最高法院巡回法庭管辖的案件范围可知，其主要审理由最高法院管辖的案件，这种单一的审级设置和偏窄的受案范围与设置巡回法庭破除跨省级行政辖区地方保护主义的制度建构意图存在一定程度的差异。因为最高人民法院超脱行政区划的中立性和超然性，决定了其几乎不可能对特定行政区划青睐有加或是在诉讼过程中予以倾斜保护。如果巡回法庭仅仅管辖在全国有重大影响的一审行政诉讼案件和民商事案件以及不服省、直辖市、自治区高级人民法院判决、裁定而提起的上诉案件，有可能影响提起诉讼的市场主体寻求最高人民法院最终司法

① 参见贺小荣：《依法治国背景下司法改革的路径选择》，载《人民法院报》2014年10月31日，第5版。

救济的权利。因为由巡回法庭审理一审行政、民商事案件以及不服高级人民法院判决、裁定的二审案件则意味着终审，除非启动审判监督程序，巡回法庭的审理结果具有最终司法效力。因此，笔者建议在最高人民法院巡回法庭内部设立一审法庭和二审法庭，突出一审法庭和二审法庭受案范围的差异化设置。前者的受案范围主要限于在全国范围内具有特别重大影响的一审行政诉讼案件和民商事案件，后者的受案范围主要限于因不服前者或省级高级法院判决、裁定而提起的上诉案件。如此一来，既发挥了巡回法庭破除省级政府地方保护主义的制度初衷，能够有效阻断地方行政机关干预司法审判之权力链条，有利于司法公正统一和对各类市场主体的平等保护，又避免了诉讼参与人缺乏上诉救济途径的程序缺陷。在规制省级以下地方政府的地方主义保护方面，《行政诉讼法》第 15 条第 1 项，第 18 条第 2 款分别明确规定：对国务院部门行政行为或县级以上地方政府行政行为提起诉讼的案件由中级人民法院管辖；省、直辖市、自治区高级人民法院在获得最高法院批准的情况下，跨行政区划行政诉讼案件可以由其确定若干法院管辖。因此，笔者建议：在条件尚未成熟时，可以先行比照《行政诉讼法》第 15 条、第 18 条相关规定，由省级高级人民法院指定若干中级法院审理跨地（市）、县（市）级行政区划的一审行政诉讼和民商事案件；待条件成熟后，可以参照最高人民法院设置跨区域巡回法庭的模式，由高级人民法院直接设置派出法庭，专司审理跨地（市）、县（市）级行政区域的重大一审行政、民商事案件以及不服一审法院判决、裁定而提起上诉的二审案件，最大限度地阻遏地（市）、县（市）两级地方政府凭借行政权力干预司法机关依法裁判的权力回路。如此一来，最高人民法院巡回法庭以及高级人民法院派出法庭形成了针对跨省（区）和跨地

(市)、县(市)一审重大行政诉讼案件和民商事案件以及二审上诉案件的二重独立审级保障。不仅能够有效构建起规制地方各级政府凭借行政权力实施地方保护主义的制度回路,亦能有效保障司法中央化的体制改革初衷得以贯彻实施。

结　语

新中国成立伊始七十年来地方政府间竞争演化轨迹，从时间维度上可以划分为两个阶段：前一个阶段是计划经济时代地方政府间以政治忠诚为表征的兄弟竞争；后一阶段是市场经济时代地方政府以 GDP 增长为表征的经济发展竞争。回顾改革开放四十年来地方政府间竞争的历史脉络和演进路径，地方政府一直扮演着区域经济发展引领者的关键角色，经济高速发展是各级政府获取统治合法性的重要来源，“企业家精神”成为这一时期地方政府施政行为的精神引领。虽然地方政府在区域经济发展过程中贡献颇多，但以财政驱动和政治攫升为激励动机的发展型政府模式也诱发了地方政府之间的激烈竞争。这种竞争既有良好的正面效应，当然也存在消极的负面效应，就当前而言，负面效应存在着极度扩张的趋势，市场分割、重复建设、生态恶化等问题日趋严重，地方政府间竞争陷入“囚徒博弈”的死局。不仅如此，规范、法治的竞争秩序阙如，造成地方政府间竞争失范的困境。地方政府及其官员在财政增长和政治晋升的双重激励下，对于履行经济增长职能关注过度，对于履行公共服务职能关注不足。边际成本上升与边际收益下降并行不悖，竞争产生的红利不断减损，竞争付出的成本高企不下，已经很难在现行制度架构下寻求规范地方政府间竞争秩序的解决途径，须得对现行制度予以适应性改造。

在特定制度环境下生成的地方政府间竞争，难以规避路径依赖和思维定式的影响。这种行为模式一经产生便会长期存在且形成较强的锁定效应，加之社会主义市场经济体制尚不完善以及公民社会发展滞后等客观情势，地方政府在未来很长一段时间内仍然是区域经济社会发展的主导力量，地方政府间竞争必然长期延续。因此，规制地方政府间竞争失范，构建规范的地方政府间竞争秩序仍将是一个具有丰富拓展空间的研究领域，需要从不同的学科视角对地方政府间竞争这一命题进行交叉研究。从法学角度切入，不仅需要对经济法规范进行分析，而且需要结合宪法、立法法、行政法、财税法等不同部门法学综合剖析地方政府间竞争失范的生成机理，进而研究规范地方政府间竞争秩序的法治途径。除此之外，政治学、经济学、社会学等多个学科也能够为深入研究地方政府间竞争失范提供不同的分析框架，从而引导出规制地方政府间竞争失范的不同途径。党的十九大报告明确指出，我国经济发展已经由速度经济阶段转向高质量经济阶段，这意味着单纯以GDP增长为核心的地方政府间竞争规则即将发生颠覆与重构。《中共中央关于全面深化改革若干重大问题的决定》开启了我国政治、经济、法律、社会治理全方位持续改革的序章。改革就是制度创新，就是对既有规则和既有利益进行的全面重构与分配，也是建构新的发展规则和寻求新的制度红利。因此，制度创新竞争、地方法治竞争将成为下一阶段地方政府间竞争的核心场域，谁能够通过地方立法、执法、司法和社会治理，有效实现保护产权与维护市场竞争秩序，改善地方法治供给和法治环境，彰显地方制度创新和法治环境改善的区域比较优势，谁就能在新一轮全面深化改革中抢占制度创新的主动权，成为新一轮地方政府间竞争的胜利者。

由于笔者学识浅薄、学术素养不够，论文中对地方政府间竞争以及竞争失范的表现形式、运行机理的分析存在疏漏，特别是对综合运用不同学科分析框架交叉研究的能力不足。在诠释央地关系、政府与市场关系基础上提出的规范地方政间竞争秩序的建议存在不足之处，论文中提出解决地方政府间竞争失范的规制措施可能存在与现实脱节的情况。对于上述问题，笔者只有在今后的工作学习中通过强化理论学习、加强实证研究逐步加以解决。

参考文献

一、中文类参考文献

（一）著作类

[1][英]韦农·波格丹诺著:《布莱克维尔政治制度百科全书》,邓正来译,中国政法大学出版社2011年版,第360页。

[2][英]罗纳德·哈利·科斯、王宁著:《变革中国——市场经济的中国之路》,徐绕、李哲民译,中信出版社2013年版,第191~193页。

[3][日]吉村源太郎著:《地方自治》,朱德权译,中国政法大学出版社2004年版,第24页。

[4][日]杉原泰雄著:《宪法的历史》,吕渠涛译,社会科学文献出版社2000年版,第187页。

[5][日]青木昌彦著:《比较制度分析》,周黎安译,上海远东出版社2001年版,第216~

228 页。

[6][美]B. 盖伊·彼得斯著:《税收政治学——一种比较的视角》,郭为桂、黄宁莺译,江苏人民出版社 2008 年版,第 43 页。

[7][美]史蒂芬·霍尔姆斯、凯斯·R. 桑斯坦著:《权利的成本:为什么自由依赖于税》,毕竟悦译,北京大学出版社 2004 年版。

[8][美]汉密尔顿、杰伊、麦迪逊著:《联邦党人文集》,程逢如、在汉、舒逊译,商务印书馆 1995 年版,第 391 页。

[9][英]约翰·伊特韦尔著:《新帕尔格雷夫经济学大辞典》,陈岱孙主编译,经济科学出版社 1996 年版,第 477 页。

[10][美]帕金斯等著:《走向 21 世纪:中国经济的现状、问题和前景》,陈志标译,江苏人民出版社 1992 年版。

[11][美]约瑟夫·斯蒂格利茨著:《政府为什么干预经济:政府在市场经济中的角色》,郑秉文译,中国物资出版社 1998 年版,第 90 ~ 91 页。

[12][美]道格拉斯·C. 诺斯著:《制度、制度变迁与经济绩效》,杭行译,上海三联书店 2014 年版。

[13][美]莫里斯·博恩斯编:《东西方的经济计划》,朱泱等译,商务印书馆 1995 年版,第 38 页。

[14][英]F. A. 哈耶克著:《个人主义与经济秩序》,邓正来译,三联书店 2003 年版,第 117 页。

[15][英]弗雷德里希·奥古斯特·冯·哈耶克著:《自由宪章》,杨玉生等译,中国社会科学出版社 1999 年版,第 47 页。

[16]季卫东著:《宪政新论——全球化时代的法与社会变迁》,北京大学出版社 2002 年版,第 164 页。

[17][德]柯武刚、史漫飞著:《制度经济学——社会秩序与公共政策》,韩朝华译,商务印书馆 2002 年版,第 491 页。

[18][波]齐格蒙特·鲍曼著:《全球化——人类的后果》,郭国良等译,商务印书馆2001年版,第9页。

[19][日]植草益著:《微观规制经济学》,朱绍文等译,中国发展出版社1992年版。

[20]杨建顺著:《行政规制和权利保障》,中国人民大学出版社2007年版,第353~376页。

[21]邹谠著:《二十世纪中国政治:从宏观历史与微观行动的角度看》,牛津大学出版社(香港)1994年版,第20页。

[22]王绍光、胡鞍钢著:《中国国家能力报告》,辽宁人民出版社1993年版,第6~13页。

[23]冯兴元著:《地方政府竞争:理论范式、分析框架与实证研究》,译林出版社2010年版,第4~5页。

[24]赵德馨著:《中华人民共和国经济史1949－1966》,河南人民出版社1988年版,第680~694页。

[25]金太军著:《中央与地方政府关系建构与调谐》,广东人民出版社2005年版,第178页。

[26]孙柏英著:《当代地方治理——面向21世纪的挑战》,中国人民大学出版社2004年版,第67页。

[27]谢庆奎著:《中国地方政府体制概论》,中国广播电视出版社1998年版,第69页。

[28]杨虎涛著:《政府竞争对制度变迁的影响机理研究》,中国财政经济出版社2006年版,第24页。

[29]辛向阳著:《大国诸侯:中国中央与地方关系之结》,中国社会出版社1995年版,第518页。

[30]张千帆著:《国家主权与地方自治——中央与地方关系的法治化》,中国民主法制出版社2012年版,第18页。

[31]楼继伟著:《中国政府间财政关系再思考》,中国财政经济出版社2013年版,第151页。

[32]何盛明著:《中国财政改革20年》,中国古籍出版社1999年版,第85页。

[33]贾康、赵全厚著:《中国经济改革30年:财政税收卷》,重庆大学出版社2008年版,第61~62页。

[34]梁小民著:《弗莱堡学派》,武汉出版社1996年版,第123页。

[35]钱颖一著:《现代经济学与中国经济改革》,中国人民大学出版社2003年版,第219页。

[36]周黎安著:《转型中的地方政府官员激励与治理》,上海人民出版社2008年版,第58页。

[37]靳东升、龚辉文著:《经济全球化下的税收竞争与协调》,中国税务出版社2008年版,第36~37页。

[38]张五常著:《中国的经济制度》,中信出版社2009年版,第158~170页。

[39]谢炜著:《中国公共政策执行中的利益关系研究》,学林出版社2009年版,第101页。

[40]李善同著:《中国区域协调发展和一体化》,经济科学出版社2008年版,第201~202页。

[41]邓淑莲著:《中国基础设施的公共政策》,上海财经大学出版社2003年版,第3页。

[42]张军、范子英、方红生著:《登顶比赛——理解中国经济发展的机制》,北京大学出版社2016年版,第51页。

[43]尚明著:《反垄断——主要国家与国际组织反垄断法律与实践》,中国商务出版社2005年版,第138页。

[44]郑鹏程著:《对政府规制的规制——市场统一法律制度研究》,法律出版社 2012 年版,第 17 页。

[45]薛刚凌著:《中央与地方争议的法律解决机制解读》,中国法制出版社 2013 年版,第 145 ~ 152 页。

[46]宋世明著:《美国行政改革研究》,国家行政学院出版社 1999 年版,第 72 ~ 77 页。

[47]全国人大法工委:《中华人民共和国反垄断法条文说明、立法理由及相关规定》,北京大学出版社 2007 年版,第 212 页。

[48]李昌麒主编:《经济法学》,法律出版社 2008 年版。

[49]秋风著:《政府的本分——基于民众权利的中国政治与中国经济》,江苏文艺出版社 2010 年版。

[50]李昌麒主编:《中国改革开放成果分享法律机制研究》,人民出版社 2011 年版。

[51]齐守印、杨敏著:《中外财政法律制度比较研究》,法律出版社 2006 年版。

[52]张世明著:《经济法学理论演变研究》,中国民主法制出版社 2009 年版。

[53][美]塞缪尔·P. 亨廷顿著:《变化社会中的政治秩序》,王冠华、刘为等译,上海人民出版社 2008 年版。

[54][美]乔尔·S. 米格代尔著:《强社会与弱国家——第三世界的国家社会关系及国家能力》,张长东、朱海雷、隋春波、陈玲译,江苏人民出版社 2009 年版。

[55]吴国光、郑永年著:《论中央、地方关系:中国制度转型中的一个轴心问题》,牛津出版社 1995 年版,第 162 页。

[56]景婉博著:《中日转移支付比较研究》,中国财富出版社 2015 年版。

（二）论文类

[1]郑敬高、冯森：《“中国模式”下的地方政府行为——地方保护的产生和应对》，载《学术界》2015 年第 6 期，第 30 页。

[2]谢炜、蒋云根：《中国公共政策执行过程中地方政府间的利益博弈》，载《浙江社会科学》2007 年第 5 期，第 54 页。

[3]何显明：《市场化进程中的地方政府角色及其行为逻辑——基于地方政府自主性的视角》，载《浙江大学学报》（人文社会科学版）2007 年第 6 期，第 27 页。

[4]何显明：《政府转型与现代国家治理体系的建构——60 年来政府体制演变的内在逻辑》，载《浙江社会科学》2013 年第 6 期，第 10 页。

[5]徐健：《分权改革背景下的地方财政自主权》，载《法学研究》2012 年第 3 期，第 46～48 页。

[6]魏建国：《财政分权制度模式比较与中国的选择》，载《法制与社会发展》2007 年第 6 期，第 128～129 页。

[7]周业安、赵晓男：《地方政府竞争模式研究——构建地方政府间良性竞争秩序的理论和政策分析》，载《管理世界》2002 年第 12 期，第 53 页。

[8]吴承明：《现代化与中国 16、17 世纪的现代化因素》，载《中国经济史研究》1998 年第 4 期。

[9]吴承明：《经济学理论与经济史研究》，载《经济研究》1995 年第 4 期。

[10]周黎安：《中国地方官员的晋升锦标赛模式研究》，载《经济研究》2007 年第 7 期，第 39 页。

[11]周黎安：《行政发包制》，载《社会》2014 年第 6 期。

[12]刘亚平：《对地方政府间竞争的理念反思》，载《人文杂

志》2006 年第 2 期。

[13]冯兴元:《中国辖区政府间竞争理论分析框架》,载《天则内部文稿系列》2001 年第 2 期。

[14]容志:《地方治理结构优化:调节中央地方关系的新思路》,载《上海行政学院学报》2010 年第 6 期,第 15 页。

[15]朱成燕:《省级政府的自主性与治理改革》,载《中共浙江省委党校学报》2016 年第 1 期,第 78 页。

[16]庞明礼:《地方政府竞争的约束与激励:一个拓展研究》,载《中南财经政法大学学报》2007 年第 5 期,第 39 页。

[17]周雪光:《权威体制与有效治理:当代中国国家治理的制度逻辑》,载《开放时代》2011 年第 10 期,第 67 ~85 页。

[18]曹正汉:《统治风险与地方分权:关于中国国家治理的三种理论及其比较》,载《社会》2014 年第 6 期,第 62 页。

[19]战旭英:《地方政府绩效评估的悖论解释》,载《中国行政管理》2015 年第 11 期,第 45 页。

[20]鲁敏:《从行政性放权到制度化分权:中央与地方权力关系改革趋势分析》,载《理论导刊》2015 年第 2 期,第 6 页。

[21]折晓叶:《县域政府治理模式的新变化》,载《中国社会科学》2014 年第 1 期。

[22]郁建兴、高翔:《地方发展型政府的行为逻辑及制度基础》,载《中国社会科学》2012 年第 5 期,第 97 页。

[23]钟炜:《税收优惠与 FDI 的时空分析——基于税收优惠信号理论的实证研究》,载《财经研究》2006 年第 8 期,第 124 ~127 页。

[24]柳光强:《税收优惠、财政补贴政策的激励效应分析——基于信息不对称理论视角的实证研究》,载《管理世界》2016 年第

10期,第62~67页。

[25]魏后凯:《基础设施与制造业的区际差异分析》,载《经济研究参考》2002年第13期。

[26]张小军:《论我国危机干预政策与竞争法绩效的冲突与调适》,载《东南学术》2012年第5期,第154页。

[27]胡仙芝:《当代中国地方政府竞争状况问卷调查分析报告》,载《人民论坛》2010年第10期。

[28]尹呐、祝小宁:《地方政府竞争的异质化——非理性竞争行为分析》,载《电子科技大学学报(社会科学版)》2007年第6期,第44~47页。

[29]黄赜琳、王敬云:《地方保护与市场分割:来自中国的经验数据》,载《中国工业经济》2006年第2期,第62~69页。

[30]王彦明、王业辉:《政府补贴的法理与规制进路》,载《河南社会科学》2015年第12期,第58页。

[31]张海斌、盛昭瀚、孟庆峰:《新能源汽车市场开拓的政府补贴机制研究》,载《管理科学》2015年第6期,第127页。

[32]范九利、白暴力:《基础设施资本对经济增长的影响——二级三要素CES生产函数法估计》,载《经济研究》2004年第4期,第13页。

[33]刘骞文、闫笑:《地方政府"土地引资"背景下的FDI挤入挤出效应研究》,载《财经研究》2016年第1期,第17页。

[34]范子英、田彬彬:《税收竞争、税收执法与企业避税》,载《经济研究》2013年第9期,第109~111页。

[35]王岳龙、邹秀清:《土地出让:以地生财还是招商引资——基于居住、工业用地剪刀差的视角》,载《经济评论》2016年第5期,第80页。

[36]天则经济研究所课题组:《中国政府行政部门配置资源的效率与公正研究》,第190页。

[37]张耀宇、陈利根:《竞争发展、垄断供地者与城市用地增长》,载《上海财经大学学报》第18卷第2期,第59页。

[38]王丽娟、毛程连:《地方政府间土地优惠竞争关系研究——基于空间自回归模型的实证检验》,载《财经论丛》2012年第6期,第17~18页。

[39]刘风景:《司法地方保护主义之病状与诊治》,载《北京联合大学学报》(人文社会科学版)2014年第3期,第26页。

[40]张维迎、柯荣住:《诉讼过程中的逆向选择及其解释——以契约纠纷的基层法院判决文书为例的经验研究》,载《中国社会科学》2002年第2期,第31~43页。

[41]龙小宁、王俊:《中国司法地方保护主义:基于知识产权案例的研究》,载《中国经济问题》2014年第3期,第9页。

[42]孙洪坤:《论建立与行政区划适当分离的司法管辖制度》,载《东方法学》2014年第6期,第115页。

[43]郝银钟:《法院去地方化改革的法理依据与具体路径》,载《法律适用》2013年第7期,第94~97页。

[44]左卫民:《中国基层法院财政制度实证研究》,载《中国法学》2015年第1期,第261页。

[45]高翔:《中国地方法院竞争的实践与逻辑》,载《法制与社会发展》2015年第1期,第87~88页。

[46]付敏杰:《分税制二十年:演进脉络与改革方向》,载《社会学研究》2016年第5期,第216页。

[47]杨瑞龙:《我国制度变迁方式转换的三阶段论》,载《经济研究》1998年第1期。

[48]黄宝连、黄祖辉、顾益康、王丽娟:《产权视角下中国当前农村土地制度创新的路径研究——以成都为例》,载《经济学家》2012年第3期,第71页。

[49]王秀莲:《农村土地产权改革的成都实践》,载《中国土地》2015年第3期,第38页。

[50]胡萧力、王锡锌:《基础性权力与国家"纵向治理结构"的优化》,载《政治与法律》2016年第3期,第59页。

[51]张振江:《增长联盟:分析转型期中国地方政府与经济利益集团关系的一种理论视角》,载《天津社会科学》2011年第1期,第77页。

[52]聂辉华:《政企合谋:破解"中国之谜"的新视角》,载《阅江学刊》2016年第6期,第7~8页。

[53]聂辉华:《腐败对效率的影响:一个文献综述》,载《金融评论》2014年第1期,第13~23页。

[54]林治芬、魏雨晨:《中央和地方社会保障支出责任划分中外比较》,载《中国行政管理》2015年第1期,第34页。

[55]梁平汉、高楠:《人事变更、法制环境和地方环境污染》,载《管理世界》2014年第6期,第65~78页。

[56]龙硕、胡军:《政企合谋视角下的环境污染:理论与实践研究》,载《财经研究》2014年第10期,第131~144页。

[57]孙早、刘坤:《政企联盟与地方竞争的困局》,载《中国工业经济》2012年第2期,第5~6页。

[58]蔡立辉、刘晓洋:《政府绩效评估中的博弈及其影响》,载《社会科学战线》2016年第3期,第174页。

[59]丁煌、定明捷:《"上有政策、下有对策"——案例分析与博弈启示》,载《武汉大学学报(哲学社会科学版)》2004年第11期。

[60]左锋:《中央政府与地方政府在宏观调控领域的博弈分析》,载《中央财经大学学报》2007 年第 7 期。

[61]罗云辉:《地区间招商引资政策竞争与先发优势——基于声誉模型的解释》,载《经济科学》2009 年第 5 期。

[62]王进:《地方政府规制中的届际机会主义行为及治理——基于叠代博弈的视角》,载《东岳论丛》2013 年第 3 期。

[63]唐兴和:《基于博弈模型构建的横向府际竞争研究》,载《南京大学学报(哲学人文科学社会科学)》2015 年第 4 期。

[64]徐现祥、王贤斌、舒元:《地方官员与经济增长——来自中国省长、省委书记交流的证据》,载《经济研究》2007 年第 9 期,第 24 页。

[65]曹永盛、朱娜娜:《利益博弈视角下中央政策执行的科层制损耗》,载《领导科学》2016 年第 11 期,第 12 页。

[66]吴元元:《双重结构下的激励效应、信息异化与制度安排——环境影响评价公众参与制度的经济学考察》,载《制度经济学研究》2006 年第 1 期,第 115 ~ 116 页。

[67]吴元元:《双重博弈结构中的激励效应与运动式执法——以法律经济学为解释视角》,载《法商研究》2015 年第 1 期,第 56 ~ 58 页。

[68]郑尚植:《标尺竞争、地方官员自利行为与财政支出结构偏向》,载《产经评论》2012 年第 5 期,第 121 ~ 122 页。

[69]张汉:《在变动中寻求国家、市场与社会的结构性契合与协同——对发展型国家理论及中国模式的比较研究》,载《经济社会体制比较》2014 年第 3 期,第 128 页。

[70]张忠任:《关于我国税收竞争特征的理论分析》,载《财政研究》2012 年第 1 期,第 30 页。

[71]周海涛:《欧盟国家援助制度的现代化及其借鉴》,载《河北法学》2016年第8期,第131页。

[72]竺效:《欧盟竞争法可适用除外的国家援助的类型研究》,载《南京大学法律评论》2006年第2期,第238页。

[73]徐祖澜:《纵向国家权力体系下的区域法治建构》,载《中央政法大学学报》2015年第5期,第24页。

[74]刘小兵:《中央与地方关系的法律思考》,载《中国法学》1995年第2期,第24~31页。

[75]熊伟:《税收法定原则与地方财政自主——关于地方税纵向授权立法的断想》,载《中国法律评论》2016年第1期,第41页。

[76]宣晓伟:《德国中央与地方关系:参与联邦制和协商民主模式》,载《中国发展观察》2015年第7期,第47页。

[77]孙晋:《经济法视角下政府经济权力边界的审读》,载《武汉大学学报》(哲学社会科学版)2014年第2期,第70页。

[78]胡家勇:《论政府职能的根本转变》,载《中州学刊》2015年第10期,第26页。

[79]王浦劬:《论转变政府职能的若干理论问题》,载《国家行政学院学报》2015年第1期,第32页。

[80]张淑芳:《负面清单管理模式的法治精神解读》,载《政治与法律》2014年第2期,第15页。

[81]王叶臣:《行政法视野下政府规制改革的比较研究》,载《河北大学学报》(哲学社会科学版)2014年第4期,第22页。

[82]刘桂清:《产业政策失效法律治理的优先路径——"产业政策内容法律化"路径反思》,载《法商研究》2015年第2期,第123页。

[83]杨云彪:《从议案建议透视人大代表的结构比例》,载《人大研究》2006年第11期,第7~8页。

[84]李俊峰:《公平竞争自我审查的困局及其破解》,载《华东政法大学学报》2017 年第 1 期,第 122 页。

[85]朱宏文、王健:《从“两权合一”走向“三权合一”——我国反垄断执法机关导入准司法权的理论、路径和内容》,载《法学评论》2012 年第 5 期。

[86]曹海晶、李帏:《区域性行政垄断的危害及其规制》,载《中州学刊》2013 年第 1 期。

[87]徐士英:《竞争政策视野下 行政性垄断行为规制路径探析》,载《华东政法大学学报》2015 年第 4 期。

[88]张占江:《反垄断机构规制政府反竞争行为能力建设研究》,载《竞争政策研究》2016 年第 1 期。

[89]汪玉涛:《抽象行政行为的反垄断机构竞争审查》,载《湖南科技大学学报(社会科学版)》2016 年第 2 期。

[90]孙晋、王贵:《论政府反竞争行为综合规制的路径建构》,载《中南大学学报》2017 年第 1 期。

[91]丁茂中:《行政行为的竞争合规制度研究》,载《现代法学》2017 年第 2 期。

[92]张曙光、张弛:《扩大开放与反行政垄断并重》,载《决策与信息》2007 年第 4 期。

[93]王晓晔:《行政垄断问题的再思考》,载《中国社会科学院研究生院学报》2009 年第 4 期,第 51 页。

[94]李小明、罗成忠:《俄罗斯行政垄断规制问题比较研究》,载《财经理论与实践》2016 年第 3 期,第 142 页。

[95]程琥:《行政诉讼法中规范性文件附带审查制度研究》,载《法律适用》2015 年第 7 期,第 88 页。

[96]章志远:《我国行政诉讼司法建议制度之研究》,载《法商

研究》2011 年第 2 期，第 73 ~ 75 页。

[97]江必新：《正确认识司法与政治的关系》，载《求是》2009 年第 24 期，第 51 页。

[98]王旭：《论司法权的中央化》，载《战略与管理》2001 年第 5 期。

[99]渠敬东：《项目制：一种新的国家治理体制》，载《中国社会科学》2012 年第 5 期。

[100]唐皇凤：《新中国 60 年国家治理体系的变迁及理性审视》，载《经济社会体制比较》2009 年第 5 期。

[101]顾振华、陈强远：《中央和地方的双重政策保护与产能过剩》，载《财经研究》2017 年第 11 期。

[102]皮建材、黎静、管艺文：《政策性补贴竞争、体制性产能过剩与福利效应》，载《世界经济文汇》2015 年第 3 期。

[103]干春晖、邹俊、王健：《地方官员任期、企业资源获取与产能过剩》，载《中国工业经济》2015 年第 3 期。

[104]曾冰、郑建锋、邓波：《地方保护主义与我国省会城市发展：理论与实证分析》，载《江西财经大学学报》2016 年第 4 期。

[105]黄兰松、汪全胜：《立法中的地方利益本位问题及应对之策》，载《北方法学》2017 年第 6 期。

[106]孙首灿：《论行政规范性文件的司法审查标准》，载《清华法学》2017 年第 2 期。

[107]秦前红：《合宪性审查的意义、原则及推进》，载《比较法研究》2018 年第 2 期。

[108]高培勇：《中国税收持续高速增长之谜》，载《经济研究》2006 年第 12 期。

[109]韩志明：《街头官僚的行动逻辑与责任控制》，载《公共

管理学报》2008 年第 1 期。

[110]吕冰洋、郭庆旺:《中国税收高速增长的源泉:税收能力和税收努力框架下的解释》,载《中国社会科学》2011 年第 2 期。

[111]于文超、殷华、梁平汉:《税收征管、财政压力与企业融资约束》,载《中国工业经济》2018 年第 1 期。

[112]邓明:《经济集聚如何影响了中国地方政府的税收执法强度?》,载《财政研究》2018 年第 3 期。

[113]田彬彬、范子英:《税收分成、税收努力与企业逃税——来自所得税分享改革的证据》,载《管理世界》2016 年第 12 期。

[114]刘清杰、任德孝:《中国地区将税收优惠、税收竞争及其空间效应》,载《云南财经大学学报》2018 年第 2 期。

[115]陈虹、杨巧:《基于地方政府竞争视角的环境规制对出口的影响研究》,载《国际商务——对外经济贸易大学学报》2018 年第 1 期。

[116]郭启光、王薇:《环境规制的治污效应与就业效应:“权衡”还是“双赢”——基于规制内生性视角的分析》,载《产经评论》2018 年第 2 期。

二、英文类参考文献

[1] Saffell, David C. and Harry Basehart, *State and Local Government*, McGraw-Hill, 2001.

[2] Krelove, Russell et al., *Fiscal Federalism in Theory and Practice*, Canada, IMF, 1997.

[3] Breton, Albert, *Competitive governments: an economic theory of politics and public finance*, Cambridge, Cambridge University Press, 1996.

[4] Hendrischke, Hans J. et al., *The Political Economy of China's Provinces: Comparative and Competitive Advantage*, Psychology Press, 1999.

[5] World Bank, *The East Asian Miracle: Economic Growth and Public Policy*, Oxford University Press, 1993.

[6] Johnson, Chalmers, "*The Developmental State: Odyssey of a Concept*", *in Woo-Cumings, Meredith, The Developmental State*, Cornell University Press, 1999.

[7] Europea U., *Consolidated Versions of the Treaty on European Union and the Treaty on the Functioning of the European Union: Charter of Fundamental Rights of the European Union*, Publications Office of the European Union, 2010.

[8] Quigley, Conor, *European State Aid Law and Policy*, Bloomsbury Publishing, 2009, p. 129.

[9] Nicolaides P, Kekelekis M, Buyskes P., *State Aid Policy in the European Community: A Guide for Practitioners*, Kluwer Law International, 2005, pp. 34 – 35.

[10] Andreosso B, Jacobson D., *Industrial Economics and Organization, A European Perspective*, Berkshire: McGraw-Hill Education, 2005, p. 446.

[11] See Anthony I. Ogus., *Regulation: Legal Form and Economic Theory*, Oxford: Hart Publishing, 2004, pp. 150 – 151.

[12] OECD, *Competition Assessment Principles*, 2010, pp. 8 – 9.

[13] R. Grafstein, *Institutional Realism, New Haven*, Yale University Press, 1992.

[14] Conor Quigley, *European State Aid Law and Policy*,

Oxford:Hart,2009,pp. 127 – 129.

[15] Rosenstein-Rodan P. N. ,"Problems of Industrialisation of Eastern and South-Eastern Europe",Economic Journal,1943,pp. 202 – 211.

[16] Jin H. et al. , " Regional Decentralization and Fiscal Incentives: Federalism,Chinese Style",*Journal of Public Economics*, 2005,pp. 1719 – 1742.

[17] Montinola G. et al. , " Federalism, Chinese Style: The Political Basis for Economic Success in China",World Politics,1995, pp. 50 – 81.

[18] Seung Wook Baek,"Does China follow 'the East Asian development model'?", Journal of Contemporary Asia, 2005, pp. 485 – 498.

[19] Szyszczak E. M. , " The Regulation of the State in Competitive Markets in the EU",Proceedings of the Physical Society B,2007,pp. 371 – 371.

[20] Jin H. et al. , " Regional Decentralization and Fiscal Incentives: Federalism,Chinese Style",*Journal of Public Economics*, 2005,pp. 1719 – 1742.

[21] Jenny F. Y. , " Competition and State Aid Policy in the European Community",Fordham Intl L. j,1994.

[22] Redding S. , " Dynamic Comparative Advantage and the Welfare Effects of Trade",Oxford Economic Papers,1999,pp. 15 – 39.

三、英文判例

[1] Gibbons v. Ogden,22 U. S. 1(1824).

[2]H. P. Hood & Sons v. Dumond,366 U. S. 525(1949).

[3]Jennifer L. Larsen, Discrimination in the Dormant Commerce Clause,49.

[4]S. D. L. Rev. 844. 2003 – 2004.

[5]Hammer v. Dagenhart,247 U. S. 251,280 – 81(1918).

[6]A. L. A. Schecter Poultry Corp. v. United States,295 U. S. 495,550(1935).

[7]NLRB v. Jones & Laughlin Steel Corp. ,301 U. S. 1,30(1937).

[8]United States v. Darby. 312 U. S. 100,125 – 26(1941).

[9]Heart of Atlanta Motel, Inc. v. United States,379 U. S 241 (1964).

[10]Pac. v. Arizona,325 U. S. 761,770 – 71(1945).

[11]Dean Milk Co. v. Madison,340 U. S. 349(1951).

[12]Pike v. Bruce Church, Inc. ,397 U. S. 137,412(1970).

[13]Bacchus Imports, Ltd. v. Dias,468 U. S. 263(1984).

[14]Chemical Waste Management, Inc. v. Hunt,504 U. S. 334 (1992).

[15]Granholm v. Heald,544 U. S. 460 (2005).

[16]Wyoming v. Oklahoma,502 U. S. 437(1992).

[17]Hughes v. Alexandria Scrap Corp. , 426 U. S. 794, 810 (1976).

[18]Reeves, Inc. v. Stake,447 U. S. 429,436 – 37(1980).

[19]White v. Mass Council of Construction Employees, Inc. , 102 S. Ct. 1273(1983).

[20]South-Central Timber Development, Inc. v. Wunnicke,467 U. S. 82,93(1984).

[21] Case 78/76, Steinike & Weinlig v. Germany.

[22] Case C – 67, 68 and 70/85 Van der Kooy v. Commission.

[23] Case C – 482/99, France v. Commission.

[24] Case C – 301/87, France v. Commission, ECR I – 307.

[25] Case N1/2010, N102/2010, N132/2010, N139/2010.

西南财经大学法学院 **光华法学文丛**

- 契约正义论 胡启忠 著
- 刑法科学主义初论 文海林 著
- 经济宪法学导论
  ——转型中国经济权与权力之博弈 吴越 著
- 中国农民工非正式的利益抗争
  ——基于讨薪现象的法社会学分析 王伦刚 著
- 公司经理权问题研究 杜军 著
- 论保险代位权制度的建构
  ——以权利法定代位的制度选择为中心 黄丽娟 著
- 我国民间金融规范化的法律规制 高晋康 唐清利 等 著
- 修正金融刑法适用研究：
  立法·理论·实务 胡启忠 石奎 等 著
- 银行监管权边界问题研究 熊伟 著
- 金融控股公司内部治理机制研究 梁远航 著
- 城市住宅区业主自治运行实效研究
  ——基于个体决策的视角 陈丹 著
- 遵从·背离·弥合
  ——我国中央与地方财政关系的重构 马骁 唐清利 等 著
- 中国农民专业合作社运行的民间规则研究
  ——基于四川省的法律社会学调查 王伦刚 著
- 公私权模糊领域的合作治理研究 唐清利 著
- 民法法典化的历史追究：
  侧重于民族统一与复兴的视角展开 吴治繁 著
- 疑罪新论 金钟 著
- 中国相互制保险公司治理的法律规制
  ——基于公司治理主体权利视角 方国春 著
- 民间金融协同规制论 林越坚 著
- 公私权模糊领域的合作治理研究 唐清利 著
- 土地利用制度变化下的乡村社会治理法律机制研究
  何真 等 著
- 我国地方政府间竞争失范法律治理机制研究 刘弘阳 著

图书在版编目(CIP)数据

我国地方政府间竞争失范法律治理机制研究 / 刘弘阳著. -- 北京 : 法律出版社, 2019
ISBN 978-7-5197-4137-2

Ⅰ. ①我… Ⅱ. ①刘… Ⅲ. ①地方政府—行政管理—法治—研究—中国 Ⅳ. ①D922.110.4

中国版本图书馆 CIP 数据核字(2019)第 272057 号

我国地方政府间竞争失范法律治理机制研究
WOGUO DIFANG ZHENGFUJIAN JINGZHENG SHIFAN FALÜ ZHILI JIZHI YANJIU

刘弘阳 著

策划编辑 郑 导
责任编辑 郑 导
装帧设计 汪奇峰

出版 法律出版社
总发行 中国法律图书有限公司
经销 新华书店
印刷 北京虎彩文化传播有限公司
责任校对 王晓萍
责任印制 张建伟

编辑统筹 独立项目策划部
开本 A5
印张 10.5
字数 232 千
版本 2019 年 12 月第 1 版
印次 2019 年 12 月第 1 次印刷

法律出版社/北京市丰台区莲花池西里 7 号(100073)
网址/www.lawpress.com.cn
投稿邮箱/info@lawpress.com.cn
举报维权邮箱/jbwq@lawpress.com.cn
销售热线/400-660-8393
咨询电话/010-63939796

中国法律图书有限公司/北京市丰台区莲花池西里 7 号(100073)
全国各地中法图分、子公司销售电话:
统一销售客服/400-660-8393/6393
第一法律书店/010-83938432/8433
西安分公司/029-85330678
重庆分公司/023-67453036
上海分公司/021-62071639/1636
深圳分公司/0755-83072995

书号:ISBN 978-7-5197-4137-2
定价:56.00 元
(如有缺页或倒装,中国法律图书有限公司负责退换)